识干家

企業閱讀　學以致用

上市公司
培训体系搭建

培训经理工作笔记

初忠宝◎著

ESTABLISHMENT OF TRAINING
SYSTEM FOR LISTED COMPANIES

中华工商联合出版社

图书在版编目（CIP）数据

上市公司培训体系搭建：培训经理工作笔记／初忠宝著．—北京：中华工商联合出版社，2021.12
ISBN 978-7-5158-3231-9

Ⅰ.①上… Ⅱ.①初… Ⅲ.①上市公司－企业管理－职工培训 Ⅳ.①F276.6

中国版本图书馆CIP数据核字（2021）第222329号

上市公司培训体系搭建：培训经理工作笔记

作　　者：初忠宝
出 品 人：李　梁
责任编辑：于建廷　臧赞杰
装帧设计：仙　境
责任审读：傅德华
责任印制：迈致红
出版发行：中华工商联合出版社有限责任公司
印　　刷：河北宝昌佳彩印刷有限公司
版　　次：2022年3月第1版
印　　次：2022年3月第1次印刷
开　　本：710mm×1000mm　1/16
字　　数：260千字
印　　张：17.5
书　　号：ISBN 978-7-5158-3231-9
定　　价：86.00元

服务热线：010－58301130－0（前台）
销售热线：010－58301132（发行部）
010－58302977（网络部）
010－58302837（馆配部、新媒体部）
010－58302813（团购部）
地址邮编：北京市西城区西环广场A座
19－20层，100044
http://www.chgslcbs.cn
投稿热线：010－58302907（总编室）
投稿邮箱：1621239583@qq.com

导读

我是一名培训工作者，从事培训工作 14 年。我先后在 2 家培训咨询公司工作，2014 年 3 月正式加入中广核集团，工作至今。在中广核工作期间，我主要负责管理干部培训体系建设、统筹各类培训项目策划设计、培训业务能力建设、培训业务项目策划及实施、外部师资开发及分级管理等工作。

与同行交流的时候，经常有人请我分享培训工作是怎么做的？这让我意识到每个行业的属性差异很大，培训成熟度也不同，做法也千差万别。得益于我在甲乙方工作过的经验，我能更好地理解培训生态，于是萌生了为培训行业做点贡献的想法，把我的成长经历和工作总结整理出来，供同行交流学习。

· 这套方法曾帮助 2 家培训机构确定自己的业务方法论，使企业在激烈的竞争中独树一帜。

· 这套方法曾帮助某企业通过培训成熟度评价，培训中心正式挂牌。

· 这套方法曾帮助某企业完成了培训制度体系的基本建设，现已发布 8 个培训管理规定、流程，培训制度体系初步形成。

· 这套方法曾使某企业的师资与课程建设初见成效。三年时间，共编制 126 个岗位的培训大纲、48 个职类、638 门岗位培训课程与课件的梳理，初步建立课程体系。同时，在集团教员管理体系、制度、流程的指导下，开展内部教员管理“选育用留”的各项工作，培育专兼职教员 328 人。

· 这套方法曾帮助某企业 5000 多名基层员工夯实技能，逐步落实“任职资格 – 培训 – 考核 – 授权 – 上岗 – 评估”的工作，形成人才管理的闭环机制。

· 这套方法曾帮助某企业强化关键岗位与创新型人才的培养，推进300 多名后备人才的培育，为人才梯队建设打下坚实的基础。

· 这套方法曾帮助某企业依托企业的师资、课程、实训设施等优势，面向社会提供培训服务，降本增利 1000 万元。

· 这套方法曾帮助某企业培养了 200 名中层管理干部，促进了企业的大融合，拓宽了中层管理干部的知识视野，提升了管理技能，增强了团队凝聚力，全面提升了干部队伍的管理素养和能力，助推企业的快速发展。

· 这套方法均以案例的形式在书中一一呈现。

本书最大的优势就是全程从培训项目经理的视角写作，都是自身经验凝聚而成，聚焦性比较强。关于项目设计的书，市面上有很多，大多是专家、学者、职业培训讲师写的，他们远离江湖很多年，有些不太接地气，本书都是我的经验总结，集腋成裘、积沙成丘，方法虽然老，但是很实用。对于培训人来说，一定会引起共鸣。在培训领域有很多成熟的设计理论，比如 ADDIE、6D 等，它们就像成名已久的武林绝学，练好后能成为绝顶高手，而我的都是实战招式，是在培训行业摸爬滚打悟出来的，多学学也可以强筋健骨。

本书共分为十一个章节，提出了一系列的培训落地方法，帮助企业培养合格的人才。

个人的创作水平有限，欢迎各位读者提供宝贵的建议。

目录

CONTENTS

第一章　企业为什么需要培训

第一节　培训经理的自画像_2

一、培训之所以这样，取决于你的认知_2

二、做一个 HAIO 的人_3

第二节　培训是为了解决企业的痛苦_4

一、企业痛苦链_4

二、领导力培训项目痛点_5

第三节　企业培训的 7 个趋势_8

一、内部业务专家兴起，将对外部培训师资形成冲击_8

二、越来越多的乙方进入甲方，企业培训队伍更专业_8

三、培训项目从“轮训”转向“项目制分阶段”_9

四、学习技术发展为培训项目多元化提供更多可能_10

五、培训逐渐成为一种职能，不再可有可无_10

六、学员的培训体验成为检验培训成果的重要标准_10

七、虚拟合作学习将成为未来学习的主要形式_11

第二章　3 张表就能管好企业培训

第一节　培训预算表_14

一、培训经费与预算管理_14
二、培训预算表的编制格式_16
三、影响预算表编制的两大因素_17

第二节　年度培训规划表_20

一、编制年度培训规划表时遵循的五大原则_21
二、年度培训规划表示例_21

第三节　项目运营控制表_30

一、项目筹备阶段_30
二、项目实施阶段_31
三、项目收尾阶段_33

第三章　7 大机制让培训项目火起来

第一节　活力机制_42

一、参训学员上级的沟通_43
二、参与调研_43
三、社群的组建与运营_44
四、现场氛围的营造_44
五、开班式塑造_47
六、结业式塑造_47

第二节　轮值机制_48

一、轮值的好处_49
二、轮值管理的操作要点_49
三、轮值的具体应用_50

第三节　赛场机制_50

一、分组竞赛_51
二、个人评比_51

第四节 联动机制_51

一、奖励第一个完成学习任务的小组_52
二、个人未完成任务给小组扣分_52
三、结对子帮扶计划_53
四、影子培训_53
五、师带徒_53

第五节 评议机制_54

一、评议机制的重要意义_54
二、评议机制应用的典型学习场景_54

第六节 荣誉机制_58

一、荣誉机制的意义_58
二、荣誉机制的构建方法_59

第七节 分享机制_60

一、分享学习_60
二、培训总结_60
三、复盘学习_61

第四章 成熟度：评价培训质量的罗盘

第一节 培训成熟度_64

一、定位_66
二、责权建设与划分_68
三、运营标准化_69
四、师资队伍_70
五、课程体系_71
六、设施设备_72
七、运营效果_73
八、内部客户反馈_74

第二节 如何评价培训工作的成熟度_74

一、培训成熟度评分表_75
二、培训成熟度等级标准表_76

第三节　培训成熟度的实施方式和结果应用_78

一、实施方式_78
二、结果应用_79

第四节　成果案例：某公司服务培训中心（筹）建设情况汇报_79

第五章　做好培训分工，形成组织合力

第一节　培训中心负责重点工作_86

一、培训职能统筹_86
二、重大专项_88
三、培训项目_89

第二节　各部门、各中心需承接的工作_90

一、组织培训需求调研_90
二、制订年度专业知识培训计划_91
三、统筹各职能线专业知识培训_91
四、员工在岗培训_91
五、培训材料提交_91
六、教员队伍建设_92
七、课程建设_92
八、其他_92

第三节　各事业部、各公司需承接的工作_92

一、组织培训需求调研_92
二、制订年度培训计划_93
三、统筹专业技能类培训_93
四、员工在岗培训_93
五、培训数据维护_94
六、教员队伍建设_94
七、课程建设_94
八、培训设施建设_94
九、其他_94

第六章 把培训融入岗位考核

第一节 基本原理_98

第二节 工作流程_99

一、岗位分析_99
二、能力分析_99
三、路径设定_100
四、培训项目设置_100
五、培训课程 / 项目考核_102
六、授权申请_104

第三节 国内招标专业类岗位培训大纲_105

一、专业类岗位知识 / 技能培训分析表_105
二、专业类岗位培训及授权流程图_111
三、专业类岗位培训项目汇总表 _112
四、培训任务书_117
五、培训课程 / 项目考核表_121
六、技术岗位授权申请表_127

第四节 编制要求_127

一、填写要求_127
二、其他要求 _128

第七章 培训经理让自己更“值钱”

第一节 培训人必备的三项能力_130

一、培训项目设计能力_130
二、课程开发能力_144
三、培训授课能力_148

第二节 构建深度成长思维的四步法_151

一、第一步：初次阅读（当天完成）_151
二、第二步：信息整理（第二天完成）_152

三、第三步：信息回顾（7 天、15 天……）_152
四、第四步：信息复盘（1 个月、3 个月、6 个月……）_153

第三节　培训人的生存之道_154

一、培训没有天然存在的土壤_154
二、做工作要像放“鞭炮”，不能像放“窜天猴”_154
三、要有“少数人”的思维_155
四、要未雨绸缪，引领未来_155
五、要发自内心地了解业务_156

第八章　新员工（应届毕业生）培养项目设计

第一节　项目背景_158

第二节　培养原则及思路_158

一、“70/20/10 混合式培养”原则_158
二、“依托在建项目和具体岗位进行培养”原则_159
三、“知识技能传授同企业文化相结合”原则_159

第三节　培养目标_159

第四节　培养内容及方式_160

一、工作实践_161
二、综合培养（“六个一”计划）_163
三、理论培训_165

第五节　培养实施与考核管理_166

一、培养实施_166
二、考核管理_167

第六节　各部门在培养工作中的职责分工_168

第七节　附件_169

一、《应届毕业生专项培养申报表》（模板）_169
二、《“应届毕业生专项培养”培养关系变更备案表》（模板）_170
三、《应届毕业生专项培养协议书》（模板）_170

四、《应届毕业生专项培养考评表》模板_175

第九章　管理干部培养项目设计

第一节　需求分析_178

一、收集相关资料_178
二、确定培训需求_183

第二节　项目规划_191

一、明确设计理念_191
二、确定项目设计思路_192
三、制作学习全景图_192
四、培训计划_195

第三节　“五化”运营_195

一、社群化运营_195
二、品牌化宣传_196
三、仪式化管理_196
四、可视化积分_198
五、感性化服务_200

第四节　成果转化__201

一、宣传片拍摄_201
二、结业论文_201
三、宣传册_201
四、知识图谱_202

第十章　新任基层管理干部培养项目设计

第一节　新任基层管理者面临的挑战_204

一、界定和布置工作_204
二、提升下属的能力_204
三、建立人际关系_205

第二节　预期效果_205

第三节　项目设计方法论_205

一、在线学习_206
二、课堂学习_206
三、在岗实践_207

第四节　项目实施方案_208

一、实施阶段概览_208
二、角色及职责_209
三、学习地图_210
四、管理措施_211

第十一章　数字化学习项目设计

第一节　数字化学习项目设计_216

一、数字化学习迎来了春天_216
二、数字化学习项目设计原理_219
三、数字化学习项目的核心要素_220

第二节　案例:“新能源·E起学”混合式学习_224

一、项目筹备_225
二、启动会_233
三、过程促学_240
四、项目总结_247

第一章
企业为什么需要培训

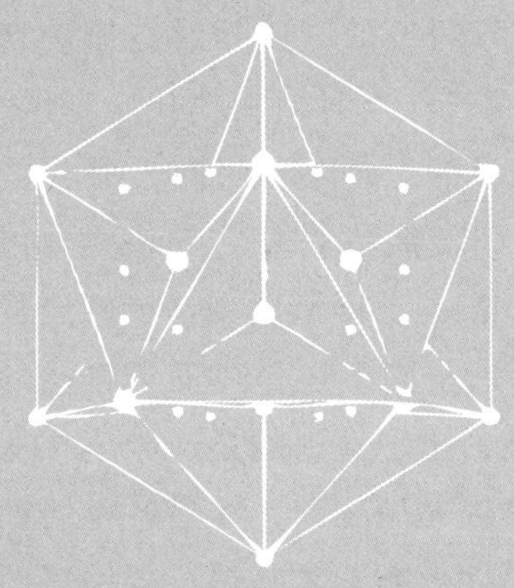

第一节　培训经理的自画像

一、培训之所以这样，取决于你的认知

我从 2008 年接触培训，至今已有 14 个年头。一直怀揣敬畏之心，在培训领域默默摸索，接触越多，越发现不足，越能感受到这份工作的价值。

培训是改造人的工程，是积德行善、成就他人的工作，最终目的是改变个人和组织绩效，这是所有培训从业人员的方向，也是初心。它就像灯塔，因为有它的指引，才不会在培训工作中迷失、迷茫，进而自我否定，最终黯然神伤。

我觉得谈培训前，一定要从认知谈起，因为认知的过程就是一个人成长的过程，在成长过程中逐渐形成对周围世界的看法，形成自己的人生价值观。

刚入行时，我还在咨询公司做事，有个同事对我们的培训产品非常不认可，她觉得我们并没有对企业产生实际的价值，还收取高昂的费用，纯粹是骗人。她做这份工作内心非常痛苦，当时老板就找她深谈，我还记得老板说过的一句话："当你对所从事的工作不认可时，外界创造再好的条件也无法安抚内心的躁动。培训就像找对象，三观要合得来，内心要认可对方，这样才能走得长远。若是觉得培训真是一件痛苦的事情，建议长痛不如短痛，早点分手！"这个同事还是过不了自己的坎，最后辞职了。一别 8 年后，我又见到她，出乎意料的是，她还在从事培训工作，这回完全像换了一个人，对培训充满热情，涉猎各种培训著作，对各种培训理论非常精通，对各路培训大咖非常熟识，各种培训

项目信手拈来。我没有进一步了解究竟是什么原因改变了她，但有一点可以确定，一定是她对培训的认知发生了重大变化，才会有巨大的行为转变。

说了这么多，就是希望大家对培训要有正能量的积极认知，培训是一份很重要的赋能予人的工作，对实现战略落地、业务转型、个人成长有重要作用。对于所有成功的企业而言，培训是其成功的关键要素之一。从认知上要把培训当成一种信仰，无论人类理性看上去多么强大、多么完美，我们依然生活在不确定性之中，唯一能够战胜这种不确定性的，绝不是高深精妙的理论，而是简单的信仰。我们必须信任培训价值、培训理念和培训方法，并为此自我修炼、自我提高。信仰具有排他性，有信仰的人的观点是单纯的，意志是坚定的，从生活习惯到为人处世具有一致性，遇到选择也不会迷惑。拥有两块以上手表并不能帮你准确判断时间，一个人挑选两种不同的行为准则或者价值观念则会陷于混乱，失去对事物的判断。

所以，好好做培训这份有前途的工作吧！全面培训、毫不怀疑地培训、不打折扣地培训，就会看到效果，培训贵在坚持，贵在认知！

二、做一个 HAIO 的人

人在不同的年纪考虑的问题也会不同，我思考最多的一个问题是：我想成为什么样的人？这是一个严肃的问题，因为你想不明白就做不明白。吸引力法则告诉我们，只有自己先想好了，宇宙才会帮你实现梦想。

如果浑浑噩噩过日子，你将来就会一事无成；如果你打了鸡血一般过日子，就会每天比昨天精进一点，就会实现当年制定的目标。

作为培训经理，经常构筑各种模型，这些模型能帮助我们更好地结构化思考和解决问题。我也有一个模型，我把它称为 HAIO——嗨喔，即 Health（健康）、Attitude（心态）、Input（输入）、Output(输出)。这个模型不是我提出来的，但是我觉得特别亲切，因为它和我的价值观不谋而合。我平时也是这么干的，偶尔会偷懒，大部分情况都是这么坚持的。

健康：适当运动、健康作息、健康饮食……身体健康是革命的本钱。

心态：控制情绪、正能量、不抱怨……阳光心态可以驱逐内心的黑暗。

输入：多读书、多阅读、多交朋友、多聊天……输入是输出的保证。

输出：构思、分享、写作、创作……输出是一个人价值的体现。

以上就是 HAIO 模型的含义，只要坚持下去，别的效果不敢多说，你至少可以过得很充实。

第二节　培训是为了解决企业的痛苦

一、企业痛苦链

中医上讲：“通则不痛，痛则不通。”意思是如果气血畅通就不会疼痛，如果疼痛就说明气血不通。

企业和人一样，也有痛苦。企业最大的痛苦是什么？持续经营。最先承担这个痛苦的就是高管团队，高管团队首要考虑的是如何实现企业的各项经营目标。

首先，为了解决这个痛苦，高管团队成员会按照线条模式进行工作分工授权：

· 有的是分管党建、文化宣传、干部队伍建设。

· 有的分管纪检工作。

· 有的分管工程、安全和运维等。

其次，高管团队的痛苦会传递给企业战略经营部门，该部门根据内外部环境变化规划未来五年、十年的发展目标。

再次，每个线条的单位都会承担相应职责的目标。

最后，痛苦就落到每个人身上，形成个人年度工作计划。

企业有纵向和横向的痛苦。痛苦就这样一级一级传递下去，从这个视角去观察企业，你会发现企业中的任何组织都是为了解决上一级的痛苦而设定的，下一级部门工作的原因就是上一级部门想要的答案，这是纵向上的痛苦。除了纵向上的痛苦，我们还面临横向上的痛苦，即部门除了要对直接上级负责，还要与横向部门沟通，协同推进工作，取得工作成果。

企业的痛苦无处不在，而培训部门存在的意义就是帮助企业解决这些痛苦。痛苦一定是由问题产生的，但是有问题未必有痛苦。不同的人对问题的看法不一样，感受也不一样，同样的问题，有的人会觉得无所谓，有的人会觉得痛不欲生。因此，培训的最佳对象是有痛苦的人，而不是有问题的人。

培训部门可以产生小范围的影响，解决小痛苦，也可以直接作用于公司高管团队解决大痛苦。问题到了一定程度，就会造成痛苦，而只有高层有痛苦，大家才能感同身受，老板如果不发火，其他人都会相安无事。所以，痛苦一定是从上向下传递的。好比去医院，医生对你的治疗一定要作用在痛苦的根源上，患者才会觉得药到病除。同理，企业培训痛苦的根源来自哪里？来自高管。他们承受着整个企业的经营痛苦，他们会把痛苦传递到企业的各个层级，最关注企业经营的也是高管，所以培训要从一把手去做，培训就是一把手工程，只有一把手重视培训，培训部门才会获得足够的资源支持。

二、领导力培训项目痛点

我专职做领导力培训有七年之久，主要负责领导力培训项目的设计和交付，因此对领导力培训项目遇到的痛点体会最深。每一个培训项目去掉外表的假象，本质的东西是不会变的。领导力培训项目的痛点，也代表了其他培训的痛点。

做领导力培训一定要内心坚定，有自己的方法论和价值判断，不能别人说怎样就怎样，一定要发自内心热爱，在热爱的同时也要认识到工作中的不足。我认为，领导力培训在教学设计、课程开发和交付运营方面有如下不足：

（一）教学设计方面

（1）要研究如何促进新时代政治理论学习，道术相济

新时代背景下，党是各项事业的领导核心。党建工作特别重要，怎样发挥党建引领作用是每一个培训人都要思考的问题，在领导力培训项目中没有党建内容就是不讲政治。因此，在领导力培训设计中一定要有党性修养的内容，党性修养这部分内容在管理干部培训的比例会越来越大。

（2）培养项目周期成本较大，项目结构、课程、学习方式亟待调整

企业都很重视人才培养工作，舍得在人才培养方面下功夫，一个培养项目周期动辄几个月，有的是分成几个阶段持续若干年，这对项目设计和运营人员提出挑战。在公司野蛮成长阶段，这种投入会出现短暂繁荣，一旦进入规范期成长，人才培养势头就会减弱。培训人要有清醒的认识，我们的资源不是充盈的，是有天花板的，要时刻做好过苦日子的准备。

（3）学员训后应用率不够高，训后跟进体系设计不够科学

培训课堂很重要，培训后有一套完整的转化体系更重要。人常常是趋利避害的，尤其成人学习需要在极短时间内看到效果，才会保持兴趣，参加下一回的培训。若无强制的规范和转化要求，最后学习成果就像蚊香，逐渐消失。

（二）课程开发方面

（1）大部分课程都是外采课程，面临课程内化的需求

管理类培训有一个特点就是“外来的和尚好念经”，有时候内部的教员水平不够，是因为彼此太熟悉了，没有办法讲。比方内部老师讲授组织协同的内容，课程确实给了一套好的方法论和行动指南，但学员会想，你讲得头头是道，实际操作中你都不是那样的，培训效果就会大打折扣。因此，管理培训面临的一个现实就是多数师资需要外部引入，借他人的身份和智慧解决自己的问题。

（2）缺乏定制化课程规划，原创的管理类课程、任务类和问题类主题的课程设计与开发欠缺

作为培训人，我们不能永远购买课程，那样最终会失去在组织中的价值。我们拿着组织发的薪酬，就要为组织做贡献，不能成为课程贩子，让别人的思想在我们的大脑里跑过之后什么都没剩下，要“雁过拔毛”，每一个培训结束后都要给组织沉淀一些智慧资产。

（三）交付运营方面

（1）知识萃取的能力不足，导致对项目策划、设计及组织的良好实践总结、提炼缺乏

培训工作看着简单，但简单背后蕴藏着大玄机。培训人不仅是专才，还要成为全才，善于总结，从每一个培训项目里提取方法论，扩充知识体系。我有个体会：带着方法论工作，精神状态和别人不一样，浑身带着一股冲劲，他们的行为都是有套路可以遵循的，而且大多数情况下他们的方法都是行之有效的，不用扬鞭自奋蹄！

（2）管理类培训教务运营投入资源较多，模式不可持续

这种情况需要结合各自公司的培训成熟度情况来分析，有的企业分工很细，投入一个项目里的人员很多，人员多就意味着成本高，这和企业提倡的降本增效必然矛盾。如果为了追求项目质量，投入较多的资源无可厚非；如果经常高开高走，必然会引起内部意见反弹，成为待改进项。

（3）管理干部数字化学习平台的构建缺乏规划和技术研究

目前培训技术非常成熟，其中在线学习平台发挥了重要作用，但值得注意的是，在线学习平台建议轻运作，不要重金打造，因为它就像黑洞，会不断吸引你的资源。一旦建立平台，首先，要放学习内容，这些学习内容都很昂贵，培训费用就是优先考虑的大问题；其次，要定期升级平台，尤其是数字化的东西，更新换代特别快，若是升级不到位，很快就会落伍；最后，需要专门的人员进行维护和营销，这对培训管理提出了不小的挑战。

第三节　企业培训的 7 个趋势

我从培训机构、企业、学员方面总结了企业培训的 7 个趋势，供大家参考。

一、内部业务专家兴起，将对外部培训师资形成冲击

内部业务专家与外部师资相比，有着先天优势，他们熟悉组织内部情况，能结合学员的实际情况授课，讲的内容都是学员关心的，与其切身利益息息相关，所以学员爱听、喜欢听。

我们在做一个基层管理干部培养时，大量地使用了内部师资，参与授课的有总经理部、人力资源部、监察部、培训部门的领导，他们都是在集团内部受过专业训练的银牌、铜牌教员，与国际知名咨询公司的师资相比毫不逊色。学员普遍反馈，内部老师比外部老师讲得好，能听进去，这给我很大的震撼。

内部师资水平已经可以和外面的师资一较高下了，企业已具备内生力量，很多外面通用课程企业内部也可以进行操作。长此以往，外部培训师资会被大量替代，逐渐被边缘化。外部培训师资一定要开发自己的品牌课程，有自己的品牌标签，走品牌化路线。

二、越来越多的乙方进入甲方，企业培训队伍更专业

很多企业在招聘培训经理的时候，喜欢从培训公司招人。因为培训

公司是一个很好的发展平台，接触的都是各行各业的知名企业，从培训公司出来的人一般视野开阔、沟通能力强、吃苦耐劳、有责任心，这恰恰是企业需要的，既熟悉业务又能推动协调培训项目。

由乙方走入甲方的培训经理，有几个特点：首先，他们熟悉培训市场，了解培训行情，一定程度上具备甄别师资好坏的专业能力；其次，人脉广，有很多渠道了解其他企业的做法；最后，他们知道自己想要什么，并为此努力奋斗。

所以，培训机构与企业打交道有时候有无从下手的感觉，论专业没有客户专业，论实践没有客户丰富。我特别喜欢与专业的客户经理打交道，喜欢和朋友做业务。以我的一位合作伙伴为例，她只要有时间就会来看我，聊一下她们的最新动态，说说现在的一些做法，对培训行业的动态如数家珍，和她聊天特别有收获。有时候比我都了解我们的集团公司，这样的伙伴让人信赖，她推荐的项目一般都没有问题。既专业又是朋友，想拒绝都难。

三、培训项目从“轮训”转向“项目制分阶段”

以前做项目设计是“短、平、快”，就像菜市场交易，交易完毕，一拍两散！培训一般 3~5 天，几门课程组合一下，学员 100~200 人，分几个班轮训，来一波送走一波。现在不行了，很多项目都要分阶段实施，短的 2 个阶段，长的 4~5 个阶段，每个阶段 3~5 天，一个项目下来 25 天左右都是有的。项目制培训强调学员的情感投入，有一种理论叫暴爽体验，你越“虐待”学员，学员收获越多。总之，不用测评反馈、集中面授、行动学习、个人 IDP、外部教练 / 内部导师辅导、读书报告会、讲堂、沙龙等形式都显示不出你的水平，官方话是为了照顾学员的认知、情感、行为改变的需求，更好地提高学员的能力。

除了分阶段实施，培训项目一定要有好一点的名字，人的名，树的影，必须响亮大气，让人一听就能记住。禽类的：金鹰计划、鲲鹏计划等；兽类的：雄狮计划、狼狈计划等；植物类的：常青藤计划、向日葵计划等。

四、学习技术发展为培训项目多元化提供更多可能

越来越多的资本进入培训领域，学习技术层出不穷。有影响的企业都能为员工提供 E-learning、M-learning、VR 体验中心、网校教育、听课等资源，这些学习技术的运用，让学员突破了时间和空间的限制，在一定程度上满足学习成长的需要。值得注意的是，这些手段一般都是作为培训设计的补充，单独实施的很少。2020 年受新冠疫情的影响，纯粹的在线学习项目开始正式进入大家的视野，但长期看这种学习项目不会成为主流，因为缺乏学员情感连接。

五、培训逐渐成为一种职能，不再可有可无

以前培训部门多数是挂在人力资源部或者综合部下面，只有 1~2 人负责或者兼职，现在越来越多的企业认识到培训的重要性，由公司一把手主抓培训。因此，培训部门的地位也水涨船高，获得的资源也越来越多。我所在的部门有近 50 位同事负责培训工作，公司这样的支撑力度，也让我们倍感肩上的担子沉重，若是还做不好，有负组织重托，所以一直在努力。有时我在想，培训真的重要吗？重要！培训和组织就像盐和人体一样，没有盐也能活，就是痛苦一点。

六、学员的培训体验成为检验培训成果的重要标准

学员是培训产品的直接用户，就像买东西，服务体验不好，会得到差评，因此培训体验越来越重要。这就像你通过手机看移动、电信、联通服务，和你直接接触的是手机屏幕，你不会在乎移动、电信、联通背后的管理水平怎么样、通信设备先不先进、服务人员水平高不高，你关心的就是信号好不好、通话清不清晰。学员也一样，花几天时间来学习，不会在乎你前面准备了多少，交付的时候只要觉得不舒服，就是培训工作没有做好。所以，做培训设计时一定要注重学员的体验，这样才

能在企业内部形成良好的舆论环境，促进培训工作进一步完善。

七、虚拟合作学习将成为未来学习的主要形式

为什么要提虚拟合作学习呢？对于跨区域集团，这种形式逐渐增多，虚拟办公逐渐走向我们。我们在做一个培训班的时候，学员是来自全国各省市的分公司班子成员，之前都没有见过面，但是行动学习要他们输出成果，因此几个互不认识的人开始通过视频的形式定期见面，产生成果。我所在的企业，要完成一个项目，需要联动商务、财务、业务部门，说实话，和我打电话的人什么样都不知道，只能通过声音去想象，但是这件事情在互不认识的情况下完成了，未来的组织因为全球化或者办公分散，虚拟合作会越来越多。

第二章
3 张表就能管好企业培训

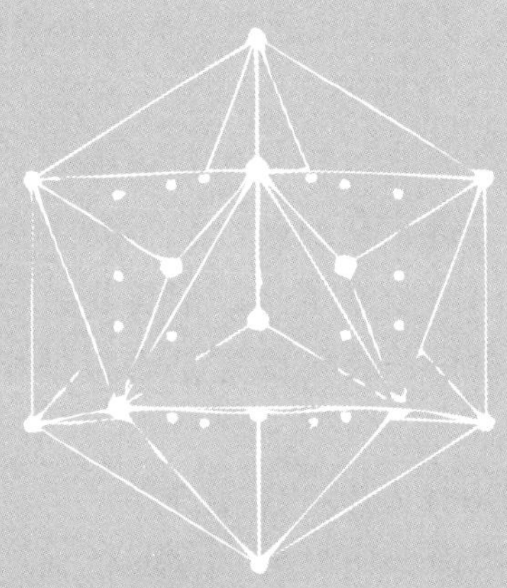

在培训管理方面有 3 张表格非常重要。对培训经理来讲，控制好这 3 张表格，全年的培训重点工作就能顺利完成。这 3 张表格就是培训预算表、年度培训规划表和项目运营控制表。

第一节 培训预算表

对实施全预算管理的公司，做项目前一定要有预算。先预算，再立项，再实施，最后支付，这是一个不可逆的过程。做培训项目设计的时候，首要考虑的是有预算吗？预算够吗？

一、培训经费与预算管理

（一）培训经费

（1）公司保障培训资源的必要投入，在公司年度预算中培训费用不低于员工工资总额的 2.5%，培训费用专款专用。培训费用指培训实施整个过程所发生的费用，分为直接费和间接费。

直接费包括学费、报名费、考试费、鉴定费、取证费、资料费等；间接费包括交通费、住宿费、场地费、教学设施费等。

（2）参加国家、行业、地方相关资质取证的，如两次及以上未通过，则部分培训费用（鉴定费、考试费、学费、交通费、住宿费）由本人承担。员工自行参加的培训，培训费用由个人承担。但符合公司发展需要等特例情况的，由员工个人提出申请，公司决定是否报销相关费用。

（3）生产前准备组织的培训，发生的费用计入生产准备费。

（4）单项培训费用申请。为做好公司培训费用管控，提高培训质量，各单位组织实施外部培训（含外派培训、引入培训等）需在培训前进行培训费用申请，审核通过后方可实施相关培训。具体操作如表 2–1 所示。

表 2–1　培训费用申请

序号	培训费用（元）	培训项目申请	
		UPM 申请流程	需上传附件资料
1	培训费用 <10000	单项培训申请流程	★符合制度 4.9.2 相关要求的受训员工，须按要求签订《培训合同》 ★费用构成及预算
2	10000 ≤培训费用 <50000	无合同立项申请流程	
3	培训费用（单个供应商）≥ 50000	采购流程	

（二）培训预算管理

1. 培训预算编制

（1）公司培训预算费用由公司统筹培训预算、部门统筹培训预算、集团分摊费用三部分构成。原则上，培训预算费用仅包含外聘讲师费、培训学费、培训资料费等费用，因培训产生的交通、住宿、餐费等相关费用不列入培训预算。

（2）培训中心每年根据财务部年度预算工作统一安排，编制公司年度培训工作计划和培训预算。

（3）培训中心编制公司整体培训预算分解方案。培训预算根据培训工作计划预估产生，面向公司的培训项目费用列入公司统筹预算，面向部门的培训项目费用列入部门统筹预算。

（4）部门培训预算额度等于预算年度的部门人员编制数乘以培训预算人均标准。

（5）培训预算人均标准由培训中心在公司培训预算中扣除公司统筹培训预算和集团分摊费用后测算得出。

2. 培训预算审核

部门统筹培训预算由各单位培训工程师编制，经各单位负责人审核后，交培训中心审核，合并入公司整体培训预算。

3. 培训预算执行与控制

（1）培训项目启动前提交培训申请流程进行审批，培训项目结束后按照费用报销流程完成费用支付。

（2）培训中心应定期监控公司及各单位培训预算执行情况。如出现部门培训预算执行异常，应向该单位培训工程师反馈信息，预警风险；如出现公司培训预算执行异常，则向培训中心负责人及财务部负责人反馈信息，预警风险。

4. 部门培训预算变更

在不影响年度公司培训预算总额的情况下，各单位可以申请部门培训预算变更，部门培训预算变更于每年 7 月进行。

二、培训预算表的编制格式

每年年底，各公司都会进行下一年的预算编制，培训费也会在这个预算编制里面，培训预算的金额直接影响下一年能产出多少工作成果。所以，在做培训预算时一定要通盘考虑、慎重决策，我们常用的预算编制表格式如表 2–2 所示。

表 2–2　预算编制表格式

序号	模块	预算项目名称	预算金额（元）	计划使用时间	费用科目	归口管理部门	说明
1	管理培训模块	新能源 MDP2.0 “一把手”培训第 1 期	70 万	全年（集中在 2020 年 6 月–12 月）	境内培训费	培训中心	
2	管理培训模块	新能源 MDP 项目第 5、第 6 期第三、四阶段	100 万	全年（集中在 2020 年 2 月–6 月）	境内培训费	培训中心	
3	管理培训模块	新能源 LDP 项目第 3 至第 5 期第三阶段	50 万	全年（集中在 2020 年 3 月–4 月）	境内培训费	培训中心	

续表

序号	模块	预算项目名称	预算金额（元）	计划使用时间	费用科目	归口管理部门	说明
4	管理培训模块	中层后备干部“白鹭振翅”第 1 至第 3 期第一、二阶段	125 万	全年（集中在 2020 年 6 月–12 月）	境内培训费	培训中心	
5	管理培训模块	基层后备干部“白鹭丰翼”第 1 至第 5 期第一、二阶段	87 万	全年（集中在 2020 年 6 月–12 月）	境内培训费	培训中心	
6	管理培训模块	“新能源·讲武堂”2020 年第 1 至第 3 期（总第 10 至第 12 期）	15 万	全年（集中在 2020 年 6 月–12 月）	境内培训费	培训中心	
7	管理培训模块	管理课程认证	20 万	全年	境内培训费	培训中心	
8	管理培训模块	新能源 E 起学混合式学习项目	44 万	全年	境内培训费	培训中心	
合计			511				

三、影响预算表编制的两大因素

培训预算表，反映的是你能拿出多少资源可用于未来的人才培养项目。在编制培训预算表时需要考虑两个因素：一是培训项目内容；二是培训项目金额。

（一）培训项目内容

培训项目内容是根据组织外部环境和战略要求、岗位胜任能力要求和员工自身发展的要求决定的。在企业运作中，培训工作是按照分层分级的原则开展的，不同的培训经理负责不同的培训项目。

有人负责转型培训（包括新员工、新晋升的基层干部、中层干部、高层干部培训）。

有人负责在任管理干部培训（包括在任的基层后备干部、基层干部、中层后备干部、中层干部培训）。

有人负责专业知识培训（包括合同商务培训、资产管理培训、电力营销培训、人力资源培训、财务管理培训等职能线培训）。

有人负责技能类培训（包括安全、风机 / 输变电高级技能培训等）。

有人负责通用和职业发展能力培训（主要是面向全体员工的办公写作、演讲表达、office 使用等）。

培训经理根据各自的工作安排，首先通过调研、访谈等培训需求诊断技术，梳理出组织、部门及个人的培训重点；其次根据培训诊断结果，设计不同的培训解决方案（集中面授、在线学习、教练辅导、沙盘模拟、行动学习、跨界交流、体验式教学、团队拓展、书籍阅读等多种形式）满足培训需求；最后对培训项目从态度、知识及技能等方面进行评估。

（二）培训项目金额

做培训预算时，涉及估算培训项目金额。一般而言，培训项目金额主要由培训费、差旅费、宣传费、培训当地交通费、场地费、教务费、教材费、图书费、其他几项组成。

（1）培训费，是指邀请师资授课，支付给供应商 / 师资的课酬费用，在培训预算中所占金额较大。在估算培训费时主要根据讲授内容、授课对象、授课准备的复杂程度、是不是品牌课程等来与供应商 / 师资进行议价。

（2）差旅费，是指学员集中培训所产生的交通差旅和食宿费用。有的公司要求食宿、交通等差旅相关费用由学员自行支付后返回所在企业报销，有的是由培训归口部门统一承担，年底时再进行分摊。在估算差旅费时，主要考虑学员数量、住宿单价和用餐金额。

（3）宣传费，是指为做好项目营销，而进行相关海报设计、宣传片拍摄、摄影、个性化定制的项目宣传品所产生的费用。一般包括海报、横幅、易拉宝 / 展架、文化衫、徽章、定制品（手提包、笔等）、知行录、积分板（积分海报）等。

（4）培训当地交通费，是指在培训当地安排车辆从机场 / 火车站接送学员所产生的交通费，在估算交通费时主要考虑接送站、培训期间中途领导、学员用车情况等。

（5）场地费，是指租用教室或场地发生的费用。

（6）教务费，该费用主要是指购买茶歇及教学用品的费用，包括但不限于饮用水、咖啡、茶叶、搅拌棒、纸巾、白板纸、白板笔、水彩笔、A4 纸 、万能黏土、美纹胶、白板夹等。

（7）教材费，该费用主要是指印刷培训课件、培训指南、桌签的费用。

（8）图书费，该费用一般是为了配合培训内容安排，提前为学员购置相应的推荐书籍而产生的费用。

（9）其他，该费用一般是多做出来的富余预算，用于应付在培训项目过程中因考虑不全而产生的额外费用，估算时可以按照总金额的 10%~15% 进行估算。

综合考虑以上九个方面的培训大类后，估算一个培训项目的具体金额就容易了。以某培训项目为例，费用预算表如表 2–3 所示。

表 2–3　某培训项目费用预算表

序号	大类	子类	明细	单价	数量	合计	备注
1	培训费	课程	卓有成效的管理者				
2			团队管理				
3			党课				
4	差旅费	住宿费	住宿费				
5		餐费	餐费				
6	宣传费	物料费	承诺墙				
7			横幅				
8			班旗				
9			海报设计与制作费				
10			易拉宝 / 展架				

续表

序号	大类	子类	明细	单价	数量	合计	备注
11	宣传费	物料费	知行录				
12			场地指引牌				
13			徽章				
14			文化衫				
15			结业证书（打印 + 封皮）				
16			纪念册设计费				
17			纪念册印刷费				
18		宣传片	宣传片				
19	培训当地交通费	交通	机场 / 火车站接送				
20			外出体验式课程费用				
21	场地费	/	培训教室				
22	教务费	/	茶歇及教学用品				
23	教材费	教材	教材费				
24	图书费	图书	书籍购买费				
25	其他	/	其他				
合计							

以上就是在制作培训预算表时要考虑的重点，有了这个表格，我们在后续的立项和项目实施过程中就能时时对照，更好地控制培训费用的支出。

第二节　年度培训规划表

当培训预算表制定好以后，明年的工作重点就全部呈现出来了，培训经理接下来要做的事情就是按照工作节奏，把各个项目的实施月份和时间确定下来，然后进行师资邀请，锁定关键资源。

一、编制年度培训规划表时遵循的五大原则

（1）避开节假日

在做培训规划前，要了解国家的全年假期安排，这样才不会造成正常国家法定假期与培训的时间冲突。

（2）避开 7 月–8 月暑假时间

在做培训安排时尽量避开暑假，因为这段时间大部分员工都要休假，陪同家人和孩子，为了避免出现学员大规模请假的现象，还是避开这个时间为好。

（3）避开业务繁忙期

每个公司业务繁忙期都是不同的，在做需求调研时，可以询问相关分管领导的建议，选择相对合适的时间安排培训。

（4）避开年头和年尾

年头是指春节前这段时间，一般不安排培训，这段时间大部分员工都会回家过春节；12 月份尽量不安排培训，年底有很多工作总结、工作规划、KPI 考核等工作要开展，不适合安排培训。

（5）避开重要会议时间

公司每年都会召开董事会、经营会、党委学习会等，在做培训规划时尽可能了解这些会议召开的时间，避开这样的日期。此外，如果不是整周的培训，建议避开周一，周一要开总经理办公会，如果要请领导出席开班式，就会造成时间冲突。

二、年度培训规划表示例

年度培训计划表做好后，要在公司范围内下发，这样各部门、各事业部和各分公司培训管理员就能了解年度培训计划，从而做好相应的培训对接和筹备工作。如表 2–4 所示。

表 2-4　年度培训计划表

序号	类别	课程 / 项目名称	培训目的	培训方式	培训对象	计划培训人数	计划课时（小时）	计划实施期数	实施责任单位（与培训计划级别对应）	计划实施月份												评价方式	备注
										1月	2月	3月	4月	5月	6月	7月	8月	9月	10月	11月	12月		
1	管理培训	新能源控股公司中层管理干部能力发展项目，中层一把手培养项目（MDP2.0- 翎英计划）	支撑年度重点工作	脱产内培（外请讲师）	各单位一把手	100	50	2	培训公司					☆					☆			培训总结	
2		新能源 LDP 第 6、第 7 期第一阶段	支撑年度重点工作	脱产内培（外请讲师）	基层管理干部	90	40	2	培训公司									☆		☆		培训总结	
3		新能源振翅计划第 1、第 2 期第二、三阶段	支撑年度重点工作	脱产内培（外请讲师）	中层后备干部	160	50	4	培训公司				☆		☆			☆		☆		培训总结	
4		新能源丰翼计划第 1 至第 4 期第二、三阶段	支撑年度重点工作	脱产内培（外请讲师）	基层后备干部	330	50	8	培训公司			☆	☆	☆	☆		☆	☆	☆	☆		培训总结	
5		“新能源·讲武堂”2021 年第 1、第 2 期（总第 12、第 13 期）	支撑年度重点工作	脱产内培（外请讲师）	公司员工	70	7	2	培训公司							☆					☆	培训总结	一期为科技创新主题

续表

序号	类别	课程 / 项目名称	培训目的	培训方式	培训对象	计划培训人数	计划课时（小时）	计划实施期数	实施责任单位（与培训计划级别对应）	计划实施月份												评价方式	备注
										1月	2月	3月	4月	5月	6月	7月	8月	9月	10月	11月	12月		
6	安全培训	新能源筑安・护航计划	支撑年度重点工作	脱产内培（内部讲师）	区域安质部经理	58	26	1	培训公司	☆												笔试	
7		新能源筑安・远航计划	支撑年度重点工作	脱产内培（外请讲师）	区域安全总监	37	26	1	培训公司	☆												笔试	
8		新能源筑安・强基计划第二阶段1~3期	支撑年度重点工作	脱产内培（内部讲师）	区域安质环专工	66	45	3	培训公司					☆		☆		☆				培训总结	
9		新能源筑安・夯基计划第一阶段1~2期	支撑年度重点工作	脱产内培（内部讲师）	场站专工、项目专工	60	40	2	培训公司								☆		☆			培训总结	
10		安质环授权培训	支撑年度重点工作	脱产内培（内部讲师）	安质环相关管理人员	120	32	4	培训公司			☆				☆		☆		☆		笔试	
11	专业技术培训	电力营销鸿鹄计划第一阶段第2期培训	支撑年度重点工作	脱产内培（外请讲师）	电力营销线新增人员	40	60	1	培训公司					☆								笔试	

续表

序号	类别	课程 / 项目名称	培训目的	培训方式	培训对象	计划培训人数	计划课时（小时）	计划实施期数	实施责任单位（与培训计划级别对应）	计划实施月份												评价方式	备注
										1月	2月	3月	4月	5月	6月	7月	8月	9月	10月	11月	12月		
12	专业技术培训	电力营销鸿鹄计划第二阶段培训	支撑年度重点工作	脱产内培（外请讲师）	电力营销线人员	80	60	2	培训公司								☆	☆				笔试	
13		电力现货交易专项培训	支撑年度重点工作	脱产内培（外请讲师）	电力现货试点区域人员	40	60	1	培训公司							☆						其他	
14		国际项目经理（IPMP）认证培训班	岗位资质要求	脱产内培（外请讲师）	新任工程项目经理	30	50	1	培训公司				☆									笔试	
15		工程项目经理核心能力提升培训	支撑岗位关键工作任务的完成	脱产内培（内部讲师）	工程项目经理	40	60	1	培训公司						☆							培训总结	
16		合同商务部中级“扬帆远航”项目第三期	支撑岗位关键工作任务的完成	脱产内培（外请讲师）	合同商务线中级人员	60	40	1	培训公司					☆								笔试	

续表

序号	类别	课程 / 项目名称	培训目的	培训方式	培训对象	计划培训人数	计划课时（小时）	计划实施期数	实施责任单位（与培训计划级别对应）	计划实施月份												评价方式	备注
										1月	2月	3月	4月	5月	6月	7月	8月	9月	10月	11月	12月		
17	专业技术培训	合同商务部高级“征帆领航”项目第 1 期	支撑岗位关键工作任务的完成	脱产内培（外请讲师）	合同商务线高级人员	30	45	1	培训公司											☆		其他	
18	技能培训	明星场站长计划	支撑年度重点工作	脱产内培（内部讲师）	任命场站长	252	56	6	培训公司				☆		☆		☆	☆	☆	☆		其他	
19		储备场站长培养计划（见习、授权）	支撑年度重点工作	脱产内培（内部讲师）	见习场站长、拟授权场站长	120	40	3	培训公司			☆				☆		☆				实操考试	含笔试
20		科技人才、高端人才专项培训班	支撑年度重点工作	脱产内培（外请讲师）	已聘资深专家、中青年专家、工匠、标兵，以及相关培养对象	70	32	2	培训公司					☆			☆					培训总结	

续表

序号	类别	课程 / 项目名称	培训目的	培训方式	培训对象	计划培训人数	计划课时（小时）	计划实施期数	实施责任单位（与培训计划级别对应）	计划实施月份												评价方式	备注
										1月	2月	3月	4月	5月	6月	7月	8月	9月	10月	11月	12月		
21	技能培训	班长专工培养班	支撑年度重点工作	在线学习	班长、专工储备人员	300	16	1	培训公司									☆				培训总结	
22		运维高级技能专项培训	弥补员工知识或技能短板	脱产内培（外请讲师）	生产运维相关岗位	40	16	4	培训公司					☆		☆		☆		☆		实操考试	含笔试
23		运维技能精进营	弥补员工知识或技能短板	脱产内培（内部讲师）	现有技能三级或需要晋升至技能三级，并具有系统故障处理经验的运维技能员工	300	16	20	培训公司				☆	☆	☆	☆		☆	☆	☆		培训总结	

续表

序号	类别	课程 / 项目名称	培训目的	培训方式	培训对象	计划培训人数	计划课时（小时）	计划实施期数	实施责任单位（与培训计划级别对应）	计划实施月份												评价方式	备注
										1月	2月	3月	4月	5月	6月	7月	8月	9月	10月	11月	12月		
24		数字化赋能培训	支撑岗位关键工作任务的完成	脱产内培（内部讲师）	各分公司、各场站、各部门数字化相关人员	150	32	2	培训公司						☆				☆			笔试	
25	技能培训	GWO-BST 培训	支撑年度重点工作	脱产内培（内部讲师）	风电运维员工	150	32	2	培训公司									☆	☆			考试	
26		运维技能送课下现场	弥补员工知识或技能短板	脱产内培（内部讲师）	各分公司、场站运维员工	150	16	10	培训公司			☆	☆	☆		☆	☆	☆	☆	☆		培训总结	
27		运维基础知识、技能直播培训	弥补员工知识或技能短板	脱产内培（内部讲师）	技能一级二级人员	1200	1	20	培训公司			☆	☆	☆	☆	☆	☆	☆	☆	☆	☆	其他	
28	海上风电培训	海上风电安全技能培训	支撑岗位关键工作任务的完成	脱产内培（外请讲师）	海上风电生产、工程岗	80	40	4	培训公司			☆			☆				☆		☆	实操考试	

续表

序号	类别	课程 / 项目名称	培训目的	培训方式	培训对象	计划培训人数	计划课时（小时）	计划实施期数	实施责任单位（与培训计划级别对应）	计划实施月份												评价方式	备注
										1月	2月	3月	4月	5月	6月	7月	8月	9月	10月	11月	12月		
29	海上风电培训	海上风电基础知识培训	支撑岗位关键工作任务的完成	在线学习	海上风电相关岗位	120	32	1	培训公司									☆				笔试	
30		海上风电合法合规培训	弥补员工知识或技能短板	脱产内培（内部讲师）	海上风电相关岗位	30	8	1	培训公司				☆				☆					培训总结	
31		海上风电安质环专项培训	支撑年度重点工作	脱产内培（外请讲师）	海上风电安质环管理人员	40	24	1	培训公司						☆							培训总结	
32		海上风电运维技能培训	弥补员工知识或技能短板	脱产内培（内部讲师）	海上风电生产运维岗	45	8	3	培训公司							☆		☆		☆		实操考试	
33	新员工、通用培训	2020届校招新员工“白鹭·破壳计划”破壳阶段	支撑年度重点工作	脱产内培（内部讲师）	2020届校招新员工	240	8	1	培训公司					☆	☆							实操考试	

续表

序号	类别	课程 / 项目名称	培训目的	培训方式	培训对象	计划培训人数	计划课时（小时）	计划实施期数	实施责任单位（与培训计划级别对应）	计划实施月份												评价方式	备注
										1月	2月	3月	4月	5月	6月	7月	8月	9月	10月	11月	12月		
34	新员工、通用培训	2021 届校招新员工“白鹭·破壳计划”原力阶段	支撑年度重点工作	脱产内培（内部讲师）	2021 届校招新员工	400	56	1	培训公司								☆					培训总结	
35	师资培养	师傅培养“星火计划”	支撑年度重点工作	脱产内培（内部讲师）	技能师傅培养对象	80	32	3	培训公司			☆	☆		☆							实操考试	
36		集团 GTT 认证培训班	支撑年度重点工作	脱产内培（内部讲师）	集团认证教员培养对象	6	30	1	培训公司				☆									实操考试	
37		公司教员认证培训班	支撑年度重点工作	脱产内培（内部讲师）	公司认证教员培养对象	40	24	2	培训公司					☆		☆						实操考试	

第三节　项目运营控制表

有了培训预算表，我们能知道有多少预算可以投到培训项目中；有了年度培训规划表，我们就知道每个月要做的重点工作；有了项目运营控制表，我们就可以对某个具体的项目进行工作分解，更好地对关键节点进行控制，确保培训工作高质量完成。

一个培训项目按照培训实施时间的先后顺序可以分成项目筹备、项目实施、项目收尾三个阶段，每个阶段又可以细分出很多工作内容，接下来我们一起梳理一下项目运营的关键流程。

一、项目筹备阶段

项目沟通会：项目启动前，一定要召开沟通会议。沟通会可以调动集体的智慧，群策群力，做好项目的具体工作。“一人计短，两人计长”，大家在一起进行智慧碰撞，可以产生很多奇思妙想，更加出彩地完成培训项目的策划。沟通会既包含与培训讲师召开的培训需求沟通会，也包括由项目经理、班主任参加的培训项目筹备工作推进会。

财务立项：前面有提到过培训预算表和项目费用明细表，一般做财务立项需要把这两个表格作为附件，方便获得快捷的审批。

OA 通知发布：根据项目要求、内容、安排进行培训通知撰写并发布，发布 OA 通知的时间，建议在培训实施前一个月左右进行，方便学员调整工作安排，按时参训，也为培训组织者争取足够的时间，做好前期的准备工作。

培训课程商务采购：按照公司规定的商务流程进行课程采购，各家公司的商务采购规定不同。我所在的企业是这样规定的：如果金额小于一万元，可以进行无立项无合同采购流程；如果金额大于一万元小于五万元，需要进行有立项无合同采购流程；如果金额大于五万元，需要进行合同采购流程。如果运用合同采购流程，比选方式可以采用单一来源采购、竞争性谈判采购、询价采购等，由各公司的合同商务部门进行管理，在做采购时，要多与合同商务部门进行沟通。

内部师资邀约：内部讲师一般是公司的领导居多，需要提前和领导或者秘书沟通，预约授课时间，建议电话沟通完毕后再以邮件邀请的方式进行确认，避免因记错时间耽误后面的培训。与外部讲师不同的是，内部师资不会涉及对外支付费用，一般都是授课结束完毕后发放授课津贴。

具体的津贴标准有工作日和休息日两种情况。工作日授课标准：基层管理干部 100 元 / 时，中层管理干部 200 元 / 时，高层管理干部 300 元 / 时；休息日授课与工作日授课比较而言，授课津贴翻倍，标准基层管理干部 200 元 / 时，中层管理干部 400 元 / 时，高层管理干部 600 元 / 时。

培训食宿行安排：这是培训组织比较关键的一个环节，需要安排学员的餐饮、住宿和交通。餐饮需要确定是采用自助餐还是围餐等，需要确认是否有少数民族学员，围餐最好提前确认好菜单；住宿需要确定酒店，酒店一般选择新一些的酒店，会有更好的住宿体验；交通根据领导、学员的不同行程来进行安排，如果只是接送学员，可以采用固定地点发车方式，在固定的时间和地点发一趟车。

培训物资准备：根据授课需要进行安排，准备培训物资。包括但不限于教材、推荐阅读书籍、白板、白板纸、白板笔、签字笔、美纹纸、便利贴、彩纸、纸巾、咖啡、矿泉水等。

二、项目实施阶段

培训场地布置：根据课程内容，对场地进行布置，主要关注教室布置方式、设施设备检查、了解环境、桌面布置等。

（1）教室布置方式主要是指培训现场采用的桌形，是鱼骨形、排排坐还是 U 形？

（2）设施设备检查主要是指检查投影设备、话筒、音响、签到桌、茶歇台、空调、灯光、大白板等，确认设备正常工作。提前一天必须用自己的电脑连接投影、音响等设备确认可以使用并及时调试，如果有第二天老师的电脑不能使用的情况，可以随机应变。另外，一定要检查是否有外设音响，确保电脑在插入投影转接头之后音频可以正常播放。关于教室灯管，尤其要关注投影仪附近前排灯光开关的位置，老师播放视频时及时将灯光调暗。大白板要检查是否有白板擦。

（3）了解环境是指要知道灯光及空调的开关位置、吸烟处、食堂、卫生间位置等。

（4）桌面布置是指摆放讲义、席卡、矿泉水、文具等，将讲义、文具等整齐地摆放在桌面上。

开班式演练：根据开班式议程，对开班式进行流程演练，确保项目能够有个完美的开局，给学员打造良好的学习体验。在做开班式时要关注开班议程引导 PPT、开班议程表（word/PDF）打印、主持稿、领导讲话稿、暖场音乐、领导席卡。

破冰：一般以学员认识融合、分小组、选班委、鼓舞士气为目的，团建时长 0.5~2 小时。做团建过程中，需要注意以下内容的收集：学员互动现场状态积极的照片、小组形成之后团队展示照片、提前准备好白板纸 2 张、红黑蓝白板笔各一支（每组一份），记录小组名称、组员、组长姓名、班委姓名、小组比赛得分等内容，后续计分板、摆放席卡等工作。

讲师行程信息确认：这是一个关键动作，需要提前拿到老师的交通行程，之前出现过由于讲师记错日期，工作人员也未跟进讲师行程，结果出现“开天窗”严重的教学事故。

过程跟进：在培训实施过程中，现场工作人员要控制整体节奏，组织学员签到；协助老师完成教学内容；了解学员的学习状态，及时反馈调整学习内容。

摄影拍照：每一个培训项目一定要做好照片拍摄工作，这是非常关键的内容，好的照片可以为培训项目增添光彩，后续的各种培训总结、宣传报道、视频拍摄、杂志制作等都要依靠这些照片。

拍摄分两种：一种是只拍大合影，需要提前找好拍照大合影的场地，确定时间、关注天气情况，提前和摄影师沟通，还需要注意第一排领导是坐椅子还是站着，如果坐椅子，需要提前协调场地摆放，并提前考虑好领导座次；另一种是开班典礼、团建等照片视频采集，需要提前告知拍摄人员需要的照片素材，尤其需要领导讲话特写、教室前方后方大全景、学员认真听讲记录特写、学员互动热烈特写等。如果需要制作宣传片，需要提前考虑好视频的框架内容和脚本，提前写好并做好沟通，采集素材的侧重点。

培训评估：评估一般采用阶段性评估和总结性评估两种方式。以管理类培训为例，可采用每天坚持写 200 字培训心得的阶段性评估，外加课程结束时的考试和培训评估表方式。

三、项目收尾阶段

课后作业：好的习惯一定是长期实践出来的，培训的结束只是工作岗位实践的开始，每次培训结束后要安排相应的课后转化实践。

资料归档：整理相应的签到表、培训评估数据、照片、学习过程成果、学员的作业、小组条论成果、感悟心得等。

费用报销：按照培训支出对培训费用进行报销，建议报销时收集所有的发票后，一次性支付。

以上是做项目运营时要考虑的要点，不同的培训项目在本质上都有共同的注意事项，只是细节略有不同。

举个例子，某公司要组织基层管理干部培训，时间计划在当年的 8 月 24 日–27 日，相应的项目运营控制节点如表 2–5 所示。

表 2–5　项目运营控制节点

序号	项目阶段	阶段内容	工作细节及要求	阶段产出物	完成时间	负责人	备注
1	项目筹备	召开第一次项目沟通会	明确项目相关人员的工作分工和完成时间节点等	项目实施进度推进表（初稿）	7 月 27 日		
2		项目实施进度推进表	根据第一次沟通会结果，修改项目实施进度推进表并发送给相关负责人	项目实施进度推进表（定稿）	7 月 27 日		
3		发出邮件通知	根据最新方案内容，向学员发送培训邮件通知	邮件通知	7 月 28 日		培训通知内除常规内容外，还要增加防疫要求、附件带上 1 月 16 日的 OA 通知
4		财务立项	根据培训采购情况，进行财务立项	无合同立项流程	8 月 7 日		
5		外部课程采购	按照有立项无合同采购流程进行课程采购	采购过程文件	8 月 20 日		可采用有立项无合同采购
6		内部讲师邀约	根据新调整方案，重新和内部老师预约时间，发送授课邀请函	讲师邀请函	8 月 3 日		
7		内部讲师课件	跟进内部讲师课件	课件 / 试卷	8 月 19 日		
8		培训大教室确认	第 3 期使用培训大教室，再次与教务模块确定	邮件确认	7 月 28 日		
9		酒店房间、用餐预订	与酒店预订房间及午餐	协议	待定		培训通知下发后 2 天内预订

续表

序号	项目阶段	阶段内容	工作细节及要求	阶段产出物	完成时间	负责人	备注
10	项目筹备	培训基地用餐预订	培训期间，与基地食堂确认用餐时间及大致用餐人数（晚间有课的晚餐安排在基地，其余时间在酒店用早、午餐）		8 月 6 日		
11		车辆预订	第 3 至第 5 期往返酒店与培训教室的车辆	协议或预订记录	8 月 7 日		
12		拍摄重点	领相机，拍摄课堂照片		——		复盘课程 + 外部党课老师
13		教材与试卷等材料打印	打印内外部讲师教材、三阶段考试试卷、参训人员及老师桌签、分组牌、签到表	打印材料	8 月 21 日		
14		培训教具	征集复盘及行动学习课程需要的教具，提前安排好各个班次教具	教具	8 月 10 日		
15		培训实施物资采买和领用	在 LDP 培训时间内，领用相机、白板、白板纸、白板笔、签字笔、美纹纸、便利贴、彩纸、纸巾、咖啡、矿泉水等实施交付过程中涉及的物资	物资	8 月 21 日		
16	项目实施	场地布置	将培训物资运送到培训教室（基地大教室和酒店）	物资	8 月 23 日		
17			根据原有分组名单，分别进行第 3 期培训场地布置（大教室），调试电脑、话筒等设备	布场照片	8 月 23 日		

续表

序号	项目阶段	阶段内容	工作细节及要求	阶段产出物	完成时间	负责人	备注
18	项目实施	场地布置	根据原有分组名单，分别进行第 4 期培训场地布置（酒店会议室），调试电脑、话筒等设备	布场照片	——		
19			根据原有分组名单，分别进行第 5 期培训场地布置（酒店会议室），调试电脑、话筒等设备	布场照片	——		
20		签到表	每日更新培训签到表并督促学员签到	签到表	培训每天		
21		外部老师信息收集	外部老师及助教人员名单、联系方式、预订酒店信息收集，并反馈给班主任	信息	8 月 20 日		
22		外部老师时间确认	与外部老师再次确认授课时间、授课地点信息	沟通记录	授课前 1 天		提醒并确认在规定时间内到达
23		内部老师时间与行程确认	跟进确认内部老师行程安排，并将行程反馈至教务模块	行程	8 月 24 日		授课前两天询问行程信息
24		接送站 / 预订酒店	根据内部老师行程安排，预订酒店，预约用车接送站并反馈给领导车辆信息	预订信息			视行程时间而定
25		群内提醒	培训前一天，在微信群内发布培训提示，明确明日培训需要注意的各种事项（培训地点、上车时间、上车地点、车辆信息、司机信息等）	群内提示	8 月 23 日		开班前 1 天

续表

序号	项目阶段	阶段内容	工作细节及要求	阶段产出物	完成时间	负责人	备注
26	项目实施	开班仪式	开班仪式 PPT 制作	PPT	8 月 20 日		增加防疫安全要求
27			邀请开班式讲话领导				
28			开班仪式出席的领导时间再次确认，电话沟通并发送微信提醒		8 月 24 日		
29			组织并跟进开班仪式（调试设备、邀请开班讲话领导到场、组织学员签署承诺书、组织学员有序开课等）		8 月 24 日		安全交底邀请老师讲一下，或者做 PPT 进行宣贯
30		学习心得	提醒学员整理并发送学习心得，于次日发布在学习微信群中	学习心得	培训每天		
31		照片	领导照片：培训开班时的照片	领导照片	培训现场		
32			讲师照片：有远景、有近照	讲师照片	培训现场		
33			学员照片：认真学习的场景	学员照片	培训现场		
34		考试	发放试卷并组织考试，监考	考试试卷	8 月 26 日		
35		评估	制作培训评估链接，提醒学员培训结束后两天内对培训进行评估	评估结果	8 月 28 日		

续表

序号	项目阶段	阶段内容	工作细节及要求	阶段产出物	完成时间	负责人	备注
36	项目收尾	发送项目作业收集通知	通过内部邮件发送项目结业作业收集通知，并在微信群内提醒各位领导按时提交作业。该项目作业包含：1 张清晰的个人大头照、1 份 200 字左右的培训感言、1 份 2000 字左右理论结合在岗实践论文	邮件通知	8 月 31 日		作业提交周期为 1 个月，因期间跨国庆节，所以预计让学员上交作业的最晚期限为 10 月 16 日前（有很多会迟交，如果紧急需要，需要单独催促）
37		收集项目作业	收集学员作业并分期次、分类别整理	作业	10 月 30 日		
38		项目费用结算	包含预订车辆费用		9 月 25 日		房间住宿 + 餐费学员自理

这 3 张表格能让我们从宏观到微观去解构一个培训项目，逐步有序地开展相应的培训工作。理解运用 3 张表格，可以让你胜任培训岗位工作，如果要更加出彩，我们还要在很多细节方面下功夫。

第三章
7 大机制让培训项目火起来

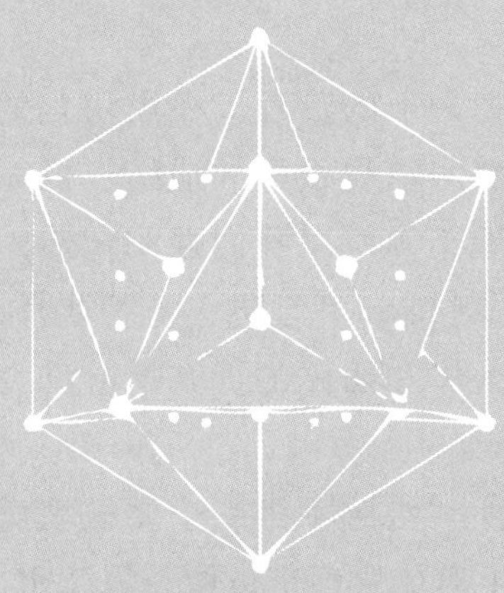

培训项目运营有很多创新做法，但无论怎样创新，我想一定有内在的规律可循，可以探索出一套背后的心理学原理，并形成固有的套路和机制。培训千条线，运营一针穿。

培训运营是表面，背后反映出来的心理学原理是内在，运营中各种做法是“术”的层面，机制才是道的层面，搞清了原理和机制，我们就可以源源不断地设计出许多创新来。

前期无论对培训项目目的、设计理念、培训方式做了多少工作，呈现在学员眼前的就是培训项目的运营。学员不会深究你为什么这样运营，他只会觉得好或不好。

学员的积极性如何调动？潜能如何激发？

基于人的各层次需求，我总结了 7 大项目运营的动力机制，分别是活力机制、轮值机制、赛场机制、联动机制、评议机制、荣誉机制、分享机制。

第一节　活力机制

我们强调快乐学习，在快乐的氛围下，才能形成组织最大的学习效能。

许多人都经历过从小学、初中、高中到大学的过程，在模块化的学习方式下，个别个体是可以凭借天分和努力取得很好的成绩。但对于班级整体的学习效果来说，就没有那么理想，所以我们强调塑造团体的快乐学习氛围。在这样的氛围下，学员才能卸下心防，畅所欲言，不断试错并暴露自己的短板，才能形成对个体和团体的提升最有助力的条件。

学习热情要如何激活呢？要相信一句话：“头脑不是一个要被填满的容器，而是一把需要被点燃的火把。”为了避免培训班级像一潭死水，我们必须制定活力机制，让每一个人都能畅所欲言，让班级充溢着争先恐后的求知热情，让讲师能够体会到教学相长的愉快。

活力机制就是营造一种氛围，塑造快乐学习的环境，激发学员潜能，提高学员的积极性，激活学员的激情，确保学员保持良好的状态和情绪，促进学习效果转化。

为了让学员保持活力，我们可以采用的做法，包括参训学员上级的沟通、参与调研、社群的组建与运营、现场氛围的营造等。

一、参训学员上级的沟通

学员也想认真学习，但是现实中还要工作，在上课的时候还要想着工作。

对项目经理来说，就要考虑如何为学员减负，让其心无旁骛地参加培训。我们要做好其上级的沟通工作，让其了解培训实施情况，不要对学员造成干扰。请学员的上级领导在学员出发前协助做好工作安排，在下属出发前做好宣导，鼓励其在培训过程中充分展示个人和团队的风采！发送培训过程剪影：例如领导致辞、班委竞选、上课过程、研讨、考核、颁奖、大合照等。

二、参与调研

我喜欢一句话：“参与产生承诺。”要想调动一个人的积极性，不能光靠指令，还需要他一开始就置身其中。

首先，在培训运营管理中，学员的课前调研非常关键，通过调研我们能了解到学员的培训准备度；其次，学员也能有表达对培训看法的机会，在态度上对即将要参加的培训产生兴趣。课前调研可以设置如表 3–1 的科目。

表 3–1 课前调研科目

课前调研			
序号	题目	题目类型	备注
1	现阶段的工作重心是什么	多选题，2~3 项	提前梳理本岗位的重点工作内容
2	在工作中遇到的最大挑战	多选题，2~3 项	提前梳理本岗位常见的工作挑战场景
3	本次培训的目标（遵循SMART原则）	填空题	
4	本次培训课程您最期待什么	多选题	提前梳理课程名称及课程纲要
5	对本次培训还有哪些期待或要求	填空题	

三、社群的组建与运营

一般社会学家与地理学家所指的社群 (community)，广义而言，是指在某些边界线、地区或领域内发生作用的一切社会关系，我们这里特指微信群、QQ 群或者钉钉群。

学习社群存在的目的就是为培训项目服务，贯穿培训的前中后期。单个的个体会缺乏明确的奋斗目标，有了社群就有了组织，有了短暂的联合和组织远景，配合程序化的运营设计就可以让个体迸发出无穷的力量，积极为组织争取荣誉，进而激发整体的活力。

四、现场氛围的营造

（一）海报宣传设计

要想活跃氛围，挂图管理的方式值得借鉴。以海报为例，我们可以针对培训主题设计不同类型的海报，让学员感受到项目的趣味。海报设计的种类可以分成项目主海报、欢迎海报、引导海报、小组海报等，海报可以用专业的绘图软件进行设计，聘请第三方设计，也可以手工制作。如图 3-1 所示。

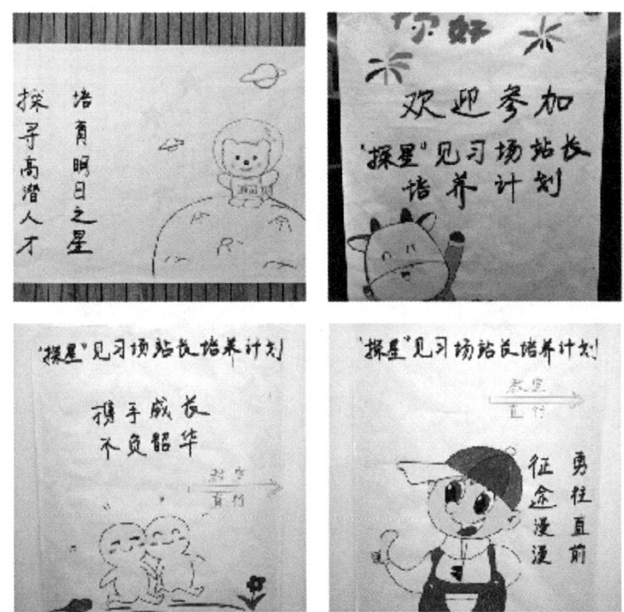

图 3-1　海报

（二）签到设计

学员签到可以匠心独运、别出心裁地进行创新改进。我们习惯使用签到表或者打卡软件，这也无可厚非，如果能在每一个细节多做思考，就能给学员耳目一新的感觉，制造出远超预期的惊喜。比如签到树签到、卷轴签到、中国地图签到等，能够取得很好的效果。

（1）签到树

图 3-2　签到树

（2）签到卷轴

图 3-3 签到卷轴

（三）学习成果呈现

挂图管理最大的好处就是增强学员的集体荣誉感，营造比学赶超的学习氛围。以 ORID 学习总结、明星团队积分榜、学习转化区为例，他们直观地反映出学员的学习成果，在课间休息之余也可以看到别人的分享，更好地消化学习内容。

（四）标语条幅

标语能够潜移默化地传递学习主张，传递培训理念，引导学员重视学习，条件允许时可以制作一些标语条幅。例如在实训场地，常用的标语是“培训创造价值、学习成就未来”，其他内容的标语，大家可以根据场景进行选择，这里罗列一些，以供参考：

挑战自我、超越自我、勇于创新、勇攀高峰。

岗位练兵、展示风采、切磋技艺、共同提高。

以赛促训提高技能水平、以赛促练锤炼工匠精神。

开展职业技能竞赛、培养优秀技能人才。

弘扬工匠精神、成就人生梦想。

刻苦钻研技术、力争岗位成才。

展行业百技、树人才新观。

技术改变人生、技能实现梦想。

苦练基本功、赛出高水平。

技能成就人生、人才创造世界。

历练能力交流技艺、超越自我勇攀高峰。

五、开班式塑造

良好的开班就是项目成功的一半，有经验的学员从开班式的组织上就能判断出这个培训值不值得认真学习，设计好开班式对激发活力非常关键，是让人们在原有的兴奋点上继续燃烧还是就此熄火，全看开班式。一般而言，开班式可以按照表 3-2 流程设计。

表 3-2 开班式

开营 PPT 框架		
序号	模块	说明
1	班主任自我介绍	向学员介绍班主任
2	领导致辞	邀请领导致辞，提高学员的重视程度
3	项目背景及目标介绍	向学员介绍项目背景
4	学员收益介绍	向学员介绍学习收益
5	项目安排介绍	向学员介绍本次项目的时间，流程安排
6	项目制度介绍	向学员介绍对应的奖惩制度
7	学员破冰	学员之间互相破冰融入
8	班委竞选	选举班委，协助班级管理
9	项目答疑	解答项目疑惑

六、结业式塑造

结业式和开班式相互呼应，培训项目要做到“虎头豹尾”，而不是“虎头蛇尾”。学员付出了几天的体力和精力，终于熬出头了，都希望有个完美的了解。根据情绪曲线原理，我们要设计高光时刻，让学员感到不虚此行。一般而言，结业式可以按照表 3-3 流程进行。

表 3-3　结业式

结营 PPT 框架		
序号	模块	说明
1	班主任开场	——
2	领导致辞	邀请领导致辞，总结项目
3	项目目标达成情况	向学员介绍项目目标达成情况
4	项目后续安排	介绍项目结束后续安排和要求
5	学员颁奖——毕业证	邀请领导颁奖
6	学员颁奖——优秀团队	邀请领导颁奖
7	学员分享——优秀团队组长分享	打造峰终效应
8	学员颁奖——班委奖项	邀请领导颁奖
9	学员分享——班长分享	打造峰终效应
10	学员颁奖——优秀个人奖项	邀请领导颁奖
11	学员分享——第 1 名分享	打造峰终效应
12	根据实际情况制作毕业视频，组织生日会、入职周年会等	提升仪式感
13	毕业合照	提升仪式感

第二节　轮值机制

培训运营中推行轮值管理，是一种消除学员惰性、变消极被动为积极主动的换位思考。轮值组长管理，即在一定周期内赋予学员特定的责任和权利，使其在培训班级管理上承担责任、行使权利、履行义务。

一、轮值的好处

“参与产生承诺”，人只有处在特定的位置，才能有相应的思维和对事物全面的认知，真正融入自身角色。把普通学员放在班级管理者的位置上，学员才会了解培训管理的繁杂性和重要性，才能提高认识、转变思想，更好地以身作则、带头学习。

轮值使传统看管式培训模式升级为教练式培训模式，促使学员换位思考，敢于担当，是培训运营管理的有效手段，在轮值过程中可以发现和培养人才，轮值是促进学员成长最有效的方式。

二、轮值管理的操作要点

（1）要建立轮值管理的运行机制和规则

轮值管理作为一种有效的项目运营班级管理方法，事前要明确流程和机制。班主任、班长、轮值组长要有明确的权责定位、工作内容和轮值周期等。

（2）要做好轮值事务合理分配和任务说明

在轮值工作部署中要注意适量、适度，有灵活性，学员毕竟是要以学习为主，过多地参与事务性管理会适得其反，因此项目经理要平衡好学习和参与管理的关系。

（3）班主任要在轮值中做好协调和沟通

轮值人员身份变换会建立新的管理与被管理关系，其他组员有时也会不理解，甚至产生对抗情绪。针对此类情况，班主任要做好协调沟通，及时干预，维护班级良好和谐的学习氛围。

（4）妥善处理好日常工作与轮值事务的关系

轮值管理看似会占用工作时间和精力，甚至会影响其他工作。只要时间和任务分配合理，同时对表现出色的同事多加表扬和嘉奖，大家就会乐于参与，轮值工作就会受到支持。

三、轮值的具体应用

（一）组长轮流

通过轮值，全体员工进行了换位思考，强化对班组工作的系统性认知，提升大局观、责任意识，培训中博弈少了，协作多了。在培训运营中常用的轮值对象是各个小组的组长，小组成员轮流担任组长。轮值周期一般一天为宜，按照一周培训时长计算，基本都能做一遍组长。当轮值组长结束任期，下一个组长接替时，要安排组长感言反馈，打造交接仪式。

（二）小组轮流结课

小组结课制度是针对每天的学习主题，由各个小组逐个进行结课，帮助班级学员回顾老师课程的主要内容，发表感想，提出号召及后续活动。

第三节　赛场机制

竞争是生物的本能。达尔文指出：“适者生存、优胜劣汰是适用万物的普遍法则。”人类不像其他动物那样有锋利的牙齿和爪子，但最终站在生物链的顶端，无疑是竞争发挥了重要作用。

有一个实验：单独一个人骑车时，平均时速为每小时 25 公里；有人跑步伴随时，平均时速为每小时 31 公里；和其他人骑车竞赛时，时速每小时 32.5 公里。从心理学分析，造成这种巨大差异的原因，就是他人的存在导致竞争，虽然有很多人在参与实验的过程中没有意识到这一点。

我们在培训项目设计的时候，可以引入赛场机制，让每一个人都可以通过学习任务竞争获得最快的成长。

一、分组竞赛

当人被赋予某个角色的时候，他会很快融入角色并发挥角色作用。小组竞争是培训设计里常用的组织形式，在培训期间，小组是最小的活动单元。各小组组员通过自荐或者他荐的方式产生组长，在组长的带领下开展学习。分组竞赛在满足了学员的归属感的同时，也能满足个人自我实现的内在需求，可以说在心理学各个方面来讲，通过分组竞赛能取得不错的效果。

分组时要注意：同一单位的人员要被打散分到不同的小组里；高岗位的人员要被均匀地分到各组；稀有的女性学员也要被平均分配，这样老中青搭配的小组才能实现实力均衡，才能势均力敌。

二、个人评比

除了分组竞赛，整个培训运营还要进行优秀学员评选，通过项目制定的规则，在培训结束后进行优秀学员评选，用先进带动后进。评选的奖项可以分为优秀班组、优秀学员两类，具体数量根据实际情况而定。一般而言，优秀学员不少于五人。

第四节　联动机制

联动原理就是增强团队意识。联动机制犹如一组齿轮，有一个齿轮出现问题，整个齿轮组都会受到影响。一人违反规则，身边工作人员共同承担责任，整个小组承受损失。

联动机制的含义，可以概括为八个字：一荣俱荣、一损俱损。因此，在应用联动机制时，着眼于共同提高，常见的方式有奖励第一个完成学习任务的小组、个人未完成任务给小组扣分、结对子帮扶计划、影子培训、师带徒。

一、奖励第一个完成学习任务的小组

在开班破冰时，讲师都会要求各组起队名、想口号、设计队伍 logo 等，第一个完成的就给予奖励，每个成员都不希望落后，因此全体总动员，发挥小组全部力量来完成任务。

此外，在团队拓展中，联动机制充分发挥作用。例如拓展极速 60 秒游戏，这是一个团队合作项目，考验团队的智慧、速度与激情。培养学员的创造性思维；提高他们分工、沟通协作能力和高压环境下的判断力；提升团队士气，培养团队精神。

拓展教练在固定的绳圈内摆放 30 张极速 60 秒卡片，每张卡片分别代表一个数字，30 张卡片的内容分别代表 1~30 的阿拉伯数字，卡片的内容形式由数字、汉字、英文、公式或图像组成。要求学员在 60 秒内把散落在绳子区域内的急速 60 秒卡片按照 1~30 的正确排列顺序拿出来交给拓展教练。

第一个完成任务的奖励最丰厚，这是团体游戏，需要每个人都贡献力量才能完成任务。

二、个人未完成任务给小组扣分

在催收大家作业的时候，如果哪个小组没有收齐，就给小组相应的扣减分数。一般而言，作为团队一分子，给团队拖后腿，也会不好意思，从而调整自己，为了集体荣誉，趁早完成各项学习任务，这也是一个管理手段。总之，就是利用了联动机制的原理。

三、结对子帮扶计划

这种做法适用有末位淘汰的培训或者新员工的培训，我们将帮扶人员和帮扶对象结对子后，帮扶人员可以从以下方面开展工作：

学习上：以积极督导和帮助为主，及时掌握被帮扶对象的学习情况，努力帮助该同学明确学习目标，端正学习态度，提高学习主动性；每周进行三次以上的学习辅导，督促其按时完成学习任务。

思想上：以积极教育和交流为主，及时掌握该同学的思想状况和心理状况，引导该同学树立正确的人生观、价值观，培养积极进取的精神；每周进行两次以上的交流谈心，给予必要的指导。

生活上：以激励和引导为主，帮助其培养积极乐观的生活态度；通过自身的行为引导其发现生活中的乐趣，不断激励参加集体和学习活动。

建立帮扶日记，对帮扶情况进行及时总结，并记录被帮扶对象的进步情况。

四、影子培训

影子培训也称为“跟岗培训”，是指按照既定的学习目标和方案，学员“如影随形”地跟着学习，但是不进行具体操作，在真实的现场环境中，细致观察学习对象的主要工作，深刻感受与领悟操作技巧和方法的培训模式。一般在核电企业应用较多，见习操作员要跟着高级操作员进行影子培训 2~3 年，才能真正进行操作。

五、师带徒

师带徒是帮助新进员工快速成长的一种方式，这种“传帮带”的过程，既有利于徒弟的进步，也对师傅提出了更高的要求。师傅要有足够的知识储备和实践经验，与徒弟共同进步、共同提高。近年来，广大企业大力推行师带徒模式，充分发扬工匠精神，促进师徒技能提升，取得了良好的效果。

第五节　评议机制

一、评议机制的重要意义

（1）没有评议就找不到差距，就无法成长

评议的作用在于，当你收到反馈信息的时候，你会主动、及时地把这些和你相关的信息变成一个“闹铃”放在心里或是脑海里，关键时刻它会响起，当它响起的时候，你会记起这些事情。

（2）通过评议看清事情的全貌

人的一生都在为自己的认知买单，人是有局限性的，带有自身的弱点，是不可能掌握所有信息的。但通过评议，我们可以尽可能多地接近事情的全貌，从而做出最优选择。

评议机制即学员之间相互学习，对成员进行客观评价，通过评价认知每个人的优势和弱点，继而强化优势，弥补能力缺陷。

评议机制不同于评价，更不同于考核，评议强调的不是“评”的结果，而是强调“议”的过程。通过“议”有所感，在“感”中评议，双方都获得提升和融合，是一个互为借鉴、双向互补的过程。

二、评议机制应用的典型学习场景

（一）案例评议

要想引导大家说出看法，就得给大家提供一个靶子。有了这个靶子，大家才能结合自身的人生观、价值观和世界观去展开研讨。

事实上，同一件事情，你会发现每一个人想的都不一样。

我经历过一个实验：4 个人在一分钟内围绕“新能源”这个词，把能联想到的词都写下来，一分钟内每个人大概都写了 10 个，你觉得会有多少个词是大家都想到的，答案是一个都没有。

这个实验曾经在一个 30 人的班上做了十遍，都是一样的结果。

你会发现人的差异真是太大了，而案例评议恰恰可以从不同人的观点和角度，帮助我们更好地从多个角度梳理问题。

（二）及时点评

及时点评这点非常重要，这四个字重在“及时”，每个人发言完毕都希望得到大家的反馈，通过及时点评可以发现不同小组或小组成员学习中存在的问题，以便老师有针对性地采取补救措施。

对小组和个人的学习效果做出评判，以便学员自我反省和矫正。通过点评使学员明白哪些方面做得好，是应该坚持的，哪些方面有所欠缺，是应该避免的，让学员知道努力的方向。

（三）课后评估

课后评估属于反应层评估，主要看大家的感受，满意不满意，实际上是照顾情绪脑的一种方式。有的评估问卷是一张，有的评估做得很细，包括学员对课程及讲师进行评估、班主任或项目负责人对讲师进行评估。

（1）课程评估量表（学员对课程及讲师进行评估）

表 3-4　课程评估量表（学员对课程及讲师进行评估）

课程评估量表（学员对课程及讲师进行评估）					
评估维度	非常满意	较满意	满意	不满意	非常不满意
1. 讲师的授课表达能力					
2. 讲师对课程内容的掌握程度					
3. 讲师分析与解决问题的清晰度、精准性					
4. 讲师课堂互动引导氛围的能力					

续表

课程评估量表（学员对课程及讲师进行评估）					
评估维度	非常满意	较满意	满意	不满意	非常不满意
5. 讲师的整体授课呈现					
6. 课程内容设计与课程目标的吻合度					
7. 课程内容的易理解和易掌握程度					
8. 课程的案例设计与分析思路					
9. 课程重点内容时间分配的合理性					
10. 课程内容与实际工作的指导性和启发性					
11. 本门课程印象最深刻的三个知识点	填空题				
12. 对本门课程有哪些建议或意见	填空题				

（2）授课评估表（班主任或项目负责人对讲师进行评估）

表 3-5 授课评估表（班主任或项目负责人对讲师进行评估）

授课评估表（班主任或项目负责人对讲师进行评估）				
序号	评分项目	评分标准	满分	评估结果
1	内容准确性	对课件熟悉程度高，能灵活应用不同的讲授方式，重点、难点讲解精准到位（18~20 分）	20	
		对课件熟悉，能准确无误地传递宣讲内容信息（15~17 分）		
		对课件比较依赖，但能基本无误地传递宣传内容信息（10~15 分）		
		对课件不熟悉，宣讲讲解有明显错误（5~9 分）		
		宣讲讲解错误过多且影响听众认知，或讲授内容只是个人发挥，脱离宣讲需要（0~4 分）		
2	氛围互动	使用多种互动技巧（提问、举例、类比、故事、示范等）有效引导学生进入状态，调动氛围（8~10 分）	10	
		使用部分互动技巧，有意识地引导调动宣讲氛围，效果基本良好（6~8 分）		

续表

讲授授课评估表（班主任或项目负责人对讲师进行评估）				
序号	评分项目	评分标准	满分	评估结果
2	氛围互动	使用一个或两个互动技巧，但不流畅或者效果一般（3~5分）	10	
		无任何互动技巧或技巧生硬，也没有意识调动学生积极性（0~2 分）		
3	语言表达	表达准确流畅、口齿清晰、普通话标准，节奏得当、感情丰富有感染力（6~8 分）	8	
		表达内容基本准确，有口音，节奏一般（3~5 分）		
		口齿不清或口音重，表达生硬、词不达意、多次停顿（0~2分）		
4	宣讲整体	有良好的开头和结尾，提示总结和内容过渡自然流畅（6~8分）	8	
		开头结尾平淡，整体较为流畅（3~5 分）		
		开头结尾仓促，宣讲不流畅，各个模块无过渡（0~2 分）		
5	形象演绎	着装标准，形象合规，精神饱满，能较好地运用眼神、姿态、动作、手势、表情，表达对课件的理解（6~8 分）	8	
		形象基本合规，精神状态未有明显紧张，动作、手势、表情运用一般（3~5 分）		
		着装、形象严重不合规，精神状态紧张或萎靡，举止不自然（0~2 分）		
6	时间控制	准确把握宣讲时间，在规定时间内将宣讲要点讲解完毕（5~6 分）	6	
		稍有超时或者提前结束的现象，但宣讲要点基本没有遗漏（2~4 分）		
		超时或提前结束现象严重，或者宣讲要点遗漏过多（0~1分）		
合计（总 60 分，48 分及以上合格）			得分	
班主任评语或建议				

第六节　荣誉机制

培训项目如何在企业内部有效推广，是每一个项目经理关心的事情。

如何引导学员热爱学习、积极进步、专注自身成长？荣誉体系，是培训项目运营管理中极为重要的一个环节。

荣誉机制的设立正是基于对人们价值实现需求的研究和把握，对人们心理动机的满足。

一、荣誉机制的意义

荣誉体系的建立与企业文化建设和员工自身成长活动的开展相结合，鼓励员工积极向上，追求自身成长，引导员工主动学习。

荣誉体系也是在向员工灌输企业文化、企业的价值观。

一个好的公司，必然会有好的员工，这是公司荣誉的召唤，荣誉可以增强团队的向心力。建立荣誉体系，使学员在一个信任和被信任的学习环境中成长，让学习更加有动力、有目标。员工需要和谐舒适的工作环境，需要个人发展的平台，需要较好的物质待遇，更需要受人尊重、自身价值得到肯定，因此作为管理者，必须考虑建立相应的激励机制，使员工获得持续不断的工作动力。

激励员工的方式很多，有目标激励、评比激励、奖罚激励、榜样激励、支持激励、参与激励、表扬激励等。这些都是荣誉体系的一部分。

荣誉体系在各行各业中都有很好的实际应用效果，从国家主体到传统企业本身都有此方面的建设。如劳动模范、行业状元等称呼，都是国家荣誉的体现。网络游戏、网络社区等互联网应用环境也有各自不同的荣誉体系。社区头衔、声望、权限、社区勋章等，都是基于网络生存的荣誉体现。QQ 中的太阳、月亮的等级显示，在 QQ 网络社区中也是荣誉的体现。而 QQ 这种网络荣誉促使很多人为了它而天天在线挂机，可见荣誉的力量有多大。强烈的荣誉追求和实力证明是我们一生的追求，是我们成长的价值导向标。为了促使学员更加积极主动地学习，构建学习环境的荣誉体系非常必要。

二、荣誉机制的构建方法

学习活动荣誉，着重学习情况。例如培训时期获得的优秀小组、优秀学员等称号。如图 3–4 所示。

成果集，在培训项目实施过程中会产生很多的讨论成果、学习心得和案例分享，要注意这些资源的收集，在项目结束时将其整理成册，会增强学员的成就感。如图 3–5 所示。

图 3–4　学习活动荣誉

设置多种评比的奖项。可以通过竞赛评比，也可以设立一定的标准，根据所限定的名额进行评估，还可以通过考试进行认定等。这些办法都为了提高激励学习积极性；基于持续激励作用的评比奖励机制，而实现激励的持续性作用。

奖项的层级与物质激励挂钩。以上评比的奖项应该有一个层级问题。把奖项分为不同的层级，建立起具有企业特色的学习荣誉体系。

与个人效益挂钩。如每个月对学习成果进行评选，评选一星到五星学员，每月给予相应的津贴等。

图 3–5 成果集

第七节 分享机制

一、分享学习

在培训过程中，老师的经验固然重要，但由于场景的限制，他不可能完全贴近业务实际，而这是学员最擅长的，没有别人比他们更了解自己的业务痛点。所以，安排学员进行分享，往往能引起大家的共鸣，接地气，能更好地进行技能场景移植。

二、培训总结

每个培训项目结束后，是学以致用的起点，我们要作为压力泵，给学员以压力和动力，让其做培训总结，在一周内提交。布置的作业如下：

（1）本次培训讲了哪些内容？按照课程进行分条总结

要求：按照课程进行梳理和总结，形式不限。

（2）本次培训的感受如何

要求：内容不限，把自己在本次培训中感触最深的 3 点描述出来。

（3）自己培训任务目标的达成情况

培训前理清想要在此次培训中解决的关键问题，在总结中要呈现问题是否解决、怎么解决、解决的方式是什么，或者没有解决、没解决的原因是什么，要标注清晰。

（4）未来 1~3 个月的行动计划

要求：要求写清计划的目标、具体场景、达成时间、达成标准、产出结果、需要的资源支持等。

三、复盘学习

复盘，实际上是一种程序化的分享，按照一定的规则组织大家进行课题研究或者问题解决。分享有天然的弱点，就是主题不聚焦，大家想怎么说都可以，目的不明确，以开阔视野为主。

比如某培训项目结束后 3 个月，要召开集体研讨复盘，可采用如下流程：

· 回顾目标：学员目标梳理。

· 评估结果：学员目标达成情况同步。

· 分析原因：未达成原因分析，遇到的困难点及挑战——聚焦 3 个最大的困难及挑战。

· 问题解决：讲师统一进行答疑与指导。

· 总结经验：优秀学员进行分享。

第四章

成熟度：评价培训质量的罗盘

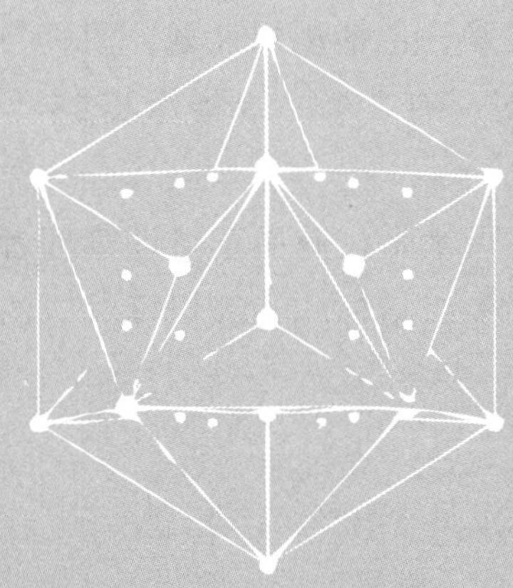

在一次培训沙龙的会议上，有位同仁提了这样的问题：她所在的公司规模较小，每年会组织几场培训，邀请的也是培训大咖，培训现场评估学员反馈也很好。但是她总感觉有些迷茫，除了组织讲课，不知道该如何去开展后续的工作，培训工作对她来讲就是“见木不见林”。

其实，这是很好的问题，任何有企图心的培训经理都想把培训工作做好，尤其是大型集团公司、各板块和二级公司的培训水平参差不齐，如何对他们进行指导、监督和服务呢？

第一节　培训成熟度

我所在的企业曾与安迪曼咨询有限公司就这个问题开展过专门的培训成熟度项目研究。培训成熟度是一个非常好用的工具，通过实施推广培训管理成熟度标准，能够建立集团内部培训工作的持续改进机制，提升集团职能管控的能力和效果，促进集团整体职能管控体系的完整、合理、有效，促进培训组织开展与卓越绩效的无缝嵌入，培训归口部门可以为集团各培训中心、成员公司建设与评估工作提供科学、统一的指导评价标准，为各领域专业人才培养工作提供专业的指导和支持。

培训管理成熟度模型中含有五个关键要素，包括规划计划、职责与权限、制度流程、员工发展、执行结果。对应有 8 个一级指标及 23 个二级指标。如图 4-1 所示。

雷达图的数值显示了整体的培训体系建设水平，有助于培训管理者更好地找出培训差距，进行培训质量管理。一级指标和二级指标对应的关系如表 4-1 所示。

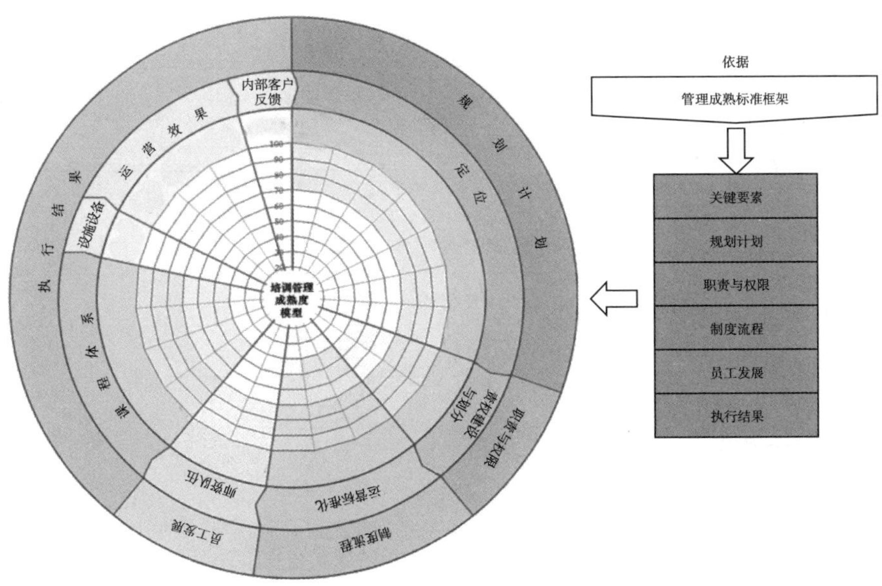

图 4–1　培训管理成熟度模型

表 4–1　一级指标和二级指标对应的关系

一级指标	二级指标
定位	使命、愿景、战略目标
	用人政策及方法论
	公司班子成员人均授课时数与参与分享的比例
	公司班子成员视察培训工作的人·次数
	关键人才的盘点频率
	岗位培训大纲覆盖率
	员工教育经费占工资总额的比例
责权建设与划分	培训组织架构和人员编制
	专职培训从业人员服务比
运营标准化	培训管理程序的发布率
	培训业务信息化率
	培训档案跟踪

续表

一级指标	二级指标
师资队伍	教员服务比（专兼职）
	专职教员认证率
课程体系	岗位培训大纲对应课程开发达成率
	标准课程的占比（五/七件套）
	培训方式种类
	网络课程的占比
设施设备	培训设施设备的完备率
运营效果	培训计划执行率
	年人均学习时数/年人均网络学习时数
	教员人均授课时数
内部客户反馈	客户满意度

接下来，我将围绕8个一级指标及23个二级指标做简要说明。

一、定位

培训部门的定位直接决定了培训人的话语权，要想培训工作出色，培训定位就得高起点。我所在企业的培训部门都是独立于人力资源部门的，而且培训部门负责人就是公司一把手兼任，并通过制度的形式确保了培训部门能够获得足够的重视和所需资源。在定位的一级指标里面共包含了7项二级指标，具体如下：

（1）使命、愿景、战略目标

指标定义：满足组织战略且清晰的使命、愿景、战略目标。

判断标准：使命——有清晰反映为企业输送人才所承担责任的成文描述；愿景——有明确的三年以上培训管理的发展规划；战略目标——每年发布明确的战略指标。

建设指引：由部门管理者负责完成年度战略解码，可依据平衡积分卡对企业战略及业务指标进行分析，确定培训的目标定位，制定公司人才培养中长期战略规划。

涉及资源：企业战略、业务指标。

（2）用人政策及方法论

指标定义：采用统一标准的人才培养运作机制。

判断标准：使用集团统一的用人政策（培训 – 考核 – 授权 – 上岗）和系统化培训方法论（SAT）。

建设指引：践行系统化培训方法论（即分析、设计、开发、实施、评价的系统培训过程），推进公司“培训 – 考核 – 授权 – 上岗”标准化培训管理工作（员工按照本岗位的培训大纲要求参加相关培训，所有与岗位技术授权相关的培训项目实施后，必须通过适当的方式进行考核与评价，其结果作为岗位技术授权的依据，获得该岗位的技术授权后表明有资格胜任该岗位工作），规范并指导培训工作。

涉及资源：已发布的“培训 – 考核 – 授权 – 上岗”、系统化培训方法论（SAT）。

（3）公司班子成员人均授课时数与参与分享的比例

指标定义：公司班子成员每年参与授课与分享比例、时长。

判断标准：公司班子成员每年参与授课与分享比例为 100%，授课时长 7 学时。

建设指引：加强培训内部推广，提高领导对培训的重视程度；整合内外部资源提升授课技能技巧；利用多重优势资源及手段打造学习型组织。

涉及资源：管理层支持与推动、优秀的培训管理者、内部相关人员的配合及支持。

（4）公司班子成员视察培训工作的人・次数

指标定义：公司班子成员每年走访、视察培训工作的次数。

判断标准：公司班子成员每年走访、视察培训工作的次数≥ 3 次（每人每年要走访 3 次以上）。

建设指引：增加走访工作安排，加强培训内部推广，提高领导对培训的重视程度；关注培训价值呈现，明确培训的业务结果。

涉及资源：优秀的培训管理者对视察工作的推动、参与公司总体经营成果汇报会、集团公司对内外部经营环境及发展战略定位。

（5）关键人才的盘点频率

指标定义：关键岗位人才盘点频率。

判断标准：每年进行关键岗位人才盘点。

建设指引：建立人才盘点专项小组，以项目运作的方式开展人才盘点工作，明确人才盘点规划；明确人才盘点实施计划；加强人才盘点操作技能。

涉及资源：领导的支持、人才盘点相关人才、人才盘点相应技术。

（6）岗位培训大纲覆盖率

指标定义：岗位培训大纲覆盖的岗位数量占比。

判断标准：岗位培训大纲覆盖的岗位占岗位数量比例为60%。

建设指引：由专人负责岗位培训大纲的建设工作，并根据实践反馈完成培训大纲的升级和修订。

涉及资源：专业人员配置；明确完整的岗位培训大纲建设计划；实施保障过程控制监督。

（7）员工教育经费占工资总额的比例

指标定义：培训经费与预算的比。

判断标准：员工教育经费占工资总额的比例≥2.5%。

建设指引：做好年度培训经费预算；完整的经费审批与管控流程；定期开展经费使用审计工作。

涉及资源：培训部门、高层、财务部门配合。

二、责权建设与划分

有了高层的支持，接下来就是组织架构和人员配备的问题，培训部门往往与人力资源部门因为权责划分出现很多分歧，因此权责划分是非常重要的。只有理清各自的工作范围，才能更好地做好培训。一般的企业，培训工作都是兼职人员，由做招聘或者薪酬同事兼任，我坚持认为专业人做专业事，培训必须是由专人负责管理，培训比例我建议按照1∶50配置，即每50个员工配备1位培训管理人员。

（1）培训组织架构和人员编制

指标定义：为培训职能规划、培训岗位设置、培训人员编制提供基本结构依据。

判断标准：公司一级部门直属管理；岗位设置和人员编制科学合理；清晰界定岗位职责和责任边界，并能根据组织战略和业务发展需要，及时调整和更新岗位说明书。

建设指引：根据培训目标定位、系统化的培训方法论，在公司统一的用人政策的指导下，设置培训的组织架构和人员编制。

涉及资源：培训目标定位、用人政策、系统化的培训方法论。

（2）专职培训从业人员服务比

指标定义：专职培训从业人员配备情况。

判断标准：专职培训从业人员配比数量为1∶50。

建设指引：依据现有业务发展需要分解的培训发展需求合理配备专职培训从业人员；依据未来业务发展和行业发展趋势所需储备的专职从业人员。

涉及资源：业务发展的现状与趋势。

三、运营标准化

培训人一定要知道一个理念：只有标准化才能够复制，我们要做好运营的标准化工作，不会因为人员不同就千人千面，针对培训运营来说，这是大忌。

（1）培训管理程序的发布率

指标定义：含培训管理、课程、师资。

判断标准：培训管理程度的发布率≥90%。

建设指引：由专人负责培训管理程序的编制工作，并根据实践反馈完成培训管理程序的升级和修订。

涉及资源：专业人员配置；明确完整的培训管理程序建设计划。

（2）培训业务信息化率

指标定义：培训需求、计划、执行、评估、档案各环节的信息化率。

判断标准：≥ 70%。

建设指引：做好培训业务信息化规划；配置业务信息化专业人员；配备业务信息化软硬件平台。

涉及资源：实现信息化操作规划、专业人员配置、专项经费、软硬件支持。

（3）培训档案跟踪

指标定义：培训档案管理规范、清晰易查。

判断标准：有培训档案记录，有专人负责归档，定期管理。

建设指引：建立培训档案管理制度，确立员工培训档案跟踪机制，有标准化的档案检索编码、标注清晰，有便捷可查的培训实施与考核记录，能及时更新和维护档案系统或信息，有规范的档案环境说明，对档案存放的温度、湿度有明确界定，有档案保密与调取的制度与规定，拥有完善的定期检查机制，有较完善的档案信息平台。

涉及资源：信息化平台与岗位人员配置，员工培训记录档案，档案管理制度，档案环境管理机制。

四、师资队伍

内训师培养已经发生了可喜的变化，很多培训人都有个深入人心的认同，抓培训就先从自身师资开始，这是节约成本、快速出培训成果的捷径。有了师资才会有课程、品牌项目、培训文化等，师资对培训人来说就是“聚宝盆”。有了师资，才会有一切可能。

（1）教员服务比（专兼职）

指标定义：教员服务比（专兼职）。

判断标准：理想状态 1 ： 10；一般要求做到 1 ： 40。

建设指引：依据现有及未来业务发展需要合理配置和储备专兼职教员，当专职教员人数不足时，可发展兼职教员来弥补教员服务比的不足，积极采纳和使用教员管理制度进行选拔、培养、激励和使用，并完善教员选拔、培养、激励和使用政策。

涉及资源：业务发展的现状与趋势。

（2）专职教员认证率

指标定义：专职教员获得集团统一认证的比例。

判断标准：现有专职教员 100% 获得集团统一的教员资质认证。

建设指引：组织提供教员资质管理、各种激励数据，激励和引导教员参与各项培训教育活动，建立教员使用的良性机制，并提供认证资源的支持。

涉及资源：充足的教员储备、组织相应的配套政策和制度、认证条件的各项保障、各项培训教育活动。

五、课程体系

课程来源分为很多种类，有企业自主开发的，有整体向专业培训公司采购的版权课程，也有网络的内容。在实际运作中，建议企业要逐渐形成自身的课程体系，这是你的核心竞争力。课程是宝贵的智力资产，课程体系做得好，用不同的老师都可以进行标准化交付，不会因为人才的流失就造成课程的失传。

（1）岗位培训大纲对应课程开发达成率

指标定义：岗位培训大纲对应课程的开发完成率。

判断标准：理想状态岗位培训大纲对应课程的开发完成率≥ 90%；一般要求做到岗位培训大纲对应课程的开发完成率≥ 60%。

建设指引：完整的课程开发计划；由专人负责岗位培训大纲对应的课程开发工作，并根据实际业务发展的需要做出有计划的修订和调整。

涉及资源：课程开发专业人员配置；课程开发专业能力提升；明确完整的课程开发计划；课程开发过程的实施，监控及交付。

（2）标准课程的占比（五 / 七件套）

指标定义：标准课程的占比（五 / 七件套）。

判断标准：理想状态标准课程的占比（五 / 七件套）≥ 30%；一般要求做到标准课程的占比（五 / 七件套）≥ 10%。

建设指引：完整的标准课程开发计划；由专人负责标准课程的开发，并根据实际业务发展的需要做出有计划的修订和调整。

涉及资源：标准课程开发专业人员配置；开发标准课程的专业能力提升；明确完整的标准课程开发计划；标准课程开发过程的实施，监控及交付。

（3）培训方式种类

指标定义：培训方式多样性，包括但不限于面授、在岗培训、在岗实践、网络学习、自学等。

判断标准：≥ 5 种。

建设指引：多样的培训呈现形式展示，系统的培训组织与实施记录，根据实际业务发展的需要做出有计划的补充、调整和修订档案。积极使用 E-learning 学习平台，组织开发网络课件，提高 E-learning 在培训评估中的占比。鼓励 E-learning 的课程开发，优化教员管理制度中的激励措施。包括但不限于组织拆书帮、读书分享会，增加书籍采购预算，丰富自学形式。

涉及资源：多样及多环境培训资源展示，内外部多样学习环境的对标参照；网络专项人员配置；明确配套的开发计划与实现成果。

（4）网络课程的占比

指标定义：网络课程开发的比例。

判断标准：一般要求做到 90% ≥网络课程占比≥ 10%。

建设指引：完善的网络课程的内部营销、推广与课程升级工作，完整的网络课程开发计划；由专人负责网络课程的开发，并根据实际业务发展的需要做出有计划的修订和调整。

涉及资源：内外部在线学习环境的参照；网络课程开发各项专业人员配置；明确完整的网络课程开发计划；网络课程开发过程的实施，监控及交付。

六、设施设备

除了有软性的东西，还要有硬性的东西，比如培训教室、仿真模拟机、实验平台等。当内在的东西不易被外界察觉的时候，培训设施和设备就会给培训质量增加很多分数。我经常会组织人员去参观大亚湾核电站的模拟机，大家看后都会很震撼。

培训设施设备的完备率：

指标定义：根据业务板块业内标准，培训设施设备的完备率。

判断标准：一般要求做到培训设施设备的完备率≥60%。

建设指引：有预算执行采购计划，依据现有业务发展需要，分解培训发展需求合理配备培训设施设备；依据未来业务发展和行业发展趋势储备专业培训设施设备。

涉及资源：业务发展的现状与趋势。

七、运营效果

培训是一个系统工程，要借由各种指标，确保我们能够完成一整年的培训规划。通过对指标的跟踪，我们就可以掌握各项培训计划的完成情况，进而对下一步工作做出调整。

（1）培训计划执行率

指标定义：年度培训计划达成率（考察的周期可以季度或月度）。

判断标准：年培训计划达成率≥90%。

建设指引：可实施的年度培训计划实施保障措施；完善的培训计划实施监控机制；有季度、月度实施总结计划；有未完成项的补充实施安排。

涉及资源：人员配置；软、硬件基础设施；培训经费；工作流程和程序制度。

（2）年人均学习时数/年人均网络学习时数

指标定义：年度人均学习时长/年度人均网络学习时长。

判断标准：年人均学时为20学时，网络学时为8~15学时。

建设指引：合理配置学习资源，做好学习过程的记录与监控，完善学习保障机制。

涉及资源：培训信息化、保障制度。

（3）教员人均授课时数

指标定义：专兼职教员平均授课的时长。

判断标准：教员人均授课时数≥ 80 学时。

建设指引：做好教员年度 / 季度 / 月度授课计划，做好过程中的跟踪记录，加强培训内部推广，提高教员授课的踊跃度；整合内外部资源，提升教员授课技能技巧。

涉及资源：组织氛围、教员管理制度、培训组织实施的合理安排。

八、内部客户反馈

培训做得好不好？内部管理者和员工是最有发言权的。一般而言，我们在收集内部客户满意度的时候，是从高管和业务部门两个群体获取评价，客观地对培训工作做整体评价。

客户满意度：

指标定义：服务对象（高管 40%、业务部门 60%）对培训工作的满意程度。

建设指引：完善的培训评估体系，打造重点培训项目；建立良好的沟通机制，阶段性呈现业绩指标完成率；建立良好的内部业务合作伙伴关系。

涉及资源：培训价值证据链的呈现、评估体系、业务合作伙伴关系建立的策略。

培训成熟度工具提供了一个改进框架，它能反映培训管理需要做哪些主要工作及这些工作之间的关系，一步一步做好这些工作可以确保组织的培训工作走向成熟。

第二节　如何评价培训工作的成熟度

前面介绍了培训工作成熟度的具体指标，如何应用这些指标呢？如何评估目前组织的培训成熟程度？

一、培训成熟度评分表

这里给大家一个自评表格，这个表格主要通过自评打分的形式帮助大家确定所在企业的培训成熟度情况。如表 4-2 所示。

表 4-2 培训成熟度评分表

序号	成熟度指标	计算公式	指标标准值	实际指标值
1	使命、愿景、战略目标	/	3	
2	用人政策及方法论	/	5	
3	公司班子成员人均授课时数与参与分享的比例	$\frac{\text{实际授课小时数}}{\text{标准年人均授课小时数}}\times100\%$	3	
4	公司班子成员视察培训工作的人·次数	人均次数	3	
5	关键人才的盘点频率	/	2	
6	岗位培训大纲覆盖率	$\frac{\text{已完成的岗位培训大纲的岗位数}}{\text{实际岗位数}}\times100\%$	2	
7	员工教育经费占工资总额的比例	$\frac{\text{员工教育经费}}{\text{工资总额}}\times100\%$	2	
8	培训组织架构和人员编制	/	6	
9	专职培训从业人员服务比	$\frac{\text{专职培训从业人员人数}}{\text{在编员工人数}}\times100\%$	6	
10	培训管理程序的发布率	$\frac{\text{实际发布的培训管理程序数}}{\text{应发布的培训管理程序数}}\times100\%$	6	
11	培训业务信息化率	$\frac{\text{已应用的信息化培训流程数}}{\text{全部信息化培训流程数}}\times100\%$	6	
12	培训档案跟踪	/	3	
13	教员服务比（专兼职）	$\frac{\text{专兼职教员人数}}{\text{正编员工人数}}\times100\%$	6	
14	专职教员认证率	$\frac{\text{实际完成专兼职教员的认证梳理}}{\text{专兼职教员数量}}\times100\%$	7	

续表

序号	成熟度指标	计算公式	指标标准值	实际指标值
15	岗位培训大纲对应课程开发达成率	$\frac{实际课程开发量}{大纲对应课程总量}\times 100\%$	4	
16	标准课程的占比（五 / 七件套）	$\frac{已完成的标准课程数量}{全部课程数量}\times 100\%$	4	
17	培训方式种类	/	3	
18	网络课程的占比	$\frac{实际完成网络课程数}{课程总数}\times 100\%$	4	
19	培训设施设备的完备率	$\frac{已有培训设施设备}{板块业内标准配置}\times 100\%$	5	
20	培训计划执行率	$\frac{年度培训计划的完成量}{年度培训计划}\times 100\%$	5	
21	年人均学习时数 / 年人均网络学习时数	$\frac{年学习总时数}{学习总人数}$ $\frac{年度网络学习总时数}{在编员工人数}$	5	
22	教员人均授课时数	$\frac{专兼职教员实际授课小时数}{专兼职教员人数}$	5	
23	客户满意度	高管满意度×40%+业务部门满意度×60%	5	
合计			100	

二、培训成熟度等级标准表

以能力成熟度模型为基础，可以把培训管理划分为 5 个等级：初始级、规范级、整合级、优化级、创新级。通过培训成熟度自评，可以得到一个对应分数，有助于我们了解培训成熟度的等级标准。如表 4–3 所示。

表 4–3　培训成熟度等级标准表

序号	成熟度等级	主要特征	定量标准
1	初始级	被动适应：被动提供培训服务，有少量专业课程，培训依赖外聘支持，少量培训基本设施运行和保障，没有培训制度和严格的培训管理流程，不能依据培训管理流程来实施培训，有少量档案记录，有培训经费使用记录，领导对培训工作的关注较少	总分＜ 60
2	规范级	主动规范：主动提供培训服务，有明确的培训目标定位，建立有三年以上的培训规划；培训职能与岗位职责明确，与业务部门建立通畅的沟通渠道。有培训管理制度、课程体系、师资体系，初具培训档案管理与年度计划及实施的考核制度，规范管理外部供应商机构，领导不定期视察培训工作	70> 总分≥ 60
3	整合级	培训体系：跨区域协作机制建立，培训规划与制度体系成熟、完善，与业务部门及二级公司支持协作紧密，师资体系、课程体系、人员培养与发展机制完善，培训组织与实施方式多样，培训档案完整可查，培训设施设备满足培训需要，公司领导定期视察培训工作	80> 总分≥ 70
4	优化级	业务引领：培训制度、培训管理、体系建设与实施规划指标实现可量化、可衡量的评价标准，业务部门、培训单位承担职责明确，培训战略与愿景清晰，不断更新多样化的学习手段，培训信息化系统全面上线支持培训的组织、实施，同时关注培训行业发展趋势，做对标、优化与更新，培训设施设备满足培训需要并随时更新，公司领导出任企业大学 CLO	90> 总分≥ 80
5	创新级	战略伙伴，形成文化 依据公司战略与所属行业标准，及时更新和修订培训制度、体制、规范与操作流程 依行业与公司发展规划有计划地推出精品项目与精品课程 形成多元化的师资队伍 灵活多样的培训组织与实施制度 自主研制或开发培训设施设备，并满足不同专业人员的培训需要 自主设计、研发培训与咨询项目，撰写多样化的训导方案，满足不同阶段人群与各岗位专业序列的学习者 先进完善的信息化系统支撑培训系统全过程（教学呈现信息化、档案管理信息化、互动方式信息化等） 建立周密完善的员工终身学习跟踪系统 公司领导出任企业大学 CLO	总分≥ 90

第三节　培训成熟度的实施方式和结果应用

培训部门作为集团培养和输出各类型专业技术人才的重要管理职能部门，其首要职责是加速各类专业人才的输出培养、规范集团与各成员公司培训管理部门的发展规划与执行规范，提高内部培训质量，促进培训质量管控机制的运行。这就需要统一培训语言，建立一套标准的评估工具，在这个范畴内，才能具体评估一家企业的培训做得好与坏。

一、实施方式

由培训归口部门负责制定对集团及各成员公司开展成熟度评价工作计划，确定评价对象及时间。

由培训归口部门拟定成立成熟度评价工作小组，成员为 6~8 人（建议包含培训归口部门、各成员公司专业板块事业部，以及其他成员公司板块的专业与培训相关人员）。

依据成熟度评价工具，对集团及各成员公司的培训管理部门进行评估，并依据最终打分汇总情况对现在培训管理成熟度阶段进行标定。

评价实施：根据年度评价计划安排，成立培训管理成熟度评价小组，对被评价对象制定具体实施方案。包括：

评分，根据培训管理成熟度评分表，确定具体开展的内容及范围，评估小组按照培训成熟度标准对被评价对象进行评分。

定级，通过定性与定量数据汇总参照分析，确定成熟度评定等级。

报告，小组按照前述评价情况给出评价定级结论，指出评定结果与实际工作中存在的差距与不足，并给予有效的改进建议。

二、结果应用

明确集团培训管控的范围和目标，规范集团培训管控标准：

明确成熟度未达标部门的持续改进目标及方法，为其完善培训服务管理及内容提供建议。

发现集团及各二级成员公司在培训服务管理中的现状及存在的问题，提出改进建议。

不断优化培训管理成熟度标准及衡量指标参照，对各专业分公司的衡量标准，不断提出行业对标的体系参照，确保各成员公司发展与达标项现状相适应，激励成员公司提升培训管理水平。

促进集团各成员公司的经营发展，促进各成员公司之间的培训交流和信息的融通与输入。

第四节　成果案例：某公司服务培训中心（筹）建设情况汇报

培训成熟度是一种有效的培训管理工具，能够为企业培训工作提供战略指引方向，确保培训工作者对培训有全面系统的认识，避免“头痛医头，脚痛医脚”的弊端，切实提高企业培训管理能力。

培训好不好，这是一个笼统的问题，它强调的不是单场培训组织实施得好不好，而是一个体系的问题。苹果好不好，一定是苹果树的树根、树叶、树皮等相互作用、相互配合，提供充足的养料、水分，最后才孕育出好的水果，培训也是这个道理。

我以一个实例来介绍一下培训成熟度如何让一个企业培训工作从无到有、从有到优。

某公司服务培训中心（筹）建设情况汇报

随着集团业务快速发展，其二级单位（简称该公司）的服务人才培养需求不断增长，加快服务人才培养工作尤为迫切。与此同时，该公司正处于战略转型升级的新阶段，统筹优化培训资源，全面提升技能人才能力水平对于促进该公司经营业绩的增长具有重要作用。

根据集团校务委员会会议要求及集团2014年培训领域PBA工作任务安排，该公司将“服务培训中心（筹）”建设列为年度重点工作，并开展相关工作。

一、服务培训中心（筹）建设计划推进情况

根据服务培训中心筹建工作计划，陆续完成以下相关工作：

2014年3月，成立核电服务培训中心筹备小组。

2014年4月，服务培训中心筹备小组组织进行集团内外部培训中心考察、交流活动。

2014年6月，人力资源服务中心编制《服务培训中心（筹）建设方案》，并通过了集团党校审核。

2014年9月，该公司成立教育培训委员会并召开了教育培训委员会第一次会议，会上对服务培训中心（筹）阶段性建设成果进行审查，审议通过了园林实训中心、客房服务实训中心建设方案。

2014年10月，服务培训中心（筹）建设成果通过集团党校首次审查。

2014年12月，服务培训中心（筹）通过该公司教育培训委员会第二次会议审议及集团党校验收，服务培训中心（筹）及客房服务实训中心、园林实训中心正式揭牌成立。

2015年5月，集团培训成熟度评价小组对该公司的培训成熟度进行了全面评价。评价意见：“服务培训中心（筹）”已达到培训成熟度标准中针对B类公司“整合级”的标准。集团党校依据评价结果，同意“服务培训中心”正式挂牌。

二、服务人才培训体系建设成果

该公司使用集团统一的“培训－考核－授权－上岗”的用人政策

及SAT系统化培训方法论，结合该公司人才培养特点，采用分层分级的方式培养内部人才，初步构建一套覆盖基层班组长/主管、基层管理干部到中层管理干部的人才队伍培养体系，实现了员工知识、能力、素质的普遍提升。

根据该公司制度修编计划，现已发布《培训管理制度》《能力发展培训服务流程》《转型培训服务流程》《专业技能培训运作实施细则》《培训课件管理程序》《专业技术教员管理细则》《员工外培管理规定》7个培训管理制度或规定。2015年计划发布《培训管理规定》《在岗培训管理规定》，后续服务培训中心将持续对培训制度体系进行优化，以满足该公司培训统筹管理工作的要求。

根据培训管理成熟度关键指标及集团信息化管理的要求，培训需求、计划、执行、评估、档案各环节的信息化率将不断提升，服务培训中心2015年UPM流程《课程外采审批流程》《员工外培审批流程》已上线，基本满足培训业务信息化管理的需求。

在培训档案管理上，服务培训中心设置了培训教务与支持岗位，安排专人监控学员培训记录并负责培训档案管理，按照个人培训档案、课程档案、培训管理活动档案进行分类、分周期维护和保管，保证培训档案的完整性。

三、服务人才培训中心能力建设

（一）课程建设

该公司培训课程分为转型培训（新员工入职培训）、专业知识、专业技能、通用技能、管理技能五大类，同时按照不同的业务板块建立起“分阶晋级”的课程体系。

为全面构建该公司专业人才培养发展通道，2013—2014年组织开展了任职资格及岗位培训大纲建设。截至2015年5月，共编制126个岗位的培训大纲，完成48个职类、638门岗位培训课程与课件的梳理，初步建立该公司课程体系。2015年5月，该公司标准课程已开放201门（含E化课程24门），逐步形成标准化、专业化、系统化的专业课程体系。同时，为了使培训资源集约化，2013年11月已通过正式文件发布标准课程共享清单。2015 年底，该公司结合目前战略转型的要求，启动岗位培训大纲对应的课程清单及课程描述单的优化工作。

（二）师资建设

1. 内部师资建设

根据集团教员管理体系“选、育、用、留”的原则，该公司不断加大师资队伍建设。2015 年 9 月，该公司共有兼职教员 327 人，在集团党校入库教员 104 人（管理内训师 20 人，专业技术教员 84 人），获得铜牌教员资质认证 7 人；其中集团党校 GTT 认证 13 人，获得 FSW 认证 21 人，获得催化引导师认证 1 人。

为持续提升专业技术教员的课程交付能力，该公司自 2012 年起常态化开展兼职教员能力提升培训，共计开展 6 期，培养专业技术教员约 120 人。2015 年，计划培养认证的专业技术教员 28 名，现已有 12 位专业技术教员获得了该项认证。

2. 外部师资建设

2014—2015 年，在做好该公司内部教员培养认证工作的基础上，该公司多方位、多渠道地开展外部师资资源的积累与整合，一方面为内部师资提供补充；另一方面为具备对外提供技能鉴定培训打下基础。截至 2015 年 5 月，共有约 3800 名外部师资入库，可从企业管理、人力资源、财务管理、市场营销、客户服务等维度匹配客户的培训需求。2014—2015 年先后承接了中核 404、福清核电、浙江海正药业、中国烟草总公司和清华大学等外部单位的培训业务，得到客户的高度评价。

（三）培训平台及硬件设施建设

按照服务培训中心平台设施建设规划，该公司大力推进培训平台建设及硬件设施建设工作。

1. 关于培训平台建设

服务培训中心规划 6 个专业技能实训中心，2016 年前分三期建设完成。第一期培训平台客房服务实训中心、园林实训中心已于 2014 年 12 月挂牌，并进入实质化运作。第二期培训平台餐饮实训中心、交通实训中心目前正在筹建中，将于 2015 年 8 月 31 日前完成验收挂牌。第三期培训平台物业实训中心及机电实训中心计划于 2016 年完成建设。

2. 关于培训硬件设施

服务培训中心目前拥有自有培训教室10个（含电教室1个），特约培训教室2个。培训设施总面积约1583㎡，可同时容纳675人，能满足内部日常培训需求与承接外部培训业务需要。

四、重点培训项目实施情况

服务培训中心（筹）围绕该公司转型创新升级战略导向，为帮助下属各专业公司整合核心资源与竞争优势，掌握战略分析、战略制定、战略执行、战略控制的基本方法，结合公司十三五战略修编的业务需要，2014—2015年开展了“战略导向行动学习工作坊”，各级领导干部和业务骨干约80人参加了该项学习活动。通过本次行动学习及研讨，有效帮助各专业公司梳理出商业转型模式，明确了公司业务拓展、转型升级路径、发展机制及发展方式，同时输出了该公司十三五规划初稿。

本次行动学习及研讨，明确该公司的业务拓展：

一是从传统服务业拓展到现代服务业，依靠高新技术和现代管理方法、经营方式及组织形式提升现有业务。

二是围绕清洁能源业务，谋划高附加值新业务的发展。

三是继承发扬品牌优势，面向政府、大企业提供整体服务，以“B2B”或“B2B2C”为特色提供基地、能源、健康等领域整体解决方案的高端服务。

同时，梳理出各专业公司的转型升级路径，即餐饮物业通勤服务升级为设施管理及后勤服务解决方案；民用建设工程管理升级为智慧园区策划开发；体检保健会所接待等升级为健康管理与服务；交通运输加油站等升级为能源利用与物流服务；机电检修水厂等升级为水务环保。

除了梳理出各专业公司商业转型模式，本次行动学习输出了该公司“153发展大厦”。

1个愿景：致力于清洁能源和智慧健康为主的现代服务业，成为独具特色的产业发展商与一流的现代服务平台商。

5大业务：设施管理及后勤综合服务、智慧园园区策划开发与运营、健康管理与健康服务、能源物流与能源利用服务、水务环保服务。

3 大平台：综合服务信息平台、资产经营与产业孵化平台、内部创业平台。

综上所述，该功能本公司的培训工作开展紧密围绕转型创新战略导向，通过上下互动，从战略到业务、职能的联动，群策群力，达成发展的共识，也增加了认识深度，为公司转型发展计划和十三五发展战略编制，为公司核心业务布局和总部职能转变，提供了良好的智力支持，也为公司的战略落地、绩效改进提供有效引导和强力支撑，充分体现服务人才培训中心的价值。

培训成熟度是公司构建专业化培训的抓手，企业培训部门可对照这些成熟度指标，有计划、有节奏、有重点地开展企业培训运营管理工作。

第五章
做好培训分工，形成组织合力

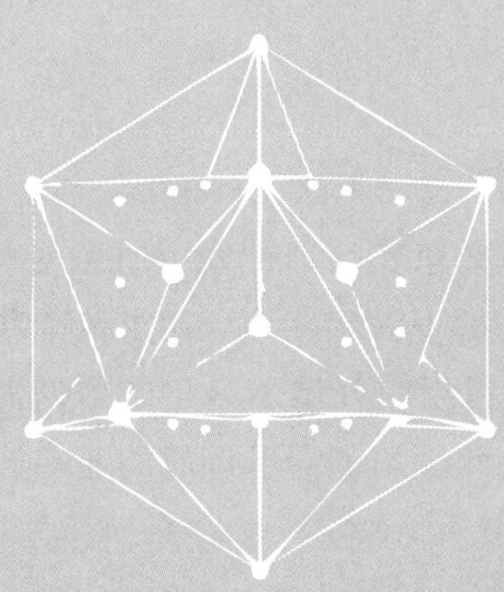

随着企业的发展，规模越来越大，集团总部各职能部门、各业务中心、各事业部和各公司都会有培训的需求，并且培训成熟度较高的集团在各个单位都会有专职的人员负责培训工作。如果单纯依靠培训部门的几个人，是没有办法面面俱到的，这就需要进行分工，培训部门要按照“二八”原则，将主要精力放在统筹培训领域20%的重点工作，做好培训项目顶层设计及培训考核，另外80%的培训工作由各职能部门、各业务中心及各事业部、各公司承接。

我们公司有5000人，专职负责培训的有7人，按照服务比例来算：一个培训人员要服务700个员工，精力是明显不够的，于是我们编写了《核服集团培训工作指引》，旨在明确分工、界定责任，共同把公司的培训工作做好。

该指引主要从核电服务培训中心负责的培训领域重点工作，各部门、各业务中心需承接的工作，各事业部、各公司需承接的工作三个部分展开。

第一节　培训中心负责重点工作

一、培训职能统筹

（1）统筹年度培训需求调研

为全面了解下一年度培训需求方向，有效落实培训计划，加强需求调研结果对计划制订的有效指导性，全面掌握下一年度培训需求范围和培训内容。核电服务培训中心在每年的10月组织开展下一年度培训需求调研工作，发布《关于启动核服集团下一年度培训需求调研的通知》，各单位按通知要求提交培训需求报告。

（2）培训计划制订

为使各单位培训资源产生最大效用，围绕各单位培训需求报告，结合某企业党校（管理培训中心）培训领域 PBA 工作安排与核服集团培训领域重点工作要求，核电服务培训中心于每年 11 月组织开展年度培训计划制订工作，发布《关于启动核服集团下一年度培训计划的通知》，各单位按通知要求提交培训计划。

（3）培训预算管理及费用分摊

按照集团财务预算管理要求，核服集团培训费用实行预算管理及费用分摊：

①预算来源：根据员工年度工资总额的 2.5% 提取（视公司效益状况可以适当增加培训预算费用），用于在岗员工管理能力、专业技术及专业技能提升。

②预算制定：根据核服集团年度培训计划，测算各培训项目费用。

③预算组成：包含核服集团统筹培训、各事业部 / 公司统筹培训、员工个人外出培训（核服集团公司培训费用总额 60% 优先用于管理类、通用类、专业知识及技能培训，40% 用于员工个人外出培训）。

④预算使用：核服集团各类统筹培训项目年度费用预算需经核服集团教育培训委员会审批及核电服务培训中心统一立项后方可使用，原则上培训费用不可超额使用，确因业务或突发工作需要的，需报核服集团公司总经理部审批后方可使用。

⑤费用分摊：核服集团费用分摊包括某企业党校（管理培训中心）及核服集团统筹培训费用分摊两种类别，并按照以下原则进行分摊：

· 某企业党校（管理培训中心）统筹培训费用：根据各单位绩效签约人数进行费用分摊。

· 核服集团统筹培训费用：按照“谁受益，谁承担”的原则，根据各单位实际参训人数进行费用分摊。

（4）培训监控与考核

为推动核服集团培训领域重点工作，协助各部门、各业务中心、各事业部、各公司有效落实规范化管理考核指标，结合某企业党校（管理培训中心）培训监控指标要求，于每年 3 月前发布《核服集团本年度培训监控及考核操作细则》，各单位按要求落实相关培训监控与考核指标。

（5）教委会运营管理

根据核服集团《教育培训委员会运作管理规定》，统筹负责教委会日常运作和管理，制定教委会运作机制与规则，组织安排教委会会议召开，跟踪教委会审议事项和决策事项后续工作进展，推动审议和决策事项的达成等。

（6）设施平台建设管理

核服集团按照“资源共享、特需自建”的原则开展设施平台建设。一方面共享集团运营培训中心、工程培训中心等设备、设施，避免集团内资产重复投入；另一方面根据实际需要，建立实训中心，满足技能培训需求。按照核电服务培训中心建设方案的设施规划，目前已完成客房服务、园林、餐饮和交通实训中心的建设，并投入实质化使用。接下来计划完成物业、机电两个专业实训中心建设。

（7）培训工作制度、规范制定

随着培训中心能力建设工作的推进，核服集团初步建立了“需求—计划—课程开发—培训实施—培训评估”的全流程管理的制度体系。为不断提升培训工作的规范性，需持续修订、完善培训相关制度、规范等，同时各单位根据最新的相关制度、规范等，同步更新本单位相关制度、规范等。

二、重大专项

（1）三年人才培训计划

根据某企业党校（管理培训中心）重点工作安排，围绕核服集团战略规划，由核服集团人力资源部分析公司人才需求，结合人才管理现状，梳理公司关键岗位，研究未来三年人才培养思路，制定关键人才培养思路、措施等，并实施动态化管理，每年滚动更新，保持三年的前瞻性。核电服务培训中心结合《三年人才培养计划》，持续开展三年人才培训工作。

（2）岗位培训大纲建设

根据集团要求，为践行系统化（SAT）培训方法论，推进“培训－考核－授权－上岗”机制的建设。为确保岗位培训大纲落到实处，核电服务培训中心组织开展核服集团岗位培训大纲优化工作，发布《核服集团岗位培训大纲优化方案》，各单位按要求落实优化工作。

（3）培训能力建设

①教员队伍建设。

为了将教员培养工作落实到每一个单位，做到“持续提升、持续跟进”，核服集团实行“三级管理、分级培养”的教员培养管理模式，即某企业党校（管理培训中心）认证入库的教员为第一级，核服集团级认证入库的教员为第二级，各公司级教员为第三级。核电服务培训中心在每年4月前优化或发布《核服集团教员培养方案》，各单位根据方案开展教员选、育、用、留、退等工作。

②课程建设。

为有效结合公司实际需求，充分发挥课程价值，核电服务培训中心每年4月前优化或发布《核服集团课程建设计划》，各单位按计划推进本单位课程建设工作。

③培训管理成熟度建设。

根据《某企业培训管理成熟度评价标准》，核服集团每年7月前从规划计划、职责与权限、制度流程、员工发展及执行结果五个维度开展培训管理成熟度的自查工作，并向某企业党校（管理培训中心）（党校）提交自查报告。

三、培训项目

（1）转型培训

转型培训包括新员工入职培训、新任基层管理者转型培训、新任中层管理者转型培训及新任运营高层管理者转型培训，旨在帮助员工适应新的角色转换，提高岗位履职能力。

①新员工入职培训是指针对新员工转型培训，旨在帮助新员工了解企业基本情况，了解企业对员工的要求，认知企业文化，掌握基本技能，帮助新员工完成向核服人的转型。核服集团公司管理序列、专业技

术序列新员工入职培训由核电服务培训中心统筹实施，每季度开展一次，各部门、业务中心安排新员工在试用期内参训。

②新任基层管理者、新任中层管理者和新任运营高层管理者的转型培训由核电服务培训中心统筹安排在试用期内参加某企业党校（管理培训中心）（党校）白鹭系列转型培训。

（2）管理及通用技能培训

①管理技能培训指各级管理者需要具备的以领导力为核心的管理技能、技巧类培训，重点提高各层级管理人员的学习能力、领导能力、经营管理能力和创新能力。

②通用技能培训指与各级员工、各级管理者本职工作相关的通用类的职业技能培训，包括个人成效类、团队成效类和业务实效类三大系列课程。通用技能培训课程由核服集团公司根据实际需求在集团统一的通用能力课程体系中选择。

③管理技能及通用技能培训由核电服务培训中心根据年度培训计划统筹开展，选择培训方式，确认培训讲师、培训学员、培训课件、培训课时、培训地点及必要器材、培训时间、培训次数，制定专项培训实施方案，报核服集团公司总经理部分管领导审批后组织实施。

第二节　各部门、各中心需承接的工作

一、组织培训需求调研

根据核电服务培训中心发布的《关于启动核服集团下一年度培训需求调研的通知》，结合本单位的实际情况，组织开展专业知识培训需求调研，并按通知要求提交培训需求报告。

二、制订年度专业知识培训计划

根据核电服务培训中心发布的《关于启动核服集团下一年度培训计划制订的通知》，围绕本单位《培训需求报告》，组织开展专业知识培训计划制订工作，并按通知要求提交年度培训计划。

三、统筹各职能线专业知识培训

为提升各职能线员工专业知识，根据核服集团教育培训委员会会议审议通过的《核服集团本年度统筹培训项目计划》，各部门按计划统筹开展各职能线人员专业知识培训。

四、员工在岗培训

为规范在岗培训的组织及管理工作，通过有序实施在岗培训，促使员工掌握必要的知识，提高员工的绩效，根据核服集团《员工在岗培训管理规定》，各部门、各中心负责本单位员工在岗培训工作：

· 组织制订本单位新任党委管理干部在岗培训计划，并组织实施。

· 每季度向核电服务培训中心报送新任党委管理干部在岗培训计划的完成情况。

· 负责集团校招新大学生三年培养计划管理工作，在入职后一个月内提交三年培养计划，并按计划落实在岗培养工作，并按时间节点提交培养材料至核电服务培训中心。

· 负责组织制订本单位员工在岗培训计划，并组织实施。

· 负责本单位员工在岗培训管理工作，并对在岗培训过程的规范性进行定期和不定期监督和检查。

五、培训材料提交

为推动各部门、各业务中心有效落实规范化管理考核指标，根据

《核服集团本年度培训监控及考核操作细则》，各部门、各业务中心需每月按要求将培训材料提交至核电服务培训中心，由核电服务培训中心培训管理员统一录入培训系统。

六、教员队伍建设

根据核电服务培训中心制订的《核服集团教员培养计划》，按照“三级管理、分级培养”的模式，各部门、各中心推进本单位教员的选、育、用、留、退等工作。

七、课程建设

根据核电服务培训中心制订的《核服集团课程建设计划》，按照责任分工，各部门、各中心推进本单位课程开发、优化等工作。

八、其他

协助核电服务培训中心完成其他培训专项工作。

第三节　各事业部、各公司需承接的工作

一、组织培训需求调研

根据核电服务培训中心发布的《关于启动核服集团下一年度培训需求调研的通知》，结合本单位的实际情况，各事业部、各公司组织开展

培训需求调研，并按通知要求提交培训需求报告。

二、制订年度培训计划

根据核电服务培训中心发布的《关于启动核服集团下一年度培训计划制订的通知》，围绕本单位《培训需求报告》，各事业部、各公司组织开展培训计划制订工作，并按通知要求提交年度培训计划。

三、统筹专业技能类培训

为提升一线员工专业技能，根据核服集团教育培训委员会会议审议通过的《核服集团本年度统筹培训项目计划》，各事业部、各公司按计划统筹开展专业技能类培训。

四、员工在岗培训

为规范在岗培训的组织及管理工作，通过有序实施在岗培训，促使员工掌握必要的知识及技能，提高员工的绩效，根据核服集团《员工在岗培训管理规定》，各事业部、各公司负责本单位员工在岗培训工作：

·组织制订本单位新任党委管理干部在岗培训计划，并组织实施。

·每季度向核电服务培训中心报送新任党委管理干部在岗培训计划的完成情况。

·负责集团校招新大学生三年培养计划管理工作，在入职后一个月内提交三年培养计划，并按计划落实在岗培养工作，并按时间节点提交培养材料至核电服务培训中心。

·负责组织制订本单位员工在岗培训计划，并组织实施。

·负责本单位员工在岗培训管理工作，并对在岗培训过程的规范性进行定期和不定期监督和检查。

五、培训数据维护

为推动各事业部、各公司有效落实规范化管理考核指标，根据《核服集团本年度培训监控及考核操作细则》，各事业部、各公司需每月按要求完成培训数据录入，并按季度反馈培训监控及考核指标完成情况。

六、教员队伍建设

根据核电服务培训中心制订的《核服集团教员培养计划》，按照“三级管理、分级培养”的模式，各部门、各事业部、各公司推进本单位教员的选、育、用、留、退等工作。

七、课程建设

根据核电服务培训中心制订的《核服集团课程建设计划》，按照责任分工，各事业部、各公司推进本单位课程开发、优化等工作。

八、培训设施建设

各事业部、各公司按照核电服务培训中心平台建设规划，需完成各实训中心培训设施的建设。已建客房服务、园林、餐饮和交通实训中心，需根据实质运作情况，不断完善培训设施建设，满足培训需求。计划完成物业、机电两个专业实训中心，请基地服务事业部、机电公司按要求于 7 月底前完成培训设施建设，具备验收条件。

九、其他

协助核电服务培训中心完成其他培训专项工作。

各部门、各业务中心、各事业部及各公司按照《核服集团培训工作指引》，按计划推进培训相关工作，核电服务培训中心也会定期监控各单位培训工作执行情况，共同推动核服集团培训工作更上一层楼。

通过一段时间梳理，发现这种分工不僵化、不死板，满足了共性和个性的要求，获得了公司从领导到员工的一致好评。

第六章
把培训融入岗位考核

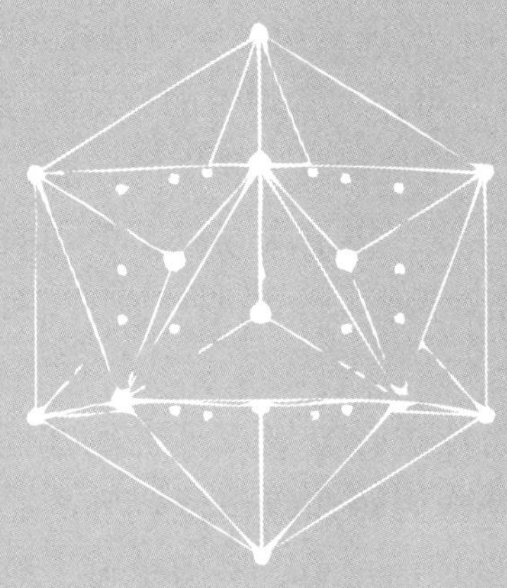

第一节　基本原理

上一章提到一个概念叫“培训–考核–授权–上岗”，这个概念来自核电领域，核电的控制平台有很多操作按钮，按下每一个按钮都需要授权，只有获得授权的操作员才能进行相应操作，为了得到授权，就要有相应的培训和考核。操作员需要不定期接受国家安全局和所在企业的考核，据统计，操作员的职业生涯里要获取 290 多个授权证书。通过“培训–考核–授权–上岗”，真正让培训成为核电业务中的一环，培训已经潜入业务，实实在在地体现了培训的价值。

“培训–考核–授权–上岗”这一运作机制，后来从核电领域逐渐推广到非核电领域，比方安质环领域、商务人员领域，都是按照分级进行培训，然后考核，通过考核才有授权继续从事相关工作。若是一次不通过，给予补考的机会后还是不通过就要转岗或者辞退。

通过“培训–考核–授权–上岗”，能够打造“培训考核–能力提升–岗位晋升”的员工职业发展良性机制，促进公司劳动者素质提升。对员工而言，与员工的职业发展通道相结合，明确其岗位学习路径图，提升员工能力及培训内驱力；对管理者而言，可作为管理者的有效管理手段之一，更好地指导其下属的培养工作，并可提供员工聘岗的标准。

如何推广“培训–考核–授权–上岗”呢？接下来，以某公司技术序列员工从事 B2 至 B6 职级技术岗位工作为例做一下说明。如图 6–1 所示。

“培训–考核–授权–上岗”就是将岗位进行分级，员工像打怪晋级，一级一级晋升。“培训考核授权”是作为每职级岗位晋升的必要条件之一，这就在根本上给予员工参加培训的动力，努力学习、热爱培训。

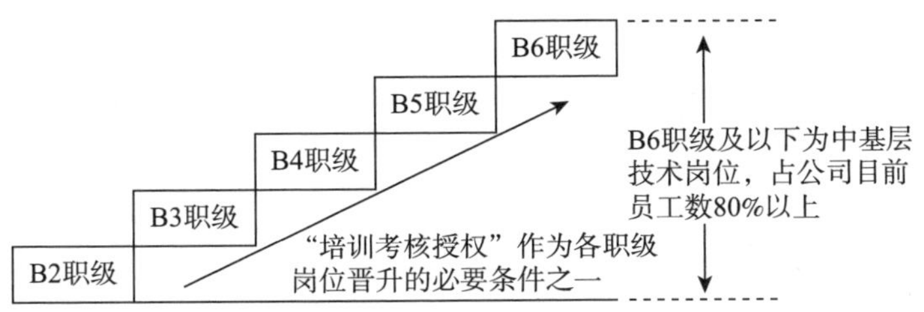

图 6-1　B2 至 B6 职级技术岗位工作

第二节　工作流程

"培训－考核－授权－上岗"，可以按照岗位分析、能力分析、路径设定、培训项目设置、培训课程/项目考核和授权申请几个步骤进行。

一、岗位分析

根据组织机构与岗位设置，划分专业类岗位（岗位组），分析岗位各职级承担的主要任务，明确专业类岗位的划分及各职级任务。

二、能力分析

根据岗位各职级任务，分析承担任务所必需的知识与技能。这里涉及一个工具表单，岗位知识/技能培训分析表，如表 6-1 所示。

表 6-1　岗位知识 / 技能培训分析表

×× 专业类岗位知识 / 技能培训分析表（岗级）						
岗位任务	知识要求	技能要求	培训课程 / 项目			
			类型	序号	名称	实施方式
			理论知识	1		
				2		
				3		
				4		
				5		
				6		
			专项技能	1		
				2		
				3		
				4		
			工作实践	1		
				2		
				3		
				4		

三、路径设定

反映各职级培训、考核、授权的具体实施流程；反映不同入职路径，并使员工了解自身岗位职级的培训路径图。

四、培训项目设置

根据各职级的岗位任务所需的知识与技能，确定相匹配的培训内容、培训目标及培训方式。这里需要用到两个表单：专业类岗位培训项目汇总表、培训任务工作书。

（1）专业类岗位培训项目汇总表

表 6–2　专业类岗位培训项目汇总表

<table>
<tr><td colspan="6" rowspan="2">专业类岗位培训项目汇总表</td><td>版次</td><td>A</td></tr>
<tr><td>页码</td><td>1/1</td></tr>
<tr><td colspan="3">部 / 处：</td><td colspan="5">专业类岗位：× × 专业类岗位（岗级）</td></tr>
<tr><td colspan="2">培训目的</td><td colspan="6">通过完成规定的培训课程 / 项目，掌握 × × 专业类岗位员工 × × 职级所要求的知识与技能，促进其胜任岗位工作</td></tr>
<tr><td>类型</td><td>序号</td><td>培训课程 / 项目</td><td>课程编码</td><td>课时</td><td>实施方式</td><td>实施部门</td><td>复训周期</td></tr>
<tr><td rowspan="6">理论知识</td><td>1</td><td></td><td></td><td></td><td></td><td></td><td></td></tr>
<tr><td>2</td><td></td><td></td><td></td><td></td><td></td><td></td></tr>
<tr><td>3</td><td></td><td></td><td></td><td></td><td></td><td></td></tr>
<tr><td>4</td><td></td><td></td><td></td><td></td><td></td><td></td></tr>
<tr><td>5</td><td></td><td></td><td></td><td></td><td></td><td></td></tr>
<tr><td>6</td><td></td><td></td><td></td><td></td><td></td><td></td></tr>
<tr><td rowspan="4">专项技能</td><td>1</td><td></td><td></td><td></td><td></td><td></td><td></td></tr>
<tr><td>2</td><td></td><td></td><td></td><td></td><td></td><td></td></tr>
<tr><td>3</td><td></td><td></td><td></td><td></td><td></td><td></td></tr>
<tr><td>4</td><td></td><td></td><td></td><td></td><td></td><td></td></tr>
<tr><td rowspan="4">工作实践</td><td>1</td><td></td><td></td><td></td><td></td><td></td><td></td></tr>
<tr><td>2</td><td></td><td></td><td></td><td></td><td></td><td></td></tr>
<tr><td>3</td><td></td><td></td><td></td><td></td><td></td><td></td></tr>
<tr><td>4</td><td></td><td></td><td></td><td></td><td></td><td></td></tr>
<tr><td>备注</td><td colspan="7"></td></tr>
</table>

（2）培训任务工作书

表 6–3　培训任务工作书

×× 专业类岗位 ×× 职级培训任务书							
类型	序号	培训课程 / 项目	培训目标	培训内容	考核形式	评价标准	培训资源
理论知识	1						
	2						
	3						
	4						
	5						
	6						
专项技能	1						
	2						
	3						
	4						
工作实践	1						
	2						
	3						
	4						

五、培训课程 / 项目考核

对培训项目的完成情况进行考核，作为各职级实施与考核完成记录和依据，这里需要用到培训课程 / 项目考核表。如表 6–4 所示。

表 6–4　培训课程 / 项目考核表

<table>
<tr><td colspan="3" rowspan="2">培训课程 / 项目考核表</td><td>版次</td><td>A</td></tr>
<tr><td>页码</td><td>1/1</td></tr>
<tr><td>姓名</td><td></td><td>员工号</td><td></td><td>所在部处</td><td></td></tr>
<tr><td colspan="2">专业类岗位名称</td><td></td><td colspan="2">技术岗位授权等级</td><td></td></tr>
<tr><td colspan="6">专业类岗位培训项目考核</td></tr>
<tr><td>课程分类</td><td>序号</td><td>培训课程 / 项目</td><td>单项成绩</td><td>是否合格</td></tr>
<tr><td rowspan="6">理论知识</td><td>1</td><td></td><td></td><td></td></tr>
<tr><td>2</td><td></td><td></td><td></td></tr>
<tr><td>3</td><td></td><td></td><td></td></tr>
<tr><td>4</td><td></td><td></td><td></td></tr>
<tr><td>5</td><td></td><td></td><td></td></tr>
<tr><td>6</td><td></td><td></td><td></td></tr>
<tr><td rowspan="4">专项技能</td><td>1</td><td></td><td></td><td></td></tr>
<tr><td>2</td><td></td><td></td><td></td></tr>
<tr><td>3</td><td></td><td></td><td></td></tr>
<tr><td>4</td><td></td><td></td><td></td></tr>
<tr><td rowspan="4">工作实践</td><td>1</td><td></td><td></td><td></td></tr>
<tr><td>2</td><td></td><td></td><td></td></tr>
<tr><td>3</td><td></td><td></td><td></td></tr>
<tr><td>4</td><td></td><td></td><td></td></tr>
<tr><td>考核结果 1</td><td colspan="4">□合格　　□不合格</td></tr>
<tr><td colspan="5">面试考评</td></tr>
<tr><td colspan="2">考评记录</td><td>评委签字</td><td>评委评分</td><td>平均分</td></tr>
<tr><td colspan="2" rowspan="4">1. 培训总结报告评价（培训总结报告须附后）
2. 面试结果评价</td><td></td><td></td><td rowspan="4"></td></tr>
<tr><td></td><td></td></tr>
<tr><td></td><td></td></tr>
<tr><td></td><td></td></tr>
<tr><td>考评结果 2</td><td colspan="4">□合格　　□不合格</td></tr>
<tr><td>综合考核结果（1+2）</td><td colspan="4">□合格　　□不合格</td></tr>
<tr><td>处级培训工程师编制</td><td></td><td>处级审批</td><td colspan="2"></td></tr>
</table>

六、授权申请

提交授权人申请信息和对岗位要求的培训项目执行情况与考核结果，作为职级聘任的能力记录，涉及的表单工具是技术岗位授权申请表，如表 6-5 所示。

表 6-5　技术岗位授权申请表

<table>
<tr><td colspan="4" rowspan="2">技术岗位授权申请表</td><td>版次</td><td>A</td></tr>
<tr><td>页码</td><td>1/1</td></tr>
<tr><td>姓名</td><td></td><td>员工号</td><td></td><td>所在部处</td><td></td></tr>
<tr><td>专业类岗位名称</td><td></td><td colspan="2">技术岗位授权等级</td><td colspan="2">□ B2　□ B3　□ B4　□ B5　□ B6</td></tr>
<tr><td colspan="6">专业类岗位考核结果确认</td></tr>
<tr><td colspan="2">考核项目</td><td colspan="2">分项考核结果</td><td colspan="2">综合考核结果</td></tr>
<tr><td colspan="2">专业类岗位培训项目考核</td><td colspan="2"></td><td colspan="2" rowspan="2"></td></tr>
<tr><td colspan="2">综合面试考评</td><td colspan="2"></td></tr>
<tr><td colspan="6">技术岗位授权申请审批</td></tr>
<tr><td>是否授权</td><td colspan="5">□是　　□否</td></tr>
<tr><td colspan="2">处级培训工程师编制</td><td></td><td>日期</td><td colspan="2"></td></tr>
<tr><td colspan="2">处级领导审核</td><td></td><td>日期</td><td colspan="2"></td></tr>
<tr><td colspan="2">部门领导批准</td><td></td><td>日期</td><td colspan="2"></td></tr>
<tr><td colspan="6">注：本申请表后附《培训课程 / 项目考核表》</td></tr>
</table>

第三节　国内招标专业类岗位培训大纲

“培训－考核－授权－上岗”关键是岗位培训大纲，岗位培训大纲有六个要素，分别是专业类岗位知识 / 技能培训分析表、专业类岗位培训及授权流程图、专业类岗位培训项目汇总表、培训任务书、培训课程 / 项目考核表和技术岗位授权申请表。

以某公司技术序列员工从事 B2 至 B6 职级技术岗位为例，其试点专业的部门叫“招标管理处”，依据组织机构或者岗位说明书，将相同或者相近的不同层级的岗位进行整合，产生专业类岗位，共划分为国内招标、国际招标、招标管理、供应商管理四类专业类岗位。

我们挑选国内招标专业类岗位，看看它是如何开展培训大纲工作。

一、专业类岗位知识 / 技能培训分析表

表 6-6　国内招标专业类岗位知识 / 技能培训分析表 (B2)

国内招标专业类岗位知识 / 技能培训分析表 (B2)						
岗位任务	知识要求	技能要求	培训课程 / 项目			
			类型	序号	名称	实施方式
协助办理国内招标项目相关程序性、事务性工作	1. 了解招投标基本法律知识 2. 了解国内招标业务流程 3. 熟悉公司招标管理平台的结构和操作	1. 能基本运用相关招投标法律法规指导自己合法合规工作 2. 能进行招标管理平台的基本操作	理论知识	1	设备采购基础知识	课堂培训

续表

<table>
<tr><th colspan="7">国内招标专业类岗位知识 / 技能培训分析表 (B2)</th></tr>
<tr><th rowspan="2">岗位任务</th><th rowspan="2">知识要求</th><th rowspan="2">技能要求</th><th colspan="4">培训课程 / 项目</th></tr>
<tr><th>类型</th><th>序号</th><th>名称</th><th>实施方式</th></tr>
<tr><td rowspan="2">协助办理国内招标项目相关程序性、事务性工作</td><td rowspan="2">1. 了解招投标基本法律知识
2. 了解国内招标业务流程
3. 熟悉公司招标管理平台的结构和操作</td><td rowspan="2">1. 能基本运用相关招投标法律法规指导自己合法合规工作
2. 能进行招标管理平台的基本操作</td><td rowspan="5">理论知识</td><td>2</td><td>企业招投标运作实务</td><td>课堂培训</td></tr>
<tr><td>3</td><td>招标中心管理大纲</td><td>自学</td></tr>
<tr><td rowspan="3">协助评标工作小组，开展国内招标项目评标后勤支持工作</td><td rowspan="3">1. 熟悉 windows 操作系统及常用办公软件
2. 了解国内招标项目评标流程
3. 熟悉国内招标项目评标后勤工作范围和基本要求</td><td rowspan="3">1. 能熟练使用办公软件
2. 能根据工作要求进行相关后勤支持</td><td>4</td><td>招评标管理程序</td><td>自学</td></tr>
<tr><td>5</td><td>招投标法律书籍学习</td><td>自学</td></tr>
<tr><td></td><td></td><td></td></tr>
<tr><td rowspan="2">协助国内招标公共信息数据维护</td><td rowspan="2">1. 熟悉 windows 操作系统及常用办公软件
2. 了解国内招标业务招投标流程
3. 熟悉公司招标管理平台的结构和操作要求</td><td rowspan="2">1. 能熟悉 windows 操作系统及常用办公软件的操作
2. 能理解招投标业务流程各环节、各数据与公司招标管理平台各模块的对应关系
3. 能进行公司招标管理平台基本操作</td><td rowspan="4">专项技能</td><td></td><td></td><td></td></tr>
<tr><td></td><td></td><td></td></tr>
<tr><td rowspan="2">协助与外部国内招标平台和代理机构的日常沟通和协作</td><td rowspan="2">1. 熟悉对外发文模板和发文要求
2. 熟悉国内招标的外部接口关系与联络渠道
3. 掌握对外沟通基本原则和要求</td><td rowspan="2">1. 能按照基本原则和工作要求，较为顺畅地与外界进行沟通和接洽
2. 能大致实现对外沟通与协作的业务目标</td><td></td><td></td><td></td></tr>
<tr><td></td><td></td><td></td></tr>
<tr><td></td><td></td><td></td><td rowspan="3">工作实践</td><td></td><td></td><td></td></tr>
<tr><td rowspan="2"></td><td rowspan="2"></td><td rowspan="2"></td><td></td><td></td><td></td></tr>
<tr><td></td><td></td><td></td></tr>
</table>

表 6-7　国内招标专业类岗位知识 / 技能培训分析表 (B3)

国内招标专业类岗位知识 / 技能培训分析表 (B3)						
岗位任务	知识要求	技能要求	培训课程 / 项目			
			类型	序号	名称	实施方式
负责办理国内招标项目相关程序性、事务性工作	1. 熟悉招投标基本法律知识 2. 熟悉国内招标业务流程 3. 掌握公招标管理平台的结构和操作	1. 能运用相关招投标法律法规指导自己合法合规工作 2. 能正确执行招标管理平台的基本操作	理论知识	1	招投标法	课堂培训
				2	招评标制度体系与流程	课堂培训
				3	招投标法律与实务（初级）	课堂培训
负责国内招标公共信息数据维护	1. 熟悉 windows 操作系统及常用办公软件 2. 熟悉国内招标业务招投标流程 3. 掌握公司招标管理平台的结构和操作要求	1. 能掌握 windows 操作系统及常用办公软件的操作 2. 能掌握招投标业务流程各环节、各数据与公司招标管理平台各模块的对应关系 3. 能正确进行公司招标管理平台各项操作		4	招投标管理理论书籍学习	自学
协助标书审核 / 编制、现场踏勘、答疑组织等工作	1. 了解合同法，了解标准合同文本 2. 了解现场踏勘程序 3. 了解标书答疑要求	1. 能读懂合同文本主要内容、前后章节逻辑关系等 2. 能在老员工的指导下初步组织现场踏勘 3. 能按规定收发标书澄清、答疑函件	专项技能	1	招标管理平台的使用和管理	师徒制
参与协助评标委员会，开展国内招标项目评标支持工作	1. 掌握 windows 操作系统及常用办公软件 2. 熟悉国内招标项目评标流程和评标支持要领	1. 能熟练使用办公软件 2. 能根据工作要求，进行基本评标支持				
			工作实践	1	参与并协助完成 2 个一般国内招标项目	师徒制

表 6-8　国内招标专业类岗位知识 / 技能培训分析表 (B4)

国内招标专业类岗位知识 / 技能培训分析表 (B4)						
岗位任务	知识要求	技能要求	培训课程 / 项目			
			类型	序号	名称	实施方式
负责指导初级员工办理国内招标项目相关程序性、事务性工作	1. 掌握招投标基本法律知识 2. 掌握国内招标业务流程 3. 掌握公司招标管理平台的结构和操作	1. 能运用相关招投标法律法规指导他人合法合规工作 2. 能全面正确执行招标管理平台的各项操作	理论知识	1	采购管理实务	课堂培训
				2	合同法	课堂培训
				3	招投标法律与实务（中级）	课堂培训
负责标书审核 / 编制、现场踏勘、答疑组织等工作	1. 熟悉合同法熟悉标准合同文本 2. 熟悉现场踏勘程序 3. 熟悉标书答疑要求	1. 能独立审核编制标书等 2. 能独立组织现场踏勘 3. 能按规定熟练处理标书澄清答疑		4	招投标实务类书籍学习	自学
负责协助评标委员会，开展国内招标项目评标支持工作	1. 精通 windows 操作系统及常用办公软件 2. 掌握国内招标项目评标流程和评标支持要领	1. 能熟练使用办公软件 2. 能根据工作要求，进行全面评标支持	专项技能			
协助处理国内招标质疑	1. 具备一定的沟通技巧 2. 熟悉质疑处理流程	1. 能对各类质疑进行基本分析 2. 能处理一般性常见质疑				
			工作实践	1	负责并完成 2 个一般国内招标项目	师徒制

表 6–9　国内招标专业类岗位知识 / 技能培训分析表 (B5)

<table>
<tr><th colspan="7">国内招标专业类岗位知识 / 技能培训分析表 (B5)</th></tr>
<tr><th rowspan="2">岗位任务</th><th rowspan="2">知识要求</th><th rowspan="2">技能要求</th><th colspan="4">培训课程 / 项目</th></tr>
<tr><th>类型</th><th>序号</th><th>名称</th><th>实施方式</th></tr>
<tr><td rowspan="3">参与重大国内招标项目的招标工作</td><td rowspan="3">1. 掌握招投标相关法律法规
2. 熟悉重大国内招标实务知识与技巧</td><td rowspan="3">1. 能对重大国内招标项目的风险进行预判，并给出相应预案
2. 能处理重大国内招标项目招标过程中的基本异常事项</td><td rowspan="6">理论知识</td><td>1</td><td>规范化招标</td><td>课堂培训</td></tr>
<tr><td>2</td><td>招评标问题分析</td><td>课堂培训</td></tr>
<tr><td>3</td><td>评标办法的编制</td><td>课堂培训</td></tr>
<tr><td rowspan="3">协助国内招标业务相关流程和制度的建设和维护</td><td rowspan="3">1. 熟悉公司程序编制知识
2. 掌握招投标相关法律法规
3. 熟悉国内招标实务知识</td><td rowspan="3">1. 能独立编制程序
2. 能对现有招标流程、制度进行综合分析</td><td>4</td><td>招投标法律与实务（高级）</td><td>课堂培训</td></tr>
<tr><td>5</td><td>招投标实务类书籍学习</td><td>自学</td></tr>
<tr><td></td><td></td><td></td></tr>
<tr><td rowspan="2">负责国内招标业务指导与咨询</td><td rowspan="2">负责国内招标业务指导与咨询</td><td rowspan="2">1. 能对他人进行招标知识体系培训
2. 能结合项目特点，对国内招标业务给出实操意见和建议</td><td rowspan="4">专项技能</td><td></td><td></td><td></td></tr>
<tr><td></td><td></td><td></td></tr>
<tr><td rowspan="2">负责处理国内招标质疑</td><td rowspan="2">1. 具备良好的沟通技巧
2. 熟练掌握质疑处理流程</td><td rowspan="2">1. 能对各类质疑进行综合分析，给出相关处理建议
2. 能技巧性地处理各种质疑</td><td></td><td></td><td></td></tr>
<tr><td></td><td></td><td></td></tr>
<tr><td rowspan="2"></td><td rowspan="2"></td><td rowspan="2"></td><td rowspan="4">工作实践</td><td>1</td><td>负责并完成2个重大国内招标项目或国内招标质疑事项的处理</td><td>师徒制</td></tr>
<tr><td></td><td></td><td></td></tr>
<tr><td rowspan="2"></td><td rowspan="2"></td><td rowspan="2"></td><td></td><td></td><td></td></tr>
<tr><td></td><td></td><td></td></tr>
</table>

表 6-10　国内招标专业类岗位知识 / 技能培训分析表 (B6)

<table>
<tr><th colspan="7">国内招标专业类岗位知识 / 技能培训分析表 (B6)</th></tr>
<tr><th rowspan="2">岗位任务</th><th rowspan="2">知识要求</th><th rowspan="2">技能要求</th><th colspan="4">培训课程 / 项目</th></tr>
<tr><th>类型</th><th>序号</th><th>名称</th><th>实施方式</th></tr>
<tr><td rowspan="3">负责重大国内招标项目的招标工作</td><td rowspan="3">1. 精通招投标相关法律法规
2. 掌握重大国内招标实务知识与技巧</td><td rowspan="3">1. 能对重大国内招标项目进行合理、全面的采购策划
2. 能熟练处理重大国内招标项目招标过程中的各种异常事项</td><td rowspan="6">理论知识</td><td>1</td><td>评标专家及专家库管理制度</td><td>自学</td></tr>
<tr><td>2</td><td>质疑与投诉处理</td><td>自学</td></tr>
<tr><td></td><td></td><td></td></tr>
<tr><td rowspan="3">参与招投标政策研究，为国内招标业务提供参考意见</td><td rowspan="3">1. 具备系统的招投标法律法规知识体系
2. 具备项目管理、工程设计、设备采购、施工安装、安全质保等基础知识
3. 熟悉所负责领域的市场情况</td><td rowspan="3">能进行招投标政策研究，并提出有价值的参考性意见</td><td></td><td></td><td></td></tr>
<tr><td></td><td></td><td></td></tr>
<tr><td></td><td></td><td></td></tr>
<tr><td rowspan="2">负责组织国内招标经验交流，优化招标业务</td><td rowspan="2">1. 熟悉公司经验反馈制度及平台的使用
2. 熟悉工程建设项目施工招标投标、货物招标投标、项目勘察设计招标投标管理的相关规定及运用</td><td rowspan="2">1. 能对经验反馈进行有效性、可行性验证
2. 能根据实际情况对有关程序进行升级</td><td rowspan="4">专项技能</td><td></td><td></td><td></td></tr>
<tr><td></td><td></td><td></td></tr>
<tr><td rowspan="2">协助国内招标评标专家库建设和评标专家管理</td><td rowspan="2">1. 熟悉专家库结构
2. 熟悉专家库管理程序和评标专家管理程序
3. 熟悉评标委员会的运作方式</td><td rowspan="2">1. 能协助开展专家入库出库等相关工作
2. 能组织国内招标评标专家培训
3. 能组织国内招标评标专家年度考核</td><td></td><td></td><td></td></tr>
<tr><td></td><td></td><td></td></tr>
<tr><td rowspan="2"></td><td rowspan="2"></td><td rowspan="2"></td><td rowspan="2">工作实践</td><td>1</td><td>完成 2 个对外代理国内招标项目或国内招标异常事项的处理</td><td>师徒制</td></tr>
<tr><td>2</td><td>开展一次国内招标经验交流或培训（内部或外部）</td><td>师徒制</td></tr>
</table>

二、专业类岗位培训及授权流程图

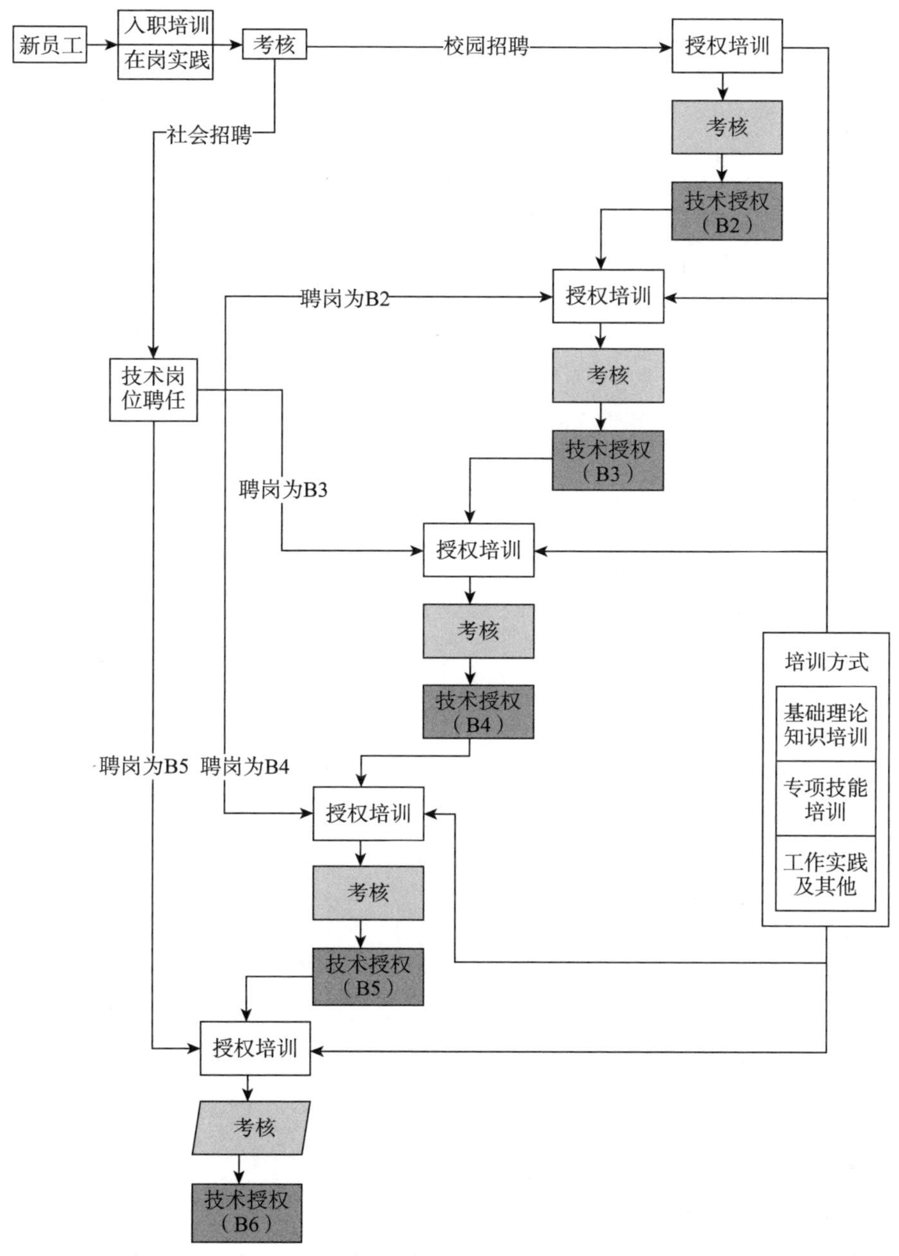

图 6-2　专业类岗位培训及授权流程图

三、专业类岗位培训项目汇总表

表 6-11　国内招标专业类岗位（B2）

<table>
<tr><td colspan="6" rowspan="2">专业类岗位培训项目汇总表</td><td>版次</td><td>A</td></tr>
<tr><td>页码</td><td>1/1</td></tr>
<tr><td colspan="3">部 / 处：</td><td colspan="5">专业类岗位：国内招标专业类岗位（B2）</td></tr>
<tr><td colspan="2">培训目的</td><td colspan="6">通过完成规定的培训课程 / 项目，掌握国内招标专业类岗位员工 B2 职级所要求的知识与技能，促进其胜任岗位工作</td></tr>
<tr><td>类型</td><td>序号</td><td>培训课程 / 项目</td><td>课程编码</td><td>课时</td><td>实施方式</td><td>实施部门</td><td>复训周期</td></tr>
<tr><td rowspan="6">理论知识</td><td>1</td><td>设备采购基础知识</td><td></td><td>4</td><td>课堂培训</td><td></td><td></td></tr>
<tr><td>2</td><td>企业招投标运作实务</td><td></td><td>4</td><td>课堂培训</td><td></td><td></td></tr>
<tr><td>3</td><td>招标中心管理大纲</td><td></td><td>--</td><td>自学</td><td></td><td></td></tr>
<tr><td>4</td><td>招评标管理程序</td><td></td><td>--</td><td>自学</td><td></td><td></td></tr>
<tr><td>5</td><td>招投标法律书籍学习</td><td></td><td>--</td><td>自学</td><td></td><td></td></tr>
<tr><td></td><td></td><td></td><td></td><td></td><td></td><td></td></tr>
<tr><td rowspan="4">专项技能</td><td></td><td></td><td></td><td></td><td></td><td></td><td></td></tr>
<tr><td></td><td></td><td></td><td></td><td></td><td></td><td></td></tr>
<tr><td></td><td></td><td></td><td></td><td></td><td></td><td></td></tr>
<tr><td></td><td></td><td></td><td></td><td></td><td></td><td></td></tr>
<tr><td rowspan="4">工作实践</td><td></td><td></td><td></td><td></td><td></td><td></td><td></td></tr>
<tr><td></td><td></td><td></td><td></td><td></td><td></td><td></td></tr>
<tr><td></td><td></td><td></td><td></td><td></td><td></td><td></td></tr>
<tr><td></td><td></td><td></td><td></td><td></td><td></td><td></td></tr>
<tr><td>备注</td><td colspan="7"></td></tr>
</table>

表 6-12　国内招标专业类岗位（B3）

<table>
<tr><td colspan="6" rowspan="2">专业类岗位培训项目汇总表</td><td>版次</td><td>A</td></tr>
<tr><td>页码</td><td>1/1</td></tr>
<tr><td colspan="3">部 / 处：</td><td colspan="5">专业类岗位：国内招标专业类岗位（B3）</td></tr>
<tr><td>培训目的</td><td colspan="7">通过完成规定的培训课程 / 项目，掌握国内招标专业类岗位员工 B3 职级所要求的知识与技能，促进其胜任岗位工作</td></tr>
<tr><td>类型</td><td>序号</td><td>培训课程 / 项目</td><td>课程编码</td><td>课时</td><td>实施方式</td><td>实施部门</td><td>复训周期</td></tr>
<tr><td rowspan="6">理论知识</td><td>1</td><td>招投标法</td><td></td><td>4</td><td>课堂培训</td><td></td><td></td></tr>
<tr><td>2</td><td>招评标制度体系与流程</td><td></td><td>4</td><td>课堂培训</td><td></td><td></td></tr>
<tr><td>3</td><td>招投标法律与实务（初级）</td><td></td><td>2</td><td>课堂培训</td><td></td><td></td></tr>
<tr><td>4</td><td>招投标管理理论书籍学习</td><td></td><td>--</td><td>自学</td><td></td><td></td></tr>
<tr><td></td><td></td><td></td><td></td><td></td><td></td><td></td></tr>
<tr><td></td><td></td><td></td><td></td><td></td><td></td><td></td></tr>
<tr><td rowspan="4">专项技能</td><td>1</td><td>招标管理平台的使用和管理</td><td></td><td>4</td><td>师徒制</td><td></td><td></td></tr>
<tr><td></td><td></td><td></td><td></td><td></td><td></td><td></td></tr>
<tr><td></td><td></td><td></td><td></td><td></td><td></td><td></td></tr>
<tr><td></td><td></td><td></td><td></td><td></td><td></td><td></td></tr>
<tr><td rowspan="4">工作实践</td><td>1</td><td>参与并协助完成 2 个一般国内招标项目</td><td></td><td>--</td><td>师徒制</td><td></td><td></td></tr>
<tr><td></td><td></td><td></td><td></td><td></td><td></td><td></td></tr>
<tr><td></td><td></td><td></td><td></td><td></td><td></td><td></td></tr>
<tr><td></td><td></td><td></td><td></td><td></td><td></td><td></td></tr>
<tr><td>备注</td><td colspan="7"></td></tr>
</table>

表 6-13 国内招标专业类岗位（B4）

<table>
<tr><td colspan="6" rowspan="2">专业类岗位培训项目汇总表</td><td>版次</td><td>A</td></tr>
<tr><td>页码</td><td>1/1</td></tr>
<tr><td colspan="4">部 / 处：</td><td colspan="4">专业类岗位：国内招标专业类岗位（B4）</td></tr>
<tr><td colspan="2">培训目的</td><td colspan="6">通过完成规定的培训课程 / 项目，掌握国内招标专业类岗位员工 B4 职级所要求的知识与技能，促进其胜任岗位工作</td></tr>
<tr><td>类型</td><td>序号</td><td>培训课程 / 项目</td><td>课程编码</td><td>课时</td><td>实施方式</td><td>实施部门</td><td>复训周期</td></tr>
<tr><td rowspan="6">理论知识</td><td>1</td><td>采购管理实务</td><td></td><td>4</td><td>课堂培训</td><td></td><td></td></tr>
<tr><td>2</td><td>合同法</td><td></td><td>4</td><td>课堂培训</td><td></td><td></td></tr>
<tr><td>3</td><td>招投标法律与实务（中级）</td><td></td><td>2</td><td>课堂培训</td><td></td><td></td></tr>
<tr><td>4</td><td>招投标实务类书籍学习</td><td></td><td>--</td><td>自学</td><td></td><td></td></tr>
<tr><td></td><td></td><td></td><td></td><td></td><td></td><td></td></tr>
<tr><td></td><td></td><td></td><td></td><td></td><td></td><td></td></tr>
<tr><td rowspan="4">专项技能</td><td></td><td></td><td></td><td></td><td></td><td></td><td></td></tr>
<tr><td></td><td></td><td></td><td></td><td></td><td></td><td></td></tr>
<tr><td></td><td></td><td></td><td></td><td></td><td></td><td></td></tr>
<tr><td></td><td></td><td></td><td></td><td></td><td></td><td></td></tr>
<tr><td rowspan="4">工作实践</td><td>1</td><td>负责并完成 2 个一般国内招标项目</td><td></td><td>--</td><td>师徒制</td><td></td><td></td></tr>
<tr><td></td><td></td><td></td><td></td><td></td><td></td><td></td></tr>
<tr><td></td><td></td><td></td><td></td><td></td><td></td><td></td></tr>
<tr><td></td><td></td><td></td><td></td><td></td><td></td><td></td></tr>
<tr><td>备注</td><td colspan="7"></td></tr>
</table>

表 6–14　国内招标专业类岗位（B5）

<table>
<tr><td colspan="6">专业类岗位培训项目汇总表</td><td>版次</td><td>A</td></tr>
<tr><td colspan="6"></td><td>页码</td><td>1/1</td></tr>
<tr><td colspan="3">部 / 处：</td><td colspan="5">专业类岗位：国内招标专业类岗位（B5）</td></tr>
<tr><td colspan="2">培训目的</td><td colspan="6">通过完成规定的培训课程 / 项目，掌握国内招标专业类岗位员工 B5 职级所要求的知识与技能，促进其胜任岗位工作</td></tr>
<tr><td>类型</td><td>序号</td><td>培训课程 / 项目</td><td>课程编码</td><td>课时</td><td>实施方式</td><td>实施部门</td><td>复训周期</td></tr>
<tr><td rowspan="6">理论知识</td><td>1</td><td>规范化招标</td><td></td><td>2</td><td>课堂培训</td><td></td><td></td></tr>
<tr><td>2</td><td>招评标问题分析</td><td></td><td>2</td><td>课堂培训</td><td></td><td></td></tr>
<tr><td>3</td><td>评标办法的编制</td><td></td><td>2</td><td>课堂培训</td><td></td><td></td></tr>
<tr><td>4</td><td>招投标法律与实务（高级）</td><td></td><td>2</td><td>课堂培训</td><td></td><td></td></tr>
<tr><td>5</td><td>招投标实务类书籍学习</td><td></td><td>--</td><td>自学</td><td></td><td></td></tr>
<tr><td></td><td></td><td></td><td></td><td></td><td></td><td></td></tr>
<tr><td rowspan="4">专项技能</td><td></td><td></td><td></td><td></td><td></td><td></td><td></td></tr>
<tr><td></td><td></td><td></td><td></td><td></td><td></td><td></td></tr>
<tr><td></td><td></td><td></td><td></td><td></td><td></td><td></td></tr>
<tr><td></td><td></td><td></td><td></td><td></td><td></td><td></td></tr>
<tr><td rowspan="4">工作实践</td><td>1</td><td>负责并完成 2 个重大国内招标项目或国内招标质疑事项的处理</td><td></td><td>--</td><td>师徒制</td><td></td><td></td></tr>
<tr><td></td><td></td><td></td><td></td><td></td><td></td><td></td></tr>
<tr><td></td><td></td><td></td><td></td><td></td><td></td><td></td></tr>
<tr><td></td><td></td><td></td><td></td><td></td><td></td><td></td></tr>
<tr><td>备注</td><td colspan="7"></td></tr>
</table>

表 6-15　国内招标专业类岗位（B6）

<table>
<tr><td colspan="6" rowspan="2">专业类岗位培训项目汇总表</td><td>版次</td><td>A</td></tr>
<tr><td>页码</td><td>1/1</td></tr>
<tr><td colspan="4">部 / 处：</td><td colspan="4">专业类岗位：国内招标专业类岗位（B6）</td></tr>
<tr><td>培训目的</td><td colspan="7">通过完成规定的培训课程 / 项目，掌握国内招标专业类岗位员工 B6 职级所要求的知识与技能，促进其胜任岗位工作</td></tr>
<tr><td>类型</td><td>序号</td><td>培训课程 / 项目</td><td>课程编码</td><td>课时</td><td>实施方式</td><td>实施部门</td><td>复训周期</td></tr>
<tr><td rowspan="6">理论知识</td><td>1</td><td>评标专家及专家库管理制</td><td></td><td>--</td><td>自学</td><td></td><td></td></tr>
<tr><td>2</td><td>质疑与投诉处理</td><td></td><td>--</td><td>自学</td><td></td><td></td></tr>
<tr><td></td><td></td><td></td><td></td><td></td><td></td><td></td></tr>
<tr><td></td><td></td><td></td><td></td><td></td><td></td><td></td></tr>
<tr><td></td><td></td><td></td><td></td><td></td><td></td><td></td></tr>
<tr><td></td><td></td><td></td><td></td><td></td><td></td><td></td></tr>
<tr><td rowspan="4">专项技能</td><td></td><td></td><td></td><td></td><td></td><td></td><td></td></tr>
<tr><td></td><td></td><td></td><td></td><td></td><td></td><td></td></tr>
<tr><td></td><td></td><td></td><td></td><td></td><td></td><td></td></tr>
<tr><td></td><td></td><td></td><td></td><td></td><td></td><td></td></tr>
<tr><td rowspan="4">工作实践</td><td>1</td><td>完成 2 个对外代理国内招标项目或国内招标异常事项的处理</td><td></td><td>--</td><td>师徒制</td><td></td><td></td></tr>
<tr><td>2</td><td>开展一次国内招标经验交流或培训（内部或外部）</td><td></td><td>--</td><td>师徒制</td><td></td><td></td></tr>
<tr><td></td><td></td><td></td><td></td><td></td><td></td><td></td></tr>
<tr><td></td><td></td><td></td><td></td><td></td><td></td><td></td></tr>
<tr><td>备注</td><td colspan="7"></td></tr>
</table>

四、培训任务书

表 6–16　国内招标专业类岗位 B2 职级培训任务书

国内招标专业类岗位 B2 职级培训任务书							
类型	序号	培训课程 / 项目	培训目标	培训内容	考核形式	评价标准	培训资源
理论知识	1	设备采购基础知识	通过参加培训，可以陈述设备采购的分类及主要流程	1. 公司设备采购的相关制度介绍 2. 公司设备采购的基本操作流程 3. 简单案例分析	参加考试	成绩合格	部门课程（待开发）
	2	企业招投标运作实务	通过培训，可以陈述国内外招投标的主要模式和运作规范，熟练掌握企业招投标管理流程	1. 企业采购招投标的模式及其运作 2. 项目采购招标的策划流程与关键点分析 3. 招投标的博弈过程特点与应对策略 4. 招投标的风险分析与风险评估	提交报告	通过考评	公司课程（成熟）
	3	招标中心管理大纲	通过自学该程序，可以陈述招标中心的职能定位、运作管理和经营模式	1. 职能与定位 2. 职责分工 3. 经营与运作模式 4. 专家管理 5. 供应商管理 6. 招标平台管理	参加考试	成绩合格	部门课程（成熟）
	4	招投标管理程序	通过自学该程序，可以陈述招标管理处的职能、一般招标流程及各部门之间的分工	1. 招标管理基本原则 2. 国际公开招标流程 3. 其他招标流程	参加考试	通过考评	专业书籍或程序
	5	招投标法律书籍学习	通过自学，可以陈述部分招投标管理法律基础知识	本招投标管理法律法规类相关书籍	提交报告	通过考评	专业书籍或程序

表 6-17　国内招标专业类岗位 B3 职级培训任务书

国内招标专业类岗位 B3 职级培训任务书							
类型	序号	培训课程 / 项目	培训目标	培训内容	考核形式	评价标准	培训资源
理论知识	1	招投标法	通过培训，可以识别招标投标过程中的风险，并能陈述风险控制的基本原理	1. 学习招标投标法的目的、意义和作用 2. 相关法律法规和范本 3. 学习掌握招标投标法的若干条例	提交报告	通过考评	外部课程
	2	招评标制度体系与流程	通过培训，可以陈述招评标制度体系的框架性内容与基本流程	1. 招评标制度体系 2. 招评标流程	参加考试	成绩合格	部门课程
	3	招投标法律与实务（初级）	通过培训，可以识别招投标行业现状、招投标基础知识及公司招投标制度历史	1. 招标投标的行业现状 2. 公司招标投标制度的探索与实践 3. 招标方式 4. 招标组织形式 5. 招标的基本特征 6. 招标与非招标	参加考试	成绩合格	部门课程
	4	招投标管理理论书籍学习	通过自学，可以陈述部分招投标管理理论知识	本招投标管理理论类书籍	提交报告	通过考评	专业书籍或程序
专项技能	1	招标管理平台的使用和管理	通过培训，可以熟练掌握招标管理平台的操作要领	1. 招标管理平台的使用 2. 招标管理平台的管理	参加考试	通过考评	工作任务
工作实践	1	参与并协助完成 2 个一般国内招标项目	通过实践，可以协助完成一般国内招标项目的操作	1. 一般国内招标项目流程操作 2. 一般国内招标项目风险分析及应对	提交报告	通过考评	工作任务

表 6-18　国内招标专业类岗位 B4 职级培训任务书

国内招标专业类岗位 B4 职级培训任务书							
类型	序号	培训课程 / 项目	培训目标	培训内容	考核形式	评价标准	培训资源
理论知识	1	采购管理实务	通过培训，可以识别采购管理人员的角色与功能，陈述采购的流程	1. 认清采购者之角色与功能 2. 采购流程与绩效评估 3. 采购与供货商管理	提交报告	通过考评	公司课程（成熟）
	2	合同法	通过培训，可以识别合同法较难理解的条款中的方向性问题	1. 一般规定 2. 合同的订立 3. 合同的效力 4. 合同的履行 5. 合同的变更和转让 6. 合同的权利、义务终止 7. 违约责任 8. 其他规定	提交报告	通过考评	公司课程（成熟）
	3	招投标法律与实务（中级）	通过培训，可以识别招投标基本概念和基础知识	1. 招标与非招标 2. 招标投标活动的主体 3. 招标人的权利 4. 评标委员会 5. 招标代理机构 6. 行政监督机构	参加考试	成绩合格	部门课程（待开发）
	4	招投标实务类书籍学习	通过自学，可以陈述部分招投标实务类知识	本招投标实务类书籍	提交报告	通过考评	专业书籍或程序
工作实践	1	负责并完成2个一般国内招标项目	通过实践操作，可以熟练掌握一般国内招标项目的操作流程，并应用于实际项目	通过实践操作，可以熟练掌握一般国内招标项目的操作流程，并应用于实际项目	提交报告	通过考评	工作任务

表 6–19　国内招标专业类岗位 B5 职级培训任务书

国内招标专业类岗位 B5 职级培训任务书							
类型	序号	培训课程 / 项目	培训目标	培训内容	考核形式	评价标准	培训资源
理论知识	1	规范化招标	通过培训，可以陈述规范化招标的要点，并在实际工作中加以应用	1. 规范化招标的要点 2. 相关法律规定 3. 招标小组 VS 评标委员会 4. 招标流程	参加考试	成绩合格	公司课程（成熟）
	2	招评标问题分析	通过培训，可以识别招评标过程中常见问题，陈述解决办法	1. 资格审查中的问题 2. 二阶段招标中的问题 3. 开标中的问题 4. 评标中的问题	参加考试	成绩合格	公司课程（成熟）
	3	评标办法的编制	通过培训，陈述评标办法的编制与注意事项	1. 评标办法的组成内容 2. 注意事项 3. 评标价 4. 缺项 / 缺量 VS 增项 / 增量	参加考试	成绩合格	公司课程（成熟）
	4	招投标法律与实务（高级）	通过培训，可以陈述招投标法律知识及实际操作要领，熟练掌握对各种风险进行识别和处理的技巧	1. 招标和非招标 2. 法律要求与实际执行情况 3. 国际招标与非国际招标 4. 法定招标流程 5. 招标实务中宜坚持的原则 6. 招标实务：评标办法	参加考试	成绩合格	部门课程（待开发）
	5	招投标实务类书籍学习	通过自学，熟练掌握招投标管理实务知识，并可以陈述实务操作要领，并能应用于实际工作	1~2 本招投标管理实务类书籍	提交报告	通过考评	专业书籍或程序
工作实践	1	负责并完成 2 个重大国内招标项目或国内招标质疑事项的处理	通过参加在岗实践，可以陈述重大国内招标项目流程及注意事项	1. 重大国内招标项目流程操作 2. 重大国内招标项目风险分析及应对	提交报告	通过考评	工作任务

表 6-20　国内招标专业类岗位 B6 职级培训任务书

国内招标专业类岗位 B6 职级培训任务书							
类型	序号	培训课程 / 项目	培训目标	培训内容	考核形式	评价标准	培训资源
理论知识	1	评标专家及专家库管理制度	通过自学该程序，可以陈述评标专家入库手续、专家的权利与义务、专家抽取管理、专家的管理与考核等	1. 专家的入库管理 2. 专家抽取管理 3. 专家的管理与考核 4. 专家费的支付	参加考试	成绩合格	专业书籍或程序
	2	质疑与投诉处理	通过自学，可以掌握投诉和质疑的基本处理原则和程序，并应用于实际工作	质疑与投诉处理的工作流程案例分析	提交报告	通过考评	其他资源
工作实践	1	完成 2 个对外代理国内招标项目或国内招标异常事项的处理	通过在岗实践，可以陈述对外招标代理流程及注意事项	1. 对外代理招标项目流程操作 2. 对外代理招标项目风险分析及应对	提交报告	通过考评	工作任务
	2	开展一次国内招标经验交流或培训（内部或外部）	通过在岗实践，可以熟练掌握国内招标的重点、难点问题的解决方法，并应用于实务操作	1. 国内招标实务中存在的重点、难点问题分析 2. 案例分析	提交报告	通过考评	工作任务

五、培训课程 / 项目考核表

表 6-21　培训课程 / 项目考核表（B2）

培训课程 / 项目考核表				版次	A
				页码	1/1
姓名		员工号		所在部处	
专业类岗位名称		国内招标	技术岗位授权等级		B2 职级
专业类岗位培训项目考核					
课程分类	序号	培训课程 / 项目		单项成绩	是否合格
理论知识	1	设备采购基础知识			

续表

<table>
<tr><th colspan="5">专业类岗位培训项目考核</th></tr>
<tr><th>课程分类</th><th>序号</th><th>培训课程 / 项目</th><th>单项成绩</th><th>是否合格</th></tr>
<tr><td rowspan="4">理论知识</td><td>2</td><td>企业招投标运作实务</td><td></td><td></td></tr>
<tr><td>3</td><td>招标中心管理大纲</td><td></td><td></td></tr>
<tr><td>4</td><td>招评标管理程序</td><td></td><td></td></tr>
<tr><td>5</td><td>招投标法律书籍学习</td><td></td><td></td></tr>
<tr><td rowspan="4">专项技能</td><td></td><td></td><td></td><td></td></tr>
<tr><td></td><td></td><td></td><td></td></tr>
<tr><td></td><td></td><td></td><td></td></tr>
<tr><td></td><td></td><td></td><td></td></tr>
<tr><td rowspan="4">工作实践</td><td></td><td></td><td></td><td></td></tr>
<tr><td></td><td></td><td></td><td></td></tr>
<tr><td></td><td></td><td></td><td></td></tr>
<tr><td></td><td></td><td></td><td></td></tr>
<tr><td>考核结果 1</td><td colspan="4">□合格　　□不合格</td></tr>
<tr><th colspan="5">面试考评</th></tr>
<tr><th colspan="2">考评记录</th><th>评委签字</th><th>评委评分</th><th>平均分</th></tr>
<tr><td colspan="2" rowspan="4">1. 培训总结报告评价（培训总结报告须附后）
2. 面试结果评价</td><td></td><td></td><td rowspan="4"></td></tr>
<tr><td></td><td></td></tr>
<tr><td></td><td></td></tr>
<tr><td></td><td></td></tr>
<tr><td>考评结果 2</td><td colspan="4">□合格　　□不合格</td></tr>
<tr><td>综合考核结果（1+2）</td><td colspan="4">□合格　　□不合格</td></tr>
<tr><td>处级培训工程师编制</td><td></td><td colspan="2">处级审批</td><td></td></tr>
</table>

表 6–22　培训课程 / 项目考核表（B3）

<table>
<tr><td colspan="4" rowspan="2">培训课程 / 项目考核表</td><td>版次</td><td>A</td></tr>
<tr><td>页码</td><td>1/1</td></tr>
<tr><td>姓名</td><td></td><td>员工号</td><td></td><td>所在部处</td><td></td></tr>
<tr><td colspan="2">专业类岗位名称</td><td>国内招标</td><td colspan="2">技术岗位授权等级</td><td>B3 职级</td></tr>
<tr><td colspan="6">专业类岗位培训项目考核</td></tr>
<tr><td>课程分类</td><td>序号</td><td colspan="2">培训课程 / 项目</td><td>单项成绩</td><td>是否合格</td></tr>
<tr><td rowspan="6">理论知识</td><td>1</td><td colspan="2">招投标法</td><td></td><td></td></tr>
<tr><td>2</td><td colspan="2">招评标制度体系与流程</td><td></td><td></td></tr>
<tr><td>3</td><td colspan="2">招投标法律与实务（初级）</td><td></td><td></td></tr>
<tr><td>4</td><td colspan="2">招投标管理理论书籍学习</td><td></td><td></td></tr>
<tr><td></td><td colspan="2"></td><td></td><td></td></tr>
<tr><td></td><td colspan="2"></td><td></td><td></td></tr>
<tr><td rowspan="4">专项技能</td><td>1</td><td colspan="2">招标管理平台的使用和管理</td><td></td><td></td></tr>
<tr><td></td><td colspan="2"></td><td></td><td></td></tr>
<tr><td></td><td colspan="2"></td><td></td><td></td></tr>
<tr><td></td><td colspan="2"></td><td></td><td></td></tr>
<tr><td rowspan="4">工作实践</td><td>1</td><td colspan="2">参与并协助完成 2 个一般国内招标项目</td><td></td><td></td></tr>
<tr><td></td><td colspan="2"></td><td></td><td></td></tr>
<tr><td></td><td colspan="2"></td><td></td><td></td></tr>
<tr><td></td><td colspan="2"></td><td></td><td></td></tr>
<tr><td>考核结果 1</td><td colspan="5">□合格　　□不合格</td></tr>
<tr><td colspan="6">面试考评</td></tr>
<tr><td colspan="3">考评记录</td><td>评委签字</td><td>评委评分</td><td>平均分</td></tr>
<tr><td colspan="3" rowspan="4">1. 培训总结报告评价（培训总结报告须附后）
2. 面试结果评价</td><td></td><td></td><td rowspan="4"></td></tr>
<tr><td></td><td></td></tr>
<tr><td></td><td></td></tr>
<tr><td></td><td></td></tr>
<tr><td colspan="2">考评结果 2</td><td colspan="4">□合格　　□不合格</td></tr>
<tr><td colspan="2">综合考核结果（1+2）</td><td colspan="4">□合格　　□不合格</td></tr>
<tr><td colspan="2">处级培训工程师编制</td><td></td><td colspan="2">处级审批</td><td></td></tr>
</table>

表 6–23　培训课程 / 项目考核表（B4）

<table>
<tr><td colspan="4" rowspan="2">培训课程 / 项目考核表</td><td>版次</td><td>A</td></tr>
<tr><td>页码</td><td>1/1</td></tr>
<tr><td>姓名</td><td></td><td>员工号</td><td></td><td>所在部处</td><td></td></tr>
<tr><td colspan="2">专业类岗位名称</td><td>国内招标</td><td colspan="2">技术岗位授权等级</td><td>B4 职级</td></tr>
<tr><td colspan="6">专业类岗位培训项目考核</td></tr>
<tr><td>课程分类</td><td>序号</td><td colspan="2">培训课程 / 项目</td><td>单项成绩</td><td>是否合格</td></tr>
<tr><td rowspan="5">理论知识</td><td>1</td><td colspan="2">采购管理实务</td><td></td><td></td></tr>
<tr><td>2</td><td colspan="2">合同法</td><td></td><td></td></tr>
<tr><td>3</td><td colspan="2">招投标法律与实务（中级）</td><td></td><td></td></tr>
<tr><td>4</td><td colspan="2">招投标实务类书籍学习</td><td></td><td></td></tr>
<tr><td></td><td colspan="2"></td><td></td><td></td></tr>
<tr><td rowspan="4">专项技能</td><td></td><td colspan="2"></td><td></td><td></td></tr>
<tr><td></td><td colspan="2"></td><td></td><td></td></tr>
<tr><td></td><td colspan="2"></td><td></td><td></td></tr>
<tr><td></td><td colspan="2"></td><td></td><td></td></tr>
<tr><td rowspan="4">工作实践</td><td>1</td><td colspan="2">负责并完成 2 个一般国内招标项目</td><td></td><td></td></tr>
<tr><td></td><td colspan="2"></td><td></td><td></td></tr>
<tr><td></td><td colspan="2"></td><td></td><td></td></tr>
<tr><td></td><td colspan="2"></td><td></td><td></td></tr>
<tr><td>考核结果 1</td><td colspan="5">□合格　　□不合格</td></tr>
<tr><td colspan="6">面试考评</td></tr>
<tr><td colspan="3">考评记录</td><td>评委签字</td><td>评委评分</td><td>平均分</td></tr>
<tr><td colspan="3" rowspan="4">1. 培训总结报告评价（培训总结报告须附后）
2. 面试结果评价</td><td></td><td></td><td rowspan="4"></td></tr>
<tr><td></td><td></td></tr>
<tr><td></td><td></td></tr>
<tr><td></td><td></td></tr>
<tr><td colspan="2">考评结果 2</td><td colspan="4">□合格　　□不合格</td></tr>
<tr><td colspan="2">综合考核结果（1+2）</td><td colspan="4">□合格　　□不合格</td></tr>
<tr><td colspan="2">处级培训工程师编制</td><td></td><td colspan="2">处级审批</td><td></td></tr>
</table>

表 6-24　培训课程 / 项目考核表（B5）

<table>
<tr><td colspan="4" rowspan="2">培训课程 / 项目考核表</td><td>版次</td><td>A</td></tr>
<tr><td>页码</td><td>1/1</td></tr>
<tr><td>姓名</td><td></td><td>员工号</td><td></td><td>所在部处</td><td></td></tr>
<tr><td colspan="2">专业类岗位名称</td><td>国内招标</td><td colspan="2">技术岗位授权等级</td><td>B5 职级</td></tr>
<tr><td colspan="6">专业类岗位培训项目考核</td></tr>
<tr><td>课程分类</td><td>序号</td><td colspan="2">培训课程 / 项目</td><td>单项成绩</td><td>是否合格</td></tr>
<tr><td rowspan="5">理论知识</td><td>1</td><td colspan="2">规范化招标</td><td></td><td></td></tr>
<tr><td>2</td><td colspan="2">招评标问题分析</td><td></td><td></td></tr>
<tr><td>3</td><td colspan="2">评标办法的编制</td><td></td><td></td></tr>
<tr><td>4</td><td colspan="2">招投标法律与实务（高级）</td><td></td><td></td></tr>
<tr><td>5</td><td colspan="2">招投标实务类书籍学习</td><td></td><td></td></tr>
<tr><td rowspan="4">专项技能</td><td></td><td colspan="2"></td><td></td><td></td></tr>
<tr><td></td><td colspan="2"></td><td></td><td></td></tr>
<tr><td></td><td colspan="2"></td><td></td><td></td></tr>
<tr><td></td><td colspan="2"></td><td></td><td></td></tr>
<tr><td rowspan="4">工作实践</td><td>1</td><td colspan="2">负责并完成 2 个重大国内招标项目或国内招标质疑事项的处理</td><td></td><td></td></tr>
<tr><td></td><td colspan="2"></td><td></td><td></td></tr>
<tr><td></td><td colspan="2"></td><td></td><td></td></tr>
<tr><td></td><td colspan="2"></td><td></td><td></td></tr>
<tr><td>考核结果 1</td><td colspan="5">□合格　　□不合格</td></tr>
<tr><td colspan="6">面试考评</td></tr>
<tr><td colspan="3">考评记录</td><td>评委签字</td><td>评委评分</td><td>平均分</td></tr>
<tr><td colspan="3" rowspan="4">1. 培训总结报告评价（培训总结报告须附后）
2. 面试结果评价</td><td></td><td></td><td rowspan="4"></td></tr>
<tr><td></td><td></td></tr>
<tr><td></td><td></td></tr>
<tr><td></td><td></td></tr>
<tr><td colspan="2">考评结果 2</td><td colspan="4">□合格　　□不合格</td></tr>
<tr><td colspan="2">综合考核结果（1+2）</td><td colspan="4">□合格　　□不合格</td></tr>
<tr><td colspan="2">处级培训工程师编制</td><td></td><td colspan="2">处级审批</td><td></td></tr>
</table>

表 6-25　培训课程 / 项目考核表（B6）

<table>
<tr><td colspan="4" rowspan="2">培训课程 / 项目考核表</td><td>版次</td><td>A</td></tr>
<tr><td>页码</td><td>1/1</td></tr>
<tr><td>姓名</td><td></td><td>员工号</td><td></td><td>所在部处</td><td></td></tr>
<tr><td>专业类岗位名称</td><td colspan="2">国内招标</td><td colspan="2">技术岗位授权等级</td><td>B6 职级</td></tr>
<tr><td colspan="6">专业类岗位培训项目考核</td></tr>
<tr><td>课程分类</td><td>序号</td><td colspan="2">培训课程 / 项目</td><td>单项成绩</td><td>是否合格</td></tr>
<tr><td rowspan="5">理论知识</td><td>1</td><td colspan="2">评标专家及专家库管理制度</td><td></td><td></td></tr>
<tr><td>2</td><td colspan="2">质疑与投诉处理</td><td></td><td></td></tr>
<tr><td></td><td colspan="2"></td><td></td><td></td></tr>
<tr><td></td><td colspan="2"></td><td></td><td></td></tr>
<tr><td></td><td colspan="2"></td><td></td><td></td></tr>
<tr><td rowspan="4">专项技能</td><td></td><td colspan="2"></td><td></td><td></td></tr>
<tr><td></td><td colspan="2"></td><td></td><td></td></tr>
<tr><td></td><td colspan="2"></td><td></td><td></td></tr>
<tr><td></td><td colspan="2"></td><td></td><td></td></tr>
<tr><td rowspan="4">工作实践</td><td>1</td><td colspan="2">完成 2 个对外代理国内招标项目或国内招标异常事项的处理</td><td></td><td></td></tr>
<tr><td>2</td><td colspan="2">开展一次国内招标经验交流或培训（内部或外部）</td><td></td><td></td></tr>
<tr><td></td><td colspan="2"></td><td></td><td></td></tr>
<tr><td></td><td colspan="2"></td><td></td><td></td></tr>
<tr><td>考核结果 1</td><td colspan="5">□合格　　□不合格</td></tr>
<tr><td colspan="6">面试考评</td></tr>
<tr><td colspan="3">考评记录</td><td>评委签字</td><td>评委评分</td><td>平均分</td></tr>
<tr><td colspan="3" rowspan="4">1. 培训总结报告评价（培训总结报告须附后）
2. 面试结果评价</td><td></td><td></td><td rowspan="4"></td></tr>
<tr><td></td><td></td></tr>
<tr><td></td><td></td></tr>
<tr><td></td><td></td></tr>
<tr><td>考评结果 2</td><td colspan="5">□合格　　□不合格</td></tr>
<tr><td>综合考核结果（1+2）</td><td colspan="5">□合格　　□不合格</td></tr>
<tr><td>处级培训工程师编制</td><td colspan="2"></td><td colspan="2">处级审批</td><td></td></tr>
</table>

六、技术岗位授权申请表

表 6–26　技术岗位授权申请表

<table>
<tr><td colspan="4" rowspan="2">技术岗位授权申请表</td><td>版次</td><td>A</td></tr>
<tr><td>页码</td><td>1/1</td></tr>
<tr><td>姓名</td><td></td><td>员工号</td><td></td><td>所在部处</td><td></td></tr>
<tr><td>专业类岗位名称</td><td></td><td colspan="2">技术岗位授权等级</td><td colspan="2">□ B2　□ B3　□ B4　□ B5　□ B6</td></tr>
<tr><td colspan="6">专业类岗位考核结果确认</td></tr>
<tr><td colspan="2">考核项目</td><td colspan="2">分项考核结果</td><td colspan="2">综合考核结果</td></tr>
<tr><td colspan="2">专业类岗位培训项目考核</td><td colspan="2"></td><td colspan="2" rowspan="2"></td></tr>
<tr><td colspan="2">综合面试考评</td><td colspan="2"></td></tr>
<tr><td colspan="6">技术岗位授权申请审批</td></tr>
<tr><td>是否授权</td><td colspan="5">□是　　□否</td></tr>
<tr><td colspan="2">处级培训工程师编制</td><td></td><td>日期</td><td colspan="2"></td></tr>
<tr><td colspan="2">处级领导审核</td><td></td><td>日期</td><td colspan="2"></td></tr>
<tr><td colspan="2">部门领导批准</td><td></td><td>日期</td><td colspan="2"></td></tr>
<tr><td colspan="6">注：本申请表后附《培训课程 / 项目考核表》</td></tr>
</table>

第四节　编制要求

一、填写要求

专业类岗位划分：依据组织机构或者岗位说明书，将相同或者相近的不同层级的岗位进行整合，产生专业类岗位。如试点专业“招标管理处”：划分为国内招标、国际招标、招标管理、供应商管理四类专业类岗位（20 人）。

专业类岗位知识 / 技能培训分析表：由岗位工作 / 任务或岗位说明书分析得出，直接决定岗位培训项目的设定。需要部处评审确认，避免返工。

专业类岗位培训及授权流程图：一般来说变化不大。

专业类岗位培训项目汇总表：培训项目是经“专业类岗位知识 / 技能培训分析表”分析得出的，设置培训项目时应考虑通过完成培训项目满足从事相应职级的工作任务所需的专业知识 / 技能。

二、其他要求

设置的培训项目仅包括专业方面的知识、技能和工作实践，而通用方面的知识，如沟通协调、公文写作等通用知识和技能不需设置。

同一专业类岗位不同职级中培训项目的设置不允许重复，体现不同职级间知识与技能的差异。

同一专业类岗位 B2–B4 建议以理论知识与专项技能培训为主，在岗工作实践为辅。B5–B6 职级建议以在岗工作实践为主，理论知识和专项技能培训为辅。

同一部处不同专业类岗位之间要统筹考虑，对于内容类似的课程或项目，在名称、内容、考核等设置上尽量统一。

单一职级培训项目的设置尽量满足 1~1.5 年的培训周期。

第七章
培训经理让自己更“值钱”

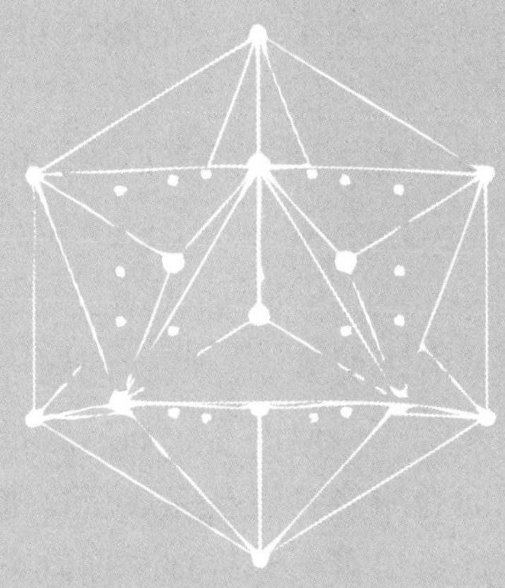

第一节　培训人必备的三项能力

培训人有三项能力：培训项目设计能力、课程开发能力和培训授课能力，我称它为铁三角能力。通过这三种能力与自身对照，就能找出差距，知道自己的短板，从而能够明确在培训领域的努力方向。

一、培训项目设计能力

这里的项目设计是广义的，既包含项目设计，也包含项目运营和评估。

（一）自我摸索的项目设计方法论

我先陈列一下做项目设计的四个大的逻辑步骤：需求调查、解决方案、组织实施、培训评估。

1. 需求调查

培训前一定要做需求调查，没有调查就没有发言权，没有调查你的方案就缺乏底气，经不起推敲，后面的工作就会基础不牢，整个项目就会地动山摇。

培训的需求调查方式有很多，最常用的有三种：网络问卷调研、电话调研和现场访谈。

（1）网络问卷调研

问卷调研可以面向学员对象、学员上级或者下级发出。问卷问题可以包括开放式、追选式、排序式等。如果是大规模调研问卷，在问卷设计时，应考虑数据便于统计和分析。为确保问卷质量，设计完成后可进行小范围模拟测试，或者请专业人士评价。这里提供一套管理培训需求问卷示例（附件 1），供参考。

附件 1：管理培训需求问卷

尊敬的领导：

您好！

为更好地为您提供针对性、高质量的培训服务，诚挚邀请您参与填写《2021 年 ××× 中层管理干部培训需求调查问卷》。您的信息和意见将得到充分的尊重，我们会认真阅读并对您提供的信息严格保密。感谢您的大力支持和配合！

第一部分：基本信息

1. 所在企业：__________

2. 目前职务：__________

3. 担任中层管理岗位年限：□ 3 年以下 □ 3~5 年 □ 5~10 年 □ 10~20 年 □ 20 年以上

第二部分：学习准备度

1. 您认为，学习对于提升您的工作绩效、促进个人职业发展能否起到实际帮助作用，您是否愿意参加培训学习？

□ 非常有帮助，希望多组织各种培训

□ 有较大帮助，乐意参加

□ 多少有点帮助，会去听听

□ 有帮助，但是没有时间参加

□ 基本没有什么帮助，不会参加

2. 目前您所接受的公司组织的管理干部培训在数量上您认为如何？

□ 绰绰有余　　□ 足够　　□ 还可以　　□ 不够

□ 非常不够

3. 您目前的学习状态是：

□ 经常主动学习，有计划地持续进行

□ 偶尔会主动学习，但没有计划性，不能坚持

□ 有学习的念头或打算，但没有时间

□ 有工作需要的时候才会针对需要学习

□ 很少有学习的念头

第三部分：培训学习需求

1. 您认为目前工作中可能面临的困难、问题和挑战有哪些？

□对国家政策的了解

□战略全局思维、战略研判、战略布局

□分解战略目标

□数字化战略

□公司治理与股权激励

□商业敏锐度和预测决断

□市场营销和客户导向

□风险防范与危机管理

□打造敏捷组织

□商业模式的创新

□卓越领导能力

□高质量的党建引领

□组织创新变革

□打造高战斗力队伍

□市场意识与经营管理

□精益管理

□安全管理

□廉洁从业与合法合规

□其他：__________

2. 您觉得以下哪些方面的培训或学习内容会对您有所帮助？

（1）党性修养类

□习近平总书记系列重要讲话精神解读

□党政热点解读

□国情与形势

□经典政治理论导读

□党史教育

□党风建设

□党纪教育

□其他：__________

（2）经营管理类

□战略解码与执行

□经济趋势预判与市场机会洞察

□组织创新与企业变革

□战略财务分析管理

□业务规划与商业模式设计

□公司治理与股权激励

□企业经营管理模拟

□敏捷组织打造

□其他：__________

（3）任务管理类

□目标与绩效管理

□打造高效执行力

□跨部门组织与合作

□迎接 5G 的机遇与挑战

□全脑思维与创新

□安全生产管理

□合法合规

□非项目经理的项目管理

□危机公关与舆情管理

□公司治理风险防范

□战略人力资源管理

□精益化管理

□大客户销售策略

□营销战略模式和策略

□从财务视角看管理

□其他：__________

（4）团队管理类

□员工管理与激励

□教练技术

□新竞争环境下的高绩效团队建设

□ 4D 团队管理

□新生代员工管理

□情商领导力

□其他：__________

（5）自我管理类

□哲学思维

□八项基本管理技能

□高效能人士的七个习惯

□公众演讲表达

□管理心理学

□情绪与压力管理

□性格解析与识人用人之道

□问题分析与解决

□管理沟通艺术

□其他：___________

第四部分：学习方式倾向性调研

1. 您认为比较有效的学习方式有哪些？

□邀请外部资深讲师到公司进行集中讲授

□邀请公司高管、资深教授、管理之星等进行讲授

□公司内部组织经验交流与分享（比如研讨会、学习复盘、良好实践分享、在线社群交流等）

□采用“线上＋线下”的混合式学习模式

□在岗导师指导

□教练辅导

□将所学知识、技能及经验转授他人

□进行工作经验萃取，形成工作方法论（呈现形式：制度、流程、

模版、模型及工作指导书等）

□到标杆企业参观学习

□参加外部培训机构的公开课

□其他（请详细说明）：____________

2. 您更希望在什么时间段外出进行学习？

□ 1 月–2 月　　□ 3 月–4 月　　□ 5 月–6 月

□ 7 月–8 月　　□ 9 月–10 月　　□ 11 月–12 月

3. 您更期待哪种类型的老师？

□实战派知名企业专家，有标杆企业经验

□公司高管，有卓越管理实战经验

□学院派知名教授学者，理论功底深厚

□职业培训师，丰富的授课技巧和经验

□咨询公司高级顾问，丰富的项目经验

□其他：__________

4. 以下讲师授课风格及特点，您比较看重哪一点？

□理论性强，具有系统性及条理性

□实战性强，丰富的案例辅助

□知识渊博，引经据典，娓娓道来

□授课形式多样，互动参与性强

□语言风趣幽默，气氛活跃

□激情澎湃，有感染力和号召力

□其他：__________

5. 您希望采用什么样的方式进行学习成果转化？

□理论考试　　□学习心得

□管理论文　　□学习成果汇报

□高端论坛　　□岗位历练

□其他：__________

6. 对于学习内容、形式、地点、服务运营等方面，您还有哪些期待和建议？

....

（2）电话调研

电话调研是在不方便通过网络问卷或者现场访谈的情况下才考虑使用的手段。做电话调研前也要准备相应的访谈大纲，设计好相应的访谈话术，对学员可能存在的疑虑提前做好应对措施。最重要的是，在电话访谈过程中，做好访谈记录，方便后期的汇总和整理。

（3）现场访谈

现场访谈是需求分析常用的形式，可以获取直接信息。

现场访谈一般分为三个步骤：做好功课、进行访谈和访谈后跟进。

①做好功课：

· 提前阅读相关资料（与文档分析法结合），了解背景及战略、业务关键挑战。

· 利用非正式场合向相关群体了解情况，比如战略部门、业务部门的同事等。

· 提前进行主题学习，提前阅读相关的书籍，建立相关问题的整体框架。

· 完成访谈问题设计（可参考调研问题清单）并提前发给被访谈者，预约访谈时间。

②进行访谈。

· 轻松开场，介绍寒暄：参与访谈的人员介绍，以及感谢拨冗接受访谈。

· 澄清访谈目的：介绍访谈目的，以及了解的情况。

· 分析业务挑战，深挖痛点（具体场景及实例）：依据访谈问题展开及跟进，多使用开放式问题，重点深挖挑战及具体场景和实例。

· 确认学习需求，达成共识，赢得支持（明确对于培训的期待5W3H）：Why（为什么要做培训）、Who（谁需要参加培训）、What（要学习什么样的知识、技能）、When（什么时间、多长时间）、Where（在哪里实施）、How（什么形式）、How Much（期望达到的目标和结果）、Help（可以提供的支持、帮助、资源）。

③访谈后跟进。

· 访谈结束后，立即书面总结访谈内容。

· 向被访谈对象发出感谢信，并包含你所做的总结。

现场访谈问卷，针对不同的对象需要进行不同的设计，但大多数都有一套本质的规律可以遵循。访谈问卷设计很重要，访谈问卷设计好后，要经过多人一起把关，最终才能定稿，现场访谈问卷示例可以参见附件 2。

附件 2：2020 年 ×× 公司高管访谈提纲

访谈对象：　　访谈时间：　　　访谈形式：电话 / 一对一访谈

1. 结合公司的战略重点，您认为合格的中层管理干部需要具备哪些核心能力？

2. 您认为目前您分管的事业部、部门或者分公司的中层管理干部在期望绩效和实际绩效之间还有哪些差距？还需要公司提供哪些方面的培训（比如经营管理能力培训、团队管理能力培训、任务管理能力培训、自我管理培训等）？

3. 目前公司正在快速发展，为实现发展目标，您认为最迫切需要提升公司哪个线条的管理和领导力培训（线条包括但不限于工程建设、生产运维、市场开发、财务线条、纪检监察等）？

4. 在能力要求方面，中层管理干部与基层管理干部会存在差异，您认为基层管理干部培养应侧重哪个方面？

5. 为助力公司战略落地，持续做好干部梯队建设，加强管理干部的培养和储备，2020 年公司将启动中基层后备干部培养工作。在培养过程中会针对中层后备干部安排行动学习，您能否提供一个行动学习课题？可参考表 7-1、表 7-2。

6. 您对管理培训工作的建议，内容、制度、培训方式、培训成果转化与评估方面。

表 7-1 学习课题

课题名称		课题所有者	
课题描述			
范围			
时限			
其他要求			

表 7-2　装货月台运营模式优化

课题名称	装货月台运营模式优化	课题所有者	张三
课题描述	装货月台成本高，超时严重，交货记录欠缺，货品质量受损		
范围	当前位于上海及其周边的 13 个仓库的货台，都存在不同程度的问题		
时限	三个月内必须得到显著改善		
其他要求	找到一种彻底解决问题的办法，而不是“头痛医头，脚痛医脚”，希望采取措施后不要反弹		

2. 解决方案

培训需求调研的结果，是为了针对性地设计解决方案。为了达成同一个学习目的，我们可以采用不同的手段，这就是解决方案的魅力。

以减肥做类比：当你通过自我觉察和他人反馈，你知道自己变胖了，就有了减肥的想法，这就好比我们通过培训需求调研了解到员工实际能力与工作要求存在差异，道理是一样的。接下来是减肥，减肥有很多种方法，比如跑步、健身、优化食谱等，这些都是可以解决问题的选择项。对应培训就是知道员工的能力短板后，我们就要想办法提供解决方案，这些解决方案包括自主学习、书籍阅读、翻转课堂、集中面授、拓展训练、跨界交流等，这些解决员工能力需求短板的方法、手段，我统称为解决方案。

解决方案一般是框架性的，也有人称呼它为培训蓝图或者培训规划，总之它能起到提纲挈领的作用。根据培训蓝图，我们就可以进一步优化后面的组织实施等工作。我举三个实例，都是在项目规划中出现的，呈现的方式不同，但能帮助我们直观清晰地了解培训项目的设计思路。如图 7–1 至 7–3 所示。

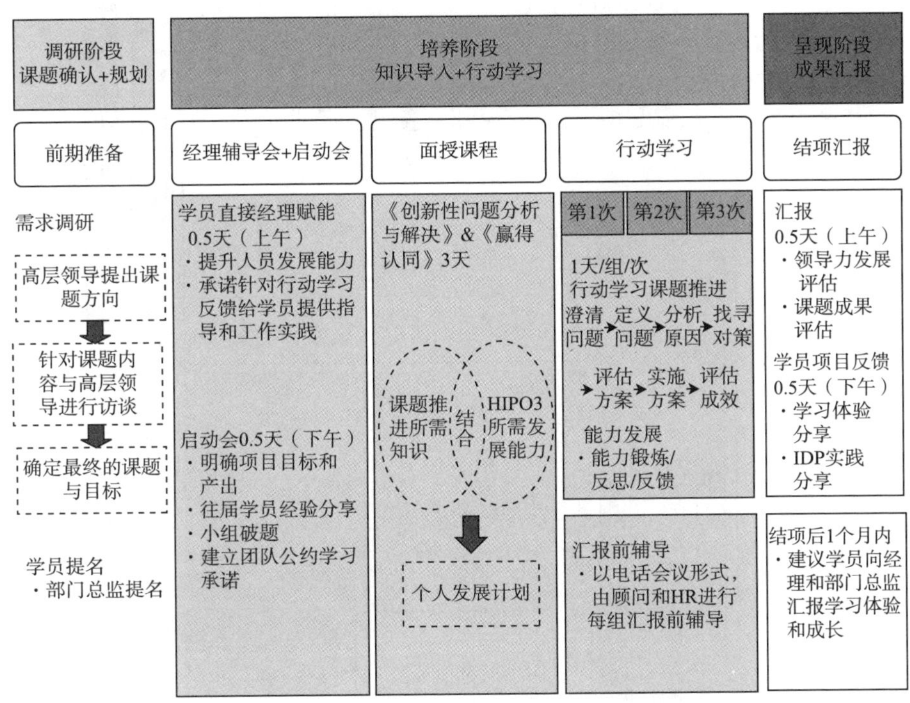

图 7–1　实例 1

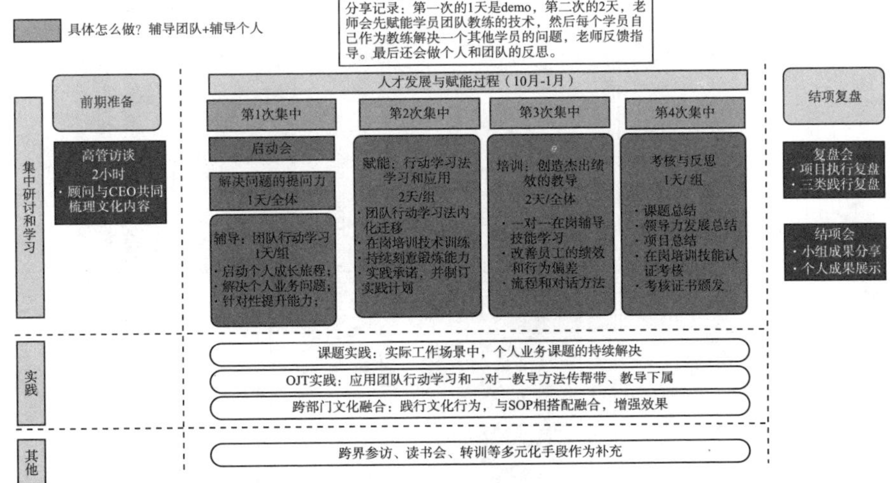

图 7–2　实例 2

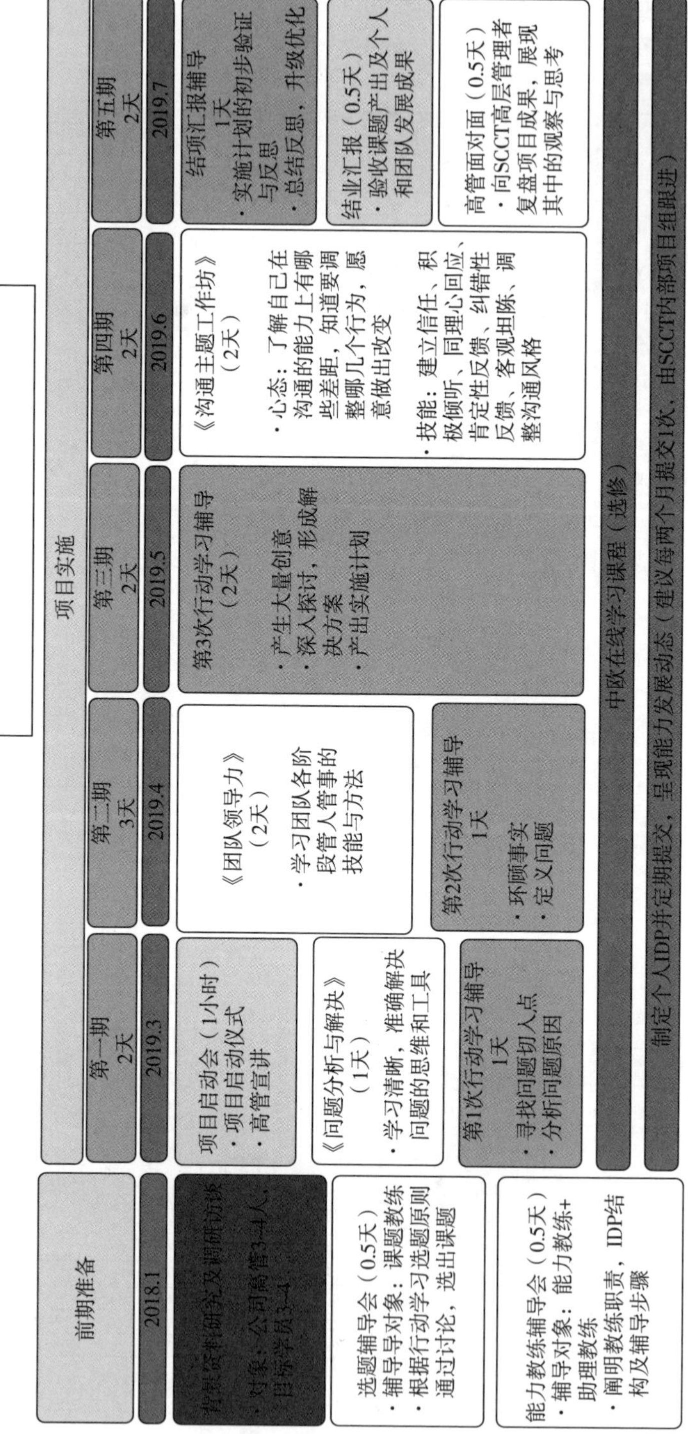
分享记录：
采用引导式行动学习
这是老师第一次做引导式行动学习
前期准备
2018.1
背景资料研究及调研访谈
· 对象：公司高管3~4人，目标学员3~4
选题辅导会（0.5天）
· 辅导导对象：课题教练
· 根据行动学习选题原则通过讨论，选出课题
能力教练辅导会（0.5天）
· 辅导对象：能力教练+助理教练
· 阐明教练职责，IDP结构及辅导步骤
项目实施
第一期
2天
2019.3
项目启动会（1小时）
· 项目启动仪式
· 高管宣讲
《问题分析与解决》
（1天）
· 学习清晰，准确解决问题的思维和工具
第1次行动学习辅导
1天
· 寻找问题切入点
· 分析问题原因
第二期
3天
2019.4
《团队领导力》
（2天）
· 学习团队各阶段管人管事的技能与方法
第2次行动学习辅导
1天
· 环顾事实
· 定义问题
第三期
2天
2019.5
第3次行动学习辅导
（2天）
· 产生大量创意
· 深入探讨，形成解决方案
· 产出实施计划
第四期
2天
2019.6
《沟通主题工作坊》
（2天）
· 心态：了解自己在沟通的能力上有哪些差距，知道要调整哪几个行为，愿意做出改变
· 技能：建立信任、积极倾听、同理心回应、肯定性反馈、纠错性反馈、客观坦陈、调整沟通风格
第五期
2天
2019.7
结项汇报辅导
1天
· 实施计划的初步验证与反思
· 总结反思，升级优化
结业汇报（0.5天）
· 验收课题产出及个人和团队发展成果
高管面对面（0.5天）
· 向SCCT高层管理者复盘项目成果，展现其中的观察与思考
中欧在线学习课程（选修）
制定个人IDP并定期提交，呈现能力发展动态（建议每两个月提交1次，由SCCT内部项目组跟进）

图7-3 实例3

3. 组织实施

有了解决方案，接下来要做的就是组织实施工作。以减肥为例，你已经定下目标，减肥 15 斤，并把相应的可用在自身的减肥手段做了盘点，那么接下来就要付诸实施行动。这就好比我们把培训解决方案做好后，下一步准备分解工作任务，按照“4W2H”原则落实具体细则工作是一样的。

Who：培训讲师是谁？谁参加培训？

What：培训什么具体内容？以什么方式进行开展，要做什么特别设计和准备吗？

When：什么时间开始培训？工作日还是休息日，早上还是晚上？

Where：在哪里培训？本地还是外地，公司还是外面培训场地？

How Much：预算够吗？花多少费用？

How to do：怎么去做，有具体的工作分工表和培训计划表？

4. 培训评估

我们培训项目常用的评估方法是“柯氏四级评估模型”。主要内容如图 7–4、表 7–3 所示。

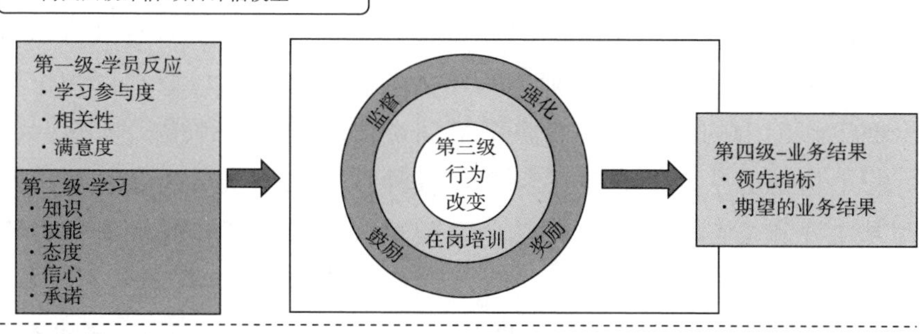

图 7–4 “柯氏四级评估模型”

Level1：反应评估（Reaction），评估学员的满意程度（你参与了吗）。

Level2：学习评估（Learning），测定学员的学习获得程度（你学到了什么）。

Level3：行为评估（Behavior），考察学员的知识运用程度（你改变了吗）。

Level4：成果评估（Result），计算培训创出的经济效益（绩效改善了吗）。

表 7-3　评估等级和形式

评估等级	成果分类	常用的形式
一级、二级	反应和学习层	满意度调查、问卷调查表、考试、在岗实践、行动计划和承诺、成果汇报、学习心得等
三级	行为层	测评、上级评价、方法论、案例、微课、手册、流程等
四级	结果层	问题解决、改进目标（项目前先确定的目标）

以上内容是我阐述的项目设计的总框架，接下来看一下系统化培训方法 (SAT)。

（二）系统化培训方法（SAT）（来源百度百科）

系统化培训方法 (SAT) 是国际原子能机构提倡并推广的一种程序性的培训方法，它针对某个工作岗位提出从事该岗位工作的人员所具备的全面工作能力要求，通过编制和实施培训大纲，使人员达到该岗位所需的全面工作能力的要求，并对整个培训过程进行有效评价。

SAT 培训方法实际上是确保企业各种技术岗位人员能及时获得并保持与其工作相应的资格和工作能力及保证人员培训质量的综合性过程的管理方法。

系统化培训方法把整个培训活动分为岗位任务和培训需求分析、培训大纲设计、培训材料编制、培训的实施、培训效果评价及反馈五个阶段。

1. 岗位任务和培训需求分析

分析阶段的主要工作，首先根据工作性质，对工作岗位进行规范，并针对某个工作岗位的工作进行岗位任务分析，提出工作任务；其次依此工作任务提出从事该岗位人员需要具备的全面工作能力要求（全面工作能力定义为完成某一岗位工作要求的知识、技能和态度的总和)，再将该全面工作能力与一个或多个工作任务联系起来，确定培训需求。

2. 培训大纲设计

编制成培训计划，设计阶段的主要工作包括：根据全面工作能力要求确定出需要培训的课程名称及内容；明确培训目标，包括最终目标和分解目标；确定培训时间，包括总学时数和单元学时数；选择培训方式，包括课堂理论培训、模拟培训、现场培训等；明确学员入学资格要求；确定考核项目，包括标准和考核内容；制定培训大纲。

3. 培训材料编制

该阶段的主要工作是根据培训大纲的要求，编写一套员工适用的培训教材。编写的培训教材在使用前必须经过审核，从而保证教材内容的完整性，技术上的准确性。同时，培训材料编写还应包括考核标准及试题。

4. 培训的实施

该阶段将按照已制订的培训计划和编写的教材实施培训活动。其主要工作包括培训的组织、教员备课、培训前的预测验、进行培训及考核等方面。教员备课准备内容包括培训计划、学员水平、讲义、操作规程、图表、考试题、教学工具、模型及其他教学设施、设备等。预测验的目的是了解学员知识背景，使授课内容更有针对性，同时了解学员的资格是否满足培训大纲的要求。

5. 培训效果评价及反馈

根据每个阶段收集到的信息，对培训过程的各个方面进行评价，并根据评价结果，提出对培训大纲进行修订或改进。培训效果评价可以由企业内部的专家及培训部门的专门工作小组进行，也可以由外部单位的专家进行。特别强调的是系统化培训方法中的评价是对整个培训全过程的综合评价，评价的结果反馈到系统化培训方法的各个阶段。

这两种培训方法，就我个人体会而言，前一种更适合专项培训，通过每一个专项培训把公司的关键员工覆盖到，最终打造成一个个明星培训项目，编织出一个成体系的星空般的培训网络；系统化培训方法 (SAT) 更适合企业无死角、全方位的覆盖，也能做到培训体系的搭建，不过在实施过程中要注意到它的投入产出比，它要做十几年，甚至更长时间。

二、课程开发能力

我所在的企业，领导常常强调：每个人一定要有自己的精品课，要不在培训部门就白待了。课程就相当于武侠世界里的独门绝技，代表你在单位和培训行业的江湖地位。

标准的课程包应该包含哪些内容？

好的课程应该有一个完整的课程包，课程包有课程大纲、讲师手册、学员手册和其他（讲师 PPT、试题和答案、案例、视频和思维导图等）四个主要部分。

（一）课程大纲

课程大纲是一门课程的概览图，也是鉴定一门课程好坏的主要依据。一般的课程大纲整体会包含课程背景、课程目标、课程形式、培训对象、培训时长、课程内容和讲师介绍等。我特别关注课程目标描述、课程内容设计逻辑和讲师介绍三个信息。

①课程目标描述。如果一个课程不能准确地描述课程目标，那么这个课程就没有存在的必要了。在这里和大家分享一个鉴别课程开发者是不是专业的诀窍，你可以通过课程目标的结构来判断，通常的结构就是“动词 + 名词”，如果能采用这样的结构描述课程目标，那么讲授者多半是受过内训师方面的专业训练，水准不会差到离谱。如表 7–4 所示。

表 7–4　课程目标

知识类型	常用动词	课程目标
知识类	了解、理解、认识、记住、阐述	了解并正确叙述绩效在管理上的含义与其常见的内容
态度类	转变、强化、培育、认可、提高、改善、重视	强化绩效管理对企业经营的认识
技能类	掌握、运用、提高	熟练掌握绩效管理过程中所需的检核与相关技巧，并懂得如何运用

②课程内容设计逻辑。课程内容设计逻辑是指课程本身有个主线，不是拼凑而来的内容堆砌。在这方面国外的版权课做得很好，首先会给你一个模型，方便你了解整体课程的设计逻辑，然后围绕这个模型逐渐展开课程内容，老师容易教、学员容易学，课程生命力很强。

比如“情境领导”这门课程，它从员工成熟度和领导准备度两个大维度，构筑了简单易懂的领导力模型。能够快速帮助学员了解情境领导理论、情境领导模式的三步骤、在工作中灵活地运用情境领导进行管理。如图 7–5 所示。

比如“高效能人士的七个习惯”这门课程，整个课程都是围绕持续成熟模式图进行展开讲授的。个人成功有三个习惯，公众成功有三个习惯，还有一个不断更新的习惯能够实现个人成功和公众成功的螺旋式上升。当个人成功的习惯做好后就能完成依赖期到独立期的阶段跨越，当公众成功的习惯做好后就能完成独立期到互赖期的跨越。这七个习惯用一张图串起来，内容就没有那么散。如图 7–6 所示。

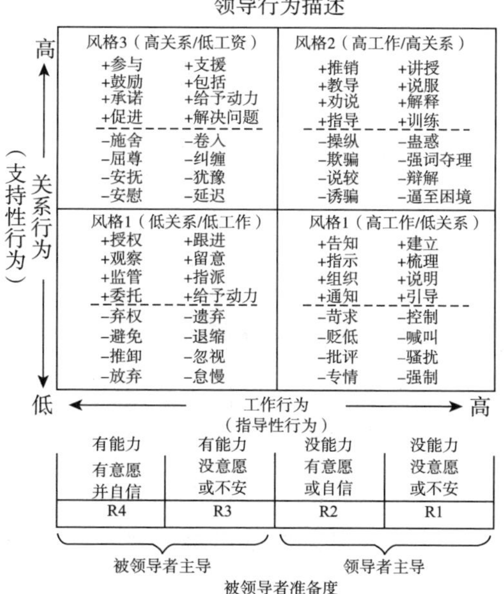

图 7–5 情景领导

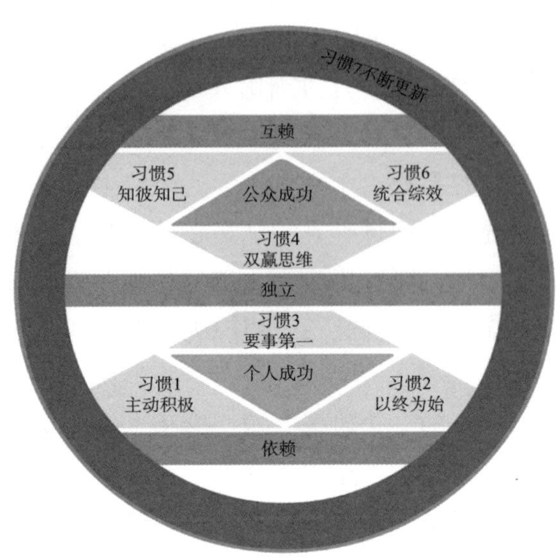

图 7–6　七个习惯

“六顶思考帽”这门课程，它用六顶帽子来代表不同的思考规则，不同颜色的帽子为组织思维提供了框架，思维变得更加集中，更加有组织性，更有创造性。如图 7–7 所示。

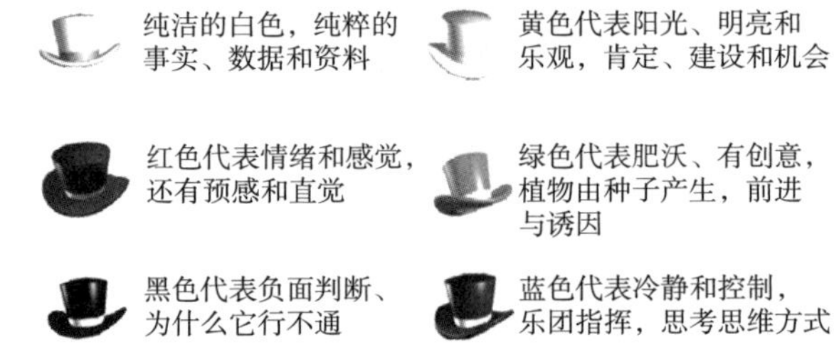

图 7–7　六顶帽子

③讲师介绍。讲师介绍是一个课程包的重要组成部分。如果讲师是大咖，或者包装得像大咖，就会为这门课程加分，学员就会对他讲的内容认同感增强。讲师介绍尽量简洁为主，不要长篇累牍，把主要教育背景、工作背景和主要做过的值得骄傲的事情呈现一下即可。讲师的照片尽量选择近期充满活力的职业照，有位老师已经 60 岁了，在他简历上放了一张 20 岁左右的照片，令人叹服。

企业聘请讲师会考虑很多因素，例如讲师的年龄、学历、工作背景、是否有口音等。有很多培训师都是从培训战线走出去的，掌握一定的培训技术，但真没有做过管理岗位，讲授相关管理内容就会略显薄弱；有些人是从单一的业务线成长起来的，如果请他去做企业的战略规划课程，就会缺少相应的知识和实战经验储备。

有一回请讲授公司法主题的老师，辗转多个渠道找到一位业内泰斗的人物，事前也没有做视频电话沟通，到了现场才发现，老先生 80 多岁了，从成都坐飞机到深圳，真怕老先生身体出意外，又担心学员与他进行学术讨论，太激烈会刺激到老师，我提心吊胆地撑到项目结束。还有一回，给我们公司培训管理人员讲授关于培训设计方面的课程，请到一位老师，一口浓浓的地方口音，学员昏昏欲睡，领导皱着眉头和我并排坐着听课，老师却精神抖擞。

（二）讲师手册

讲师手册是为了方便备课使用，里面明确了一门课程的时间规划、授课方式、PPT 如何讲授等信息，在学校里一般称教案。课程开发都会要求开发者配套做讲师手册，通过讲师手册，不同的人进行同一课程交付时，就不会有太大的差异。讲师手册基本结构可参考图 7–8。

目录

第一部分：课程信息........4
1-概要........4
2-课堂教学材料........4
3-培训评估方式........4
4-教室布置........5
5-课前准备检查清单........5
6-培训日程安排........6
7-图例列表........7
第二部分：讲师授课流程/步骤........8
第一单元：情境领导概述........8
第二单元：情境领导三步骤........18
第三单元：巩固与应用........69
第三部分：辅助资料........74
1-教室布置........74
2-挂图/道具示例........74
3-参考资料........75
4-录像简介........75
5-案例........75
6-测试问卷........75
7-评估问卷........75
8-分发材料........75
9-改进建议........75

图 7–8　讲师手册基本结构

（三）学员手册

学员手册一般是指学员拿到的教材。有的教材开发很用心，并进行了版权注册；有的教材就没那么走心，甚至和讲师 PPT 一模一样，这样会影响培训交付质量。

（四）其他（讲师 PPT、试题和答案、案例、视频和思维导图等）

讲师 PPT、试题和答案、案例、视频和思维导图，这些内容的完美打造，也会彰显课程的用心程度。目前培训行业内专心打磨课程的机构和师资真是少之又少，如果我们能在这方面多下功夫，必将有所作为。

三、培训授课能力

前面介绍了培训项目的设计能力和课程开发能力，接下来说说如何能讲好一门课程。别小瞧讲课这件事情，还真不是什么人都可以在台上侃侃而谈，大师在成名之路上都经历过系统的训练和刻意练习。讲课是有套路和诀窍的，掌握这些技巧，至少应对一般的场合都不会太慌张。

（一）成人学习特点及偏好

成人的学习不同于儿童模式，成人在社会环境中建立了自己的思考模式，相对比较功利，只有想学才会去学，给成人授课我们要多加注意。如表 7–5 所示。

表 7–5　成人学习特点及偏好

序号	成人学习原则	授课注意事项
1	主动性强	前 / 中 / 后参与教学
2	针对性、目的性强	与我相关，了解收益
3	在解决问题中学习	创造学习 / 应用的场景
4	喜欢运用过去的知识经验	深入思考，野蛮关联
5	强烈的自尊心	支持、肯定 / 成就感

续表

序号	成人学习原则	授课注意事项
6	记忆力差、理解力强	温故知新、聚焦要点
7	喜欢非正式的环境	创造适宜的氛围

（二）授课准备

在授课准备阶段，要了解客户为什么对学员安排这个课程，课程的背景是什么？学员为什么要来学这个课程？课程要针对解决学员实际工作中的什么问题？可以索要学员的名单，了解学员基本情况，有针对性地调整自己的课程结构和时间安排，并对自己要讲述的内容重复练习，不断强化自己能够讲好课程的信心。

（三）开场

在课程讲解前，说出（或描述出）经过培训后，学员可达到的学习程度。进行必要的课程路线图阐述，就是先讲哪一部分，再讲哪一部分，让学员对学习内容有整体的把控。要进行课程倡导，强调这个课程自己一直在使用里面的理论，取得了很好的效果，这样学员才会把注意力放在课堂上。

（四）互动及控场

在课程讲授过程中，要运用多种互动式教学方式与学员进行互动，鼓励更多的学员参与教学活动，始终保持学员对学习的高度热情。

（1）提问技巧

培训师所提问题宜课前提前策划，问题必须简短和容易理解，每个问题必须只包含一个主题，并且应联系学习要点。开放式问题能让回答者更详细地陈述所要表达的内容，封闭式问题来获得肯定，决不问可能使学员尴尬的问题，决不为了炫耀、刁难而提问，对有经验的学员可提问更难的问题。

（2）倾听技巧

注意力高度集中，全神贯注地聆听，复述对方的话或观点表示确实听到，通过引导或启发，协助对方说下去，不急于打断对方，也不轻易下结论。

（3）点评技巧

学会换位思考，站在学员的角度。要包容，不要关注自己想的。点评要明确、具体，不含糊其辞。切记，鼓励永远比批评更有力量。

（4）回答技巧

碰到问题时，遇到不懂的地方，直接承认，也可以尝试将问题还给提问者。很多时候提问者已经有答案，他只是希望引起关注，或者请有关专长的人回答。邀请大家献计献策，也可以延迟回答。

（5）表达技巧

良好的语言表达技巧对于培训师来讲是一项重要技能，丰富的培训内容需要通过精彩的语言表达出来，才能够取得更好的培训效果。表达过程中要注意清晰化讲解和生动化讲解，表达内容要主次清楚、重点突出，运用自然过渡语言进行转场，善于对课程要点进行提炼和总结，同时能运用生动化教学方式进行讲解（如图片、视频、故事、案例等），达到学员容易理解的目的。

（五）总结及回顾

总结及回顾既可以帮助学员强化记忆，又可以帮助学员客观评价课程价值和培训师授课效果。学员要点讲解结束，要对此要点按照教学目标要求对学员进行评估，评估学员是否达成学习目标。采取的方法与要点属性保持一致，并在评估过程中给予学员可操作的改进建议。

第二节　构建深度成长思维的四步法

信息爆炸和碎片化学习之下，很难进行知识聚焦、形成系统，看上去很努力，但是产出很少；发现过往仅有的积累，除了读书笔记外，其他的所想所感几乎用不起来，因为压根想不起来放哪儿了。最可怕的事情，就是家里书籍很多、笔记里信息满满，但是想应用或实践的时候大脑一片空白。对于职场人士，工作重压之下的学习时间本就少得可怜，还需要面对“记不住”和“忘得快”两座大山。如何让信息有序沉淀，是我们需要思考的首要之事。

我给大家提供一个建议：充值一个印象笔记，这是目前我用到的比较称手的知识管理利器。有了它，我们可以尝试用四步法去构建知识体系、铸就成长思维。

一、第一步：初次阅读（当天完成）

不管是碎片时间刷公众号，还是大块时间的阅读，一次性阅读不足以让我们消化吸收文章中的精华，所以需要反复。第一次阅读要抓出文章重点，随阅读随标重点，提高整理信息的效率。

超级笔记提供了悬浮目录的功能，通过对重点信息进行【一级标题】【二级标题】或【三级标题】的标注，形成悬浮目录，形成具有分级查看和点击跳转的素材笔记。通过悬浮目录解决文章后续加工、整理的信息获取问题，也解决了长文章下重点信息分散，掌控信息的精力成本过高的问题。

二、第二步：信息整理（第二天完成）

再次阅读，将第一天标注出的重点信息和知识点复制到 2×1 的表格中，左边摘录，右边写感悟或实践措施。如图 7-9 所示。

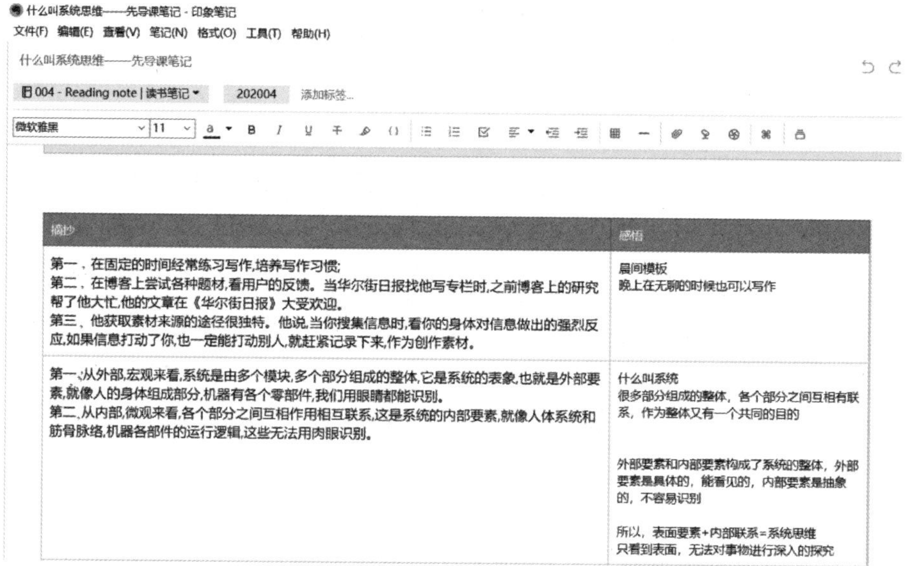

摘抄	感悟
第一，在固定的时间经常练习写作,培养写作习惯; 第二，在博客上尝试各种题材,看用户的反馈。当华尔街日报找他写专栏时,之前博客上的研究帮了他大忙,他的文章在《华尔街日报》大受欢迎。 第三、他获取素材来源的途径很独特。他说,当你搜集信息时,看你的身体对信息做出的强烈反应,如果信息打动了你,也一定能打动别人,就赶紧记录下来,作为创作素材。	晨间模板 晚上在无聊的时候也可以写作
第一、从外部,宏观来看,系统是由多个模块,多个部分组成的整体,它是系统的表象,也就是外部要素,就像人的身体组成部分,机器有各个零部件,我们用眼睛都能识别。 第二、从内部,微观来看,各个部分之间互相作用相互联系,这是系统的内部要素,就像人体系统和筋骨脉络,机器各部件的运行逻辑,这些无法用肉眼识别。	什么叫系统 很多部分组成的整体，各个部分之间互相有联系，作为整体又有一个共同的目的 外部要素和内部要素构成了系统的整体，外部要素是具体的，能看见的，内部要素是抽象的，不容易识别 所以，表面要素+内部联系=系统思维 只看到表面，无法对事物进行深入的探究

图 7-9　信息整理

三、第三步：信息回顾（7 天、15 天……）

我习惯按月回顾，专门有一个笔记本——003-reading，里面存了我当月阅读到的好文。如图 7-10 所示。

图 7-10　信息回顾

每月进行月盘点的时候，会将该月阅读的文章和书籍打上月度标签，如 202009，生成一个目录，并使用提醒功能，提醒自己在 1 个月、3 个月、6 个月后对该月阅读目录笔记进行回顾和复盘。即只用提醒功能提醒这一个目录笔记而不是每篇文章都打上提醒，每月或者每周专门用一块完整的时间回顾之前阅读、整理的信息和文章。如图 7-11 所示。

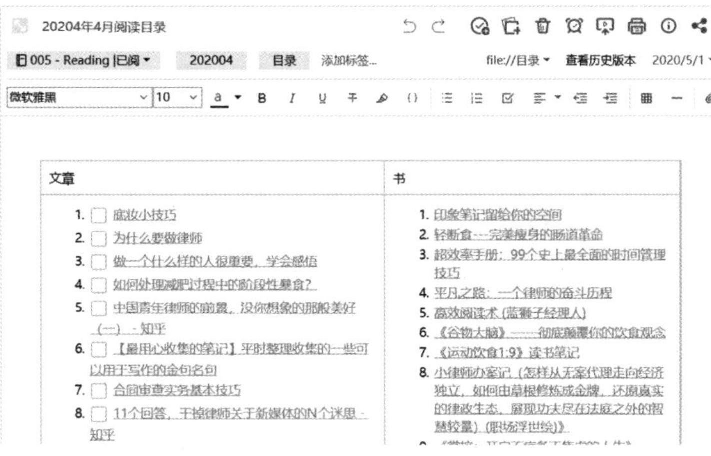

图 7-11　阅读目录

每次回顾会有新发现，新感悟，我会随手写在表格右侧，也可以新生成一列，分别记录自己 1 个月、3 个月、6 个月时的不同感悟。

每个月连同当月目录，以及文章放到一个已阅的文件夹中，通过打上目录标签区分文章和目录盘点。如图 7-12 所示。

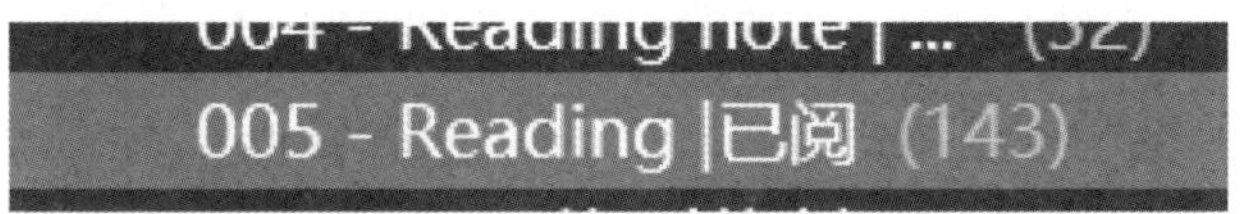

图 7-12　目录标签

四、第四步：信息复盘（1 个月、3 个月、6 个月……）

复盘的时候我认为可以分为精读和略读，如果是略读，那么我们只看之前做的 n × 2 表格即可，里面有标注的重点、感悟。另外，反思自己是否加以实践，基本上几分钟即可完成一篇文章的复盘。

而定时在 1 个月、3 个月、6 个月的盘点则是精读，我一般是从头到尾把文章读一遍，把之前没抓住的信息再整合摘抄到表格中，反反复复，直到吃透文章。

特别有价值的信息，用更高的频率来促使自己记住。

第三节　培训人的生存之道

培训人如何在组织中更好地生存呢？以下几点可以供大家参考。

一、培训没有天然存在的土壤

我一直强调培训很重要，是因为我是搞培训的，在实际中会发现：如果公司要节约成本，首先让你削减培训费用；如果评选绩优部门，往往都是业务优先，比如工程、运维、投资并购等；如果出了安全事故，培训肯定背锅，大家复盘反思里肯定有一条培训力度不够，多么有意思的现象。

我所在的部门，最少时是一个人，多的时候近百人，人数上的变迁就能看出培训的地位，所以不要心存幻想，认为你的工作可以一直干到退休，那是不可能的。时代在变化，我们要正确地理解这个时代。

二、做工作要像放“鞭炮”，不能像放“窜天猴”

培训工作本身就是一个承上启下中内外的工作，一定要多宣传，多制造话题，多引人注目，书面语即“培育学习氛围”。宣传是个系统工作，它比项目运作开始得早，结束得晚。工作要像“放鞭炮”，噼噼啪啪地响个不停，从培训策划开始到项目通过、从培训开始到培训结束，都要做好宣传工作，及时占据思想和文化的制高点，不能像“窜天猴”，嘣的一声就结束了。

三、要有“少数人”的思维

快速发展的公司一定是按照价值贡献进行人岗匹配的，所以工作要善于推陈出新，努力创造价值，要具备“少数人的思维”，不做大家都做的事情。少数人的路虽然难走，但都是开拓性的上坡路，多数人都去走的路，虽然舒服，最终越走越难。要想在公司有地位，一定要有作为，个人能力和价值贡献才是你在组织中安身立命的根本；有了地位，你就可以协调更多的资源，帮助更多的人，做更大的贡献，不断实现人生的螺旋式上升。

四、要未雨绸缪，引领未来

企业的未来是什么？是公司的战略。战略从哪里来？很多都是从公司高管人员那里来，高管的所思所想所言，通过不同形式的文件固化下来，最终转化为公司的思想。培训能不能跟上这些思想，就能衡量出培训的水平。一个简单的模型可以这样认为：初级水平的培训，就是跟在业务后面，他们提什么需求就做什么培训；中级水平的培训，就是业务部门找你商量一起做个项目；高级水平的培训，就是业务部门也不知道下一步要做什么，来征询培训部门的建议，由培训部门通过程序化的培训技术帮忙梳理需求。不管目前的培训现状怎么样，我们要心存高远，对行业的发展趋势要有自己的判断，多倾听、多学习老板与高管们的讲话，及时贯彻领导的指示，要有政治敏锐性。

五、要发自内心地了解业务

我刚到新能源行业的时候，和同事探讨公司的综合能源管理部是做什么的？本来聊得挺好，突然气氛就沉闷下来了，原因竟然是我们不知道公司业务怎么赚钱的，还在给公司各类人员提供智力支持，这就有点搞笑了。好比盲人骑瞎马，夜半临深池，真是可怕。所以，培训部门一定要搞懂一件事情，就是公司是怎么运作的：公司的客户是谁？价值主张是什么？渠道通路有哪些？客户关系如何？收入来源是什么？公司的核心资源是什么？关键业务如何开展？重要合作伙伴有哪些？成本构成是怎样的？只有将这些内容搞清楚，你才是合格的培训人，才能更好地推动培训项目落地。否则，业务部门轻轻的一句“你们不懂我们还给我们培训”，就让你的所有努力付诸东流。

第八章
新员工（应届毕业生）培养项目设计

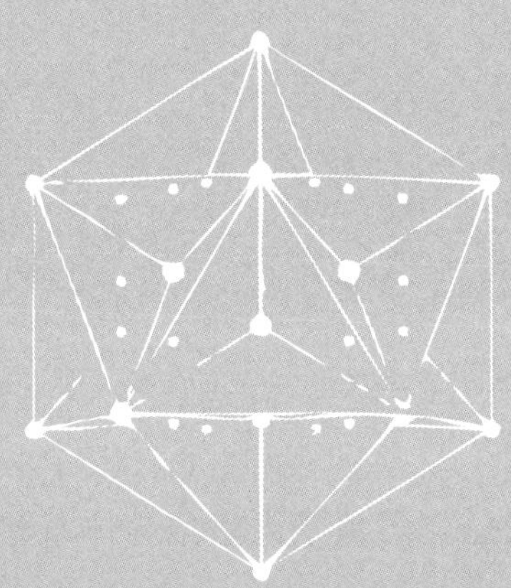

新员工是企业的新鲜血液，是企业未来发展的基础，新员工的素质很大程度上决定着企业未来的竞争力和市场地位。每年6月份以后，各大企业陆续开始进行迎新活动和新员工的培训。关于新员工的培训各有特点，有的是偏重让新员工感受企业温暖，有的偏重企业文化认同，有的是偏重适应岗位需要。总之，行业万千，新员工的培养也是各有千秋。一般新员工培养是基于什么理论依据和设计原理呢？让我们一起通过某工程公司的关于应届毕业生培养方案进行探讨。

第一节　项目背景

随着公司“多项目、多基地”建设的快速发展，公司对人才的需求日益紧迫，而在外部专业人才市场供给形势严峻，竞争激烈的背景下，内部人才培养逐渐成为公司解决内部人力资源配置最有效的途径之一。

近年来，随着公司的快速发展，员工人数的急剧增加，公司人才队伍结构逐渐呈现出年轻化、多元化及不均衡等特点。据不完全统计，通过毕业生招聘进入公司的员工已占员工队伍总人数的45%以上。如何对公司新进应届毕业生进行有效的培养，使他们尽快成长并成为公司未来发展的中坚力量，是公司人才培养的主要任务，也是人才培养工作的关键所在。

第二节　培养原则及思路

一、“70/20/10混合式培养”原则

此原则作为应届毕业生培养的指导，也是公司整个人才培养体系建立的理论基础。

70%：指“设置有挑战性任务，跨专业项目、跨地区工作、轮岗”占人才培养的70%。

20%：指“直属领导的常规反馈、教练、辅导”占人才培养的20%。

10%：指“课堂理论培训”占10%。

二、“依托在建项目和具体岗位进行培养”原则

此原则是应届毕业生培养的基础。应届毕业生必须依托项目，依托岗位进行在岗培养最有效，要让应届毕业生承担更多、更重要的责任，在培养过程中不是单纯以“任务完成”为导向，而是要以“分解和落实责任”为牵引。

三、“知识技能传授同企业文化相结合”原则

此原则是应届毕业生培养的关键。应届毕业生存在可塑性强、善于接受新事物、个人意识比较强烈等特点，在培养过程中不仅要关注其工作中必需的专业知识和技能的传授，更要关注对其进行企业文化和核心价值观的培养，使其成为符合企业文化要求的、德才兼备的人才。

第三节　培养目标

应届毕业生培养的总体目标是：通过一年时间的培养，使其能够独立承担和开展本专业领域和岗位的相关工作。如图8-1所示。

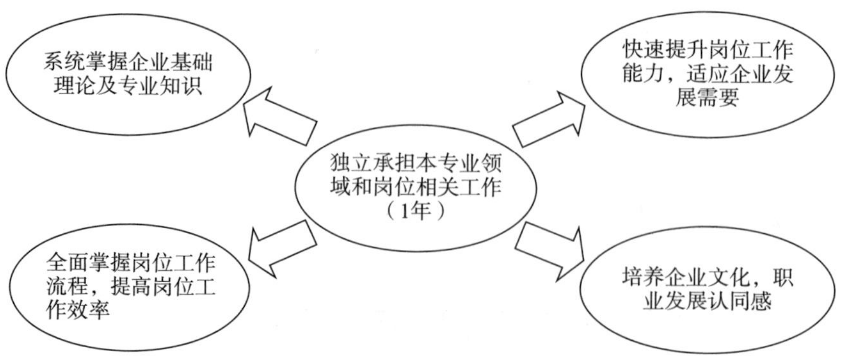

图 8-1　应届毕业生培养目标

第四节　培养内容及方式

应届毕业生的培养在内容上应多元化，目标设定要有针对性，而在培养方式上应不拘一格、丰富多样，重点是实用高效，在培养内容和培养方式方面应建立起一种全方位、多层次的培养模式。如图 8-2 所示。

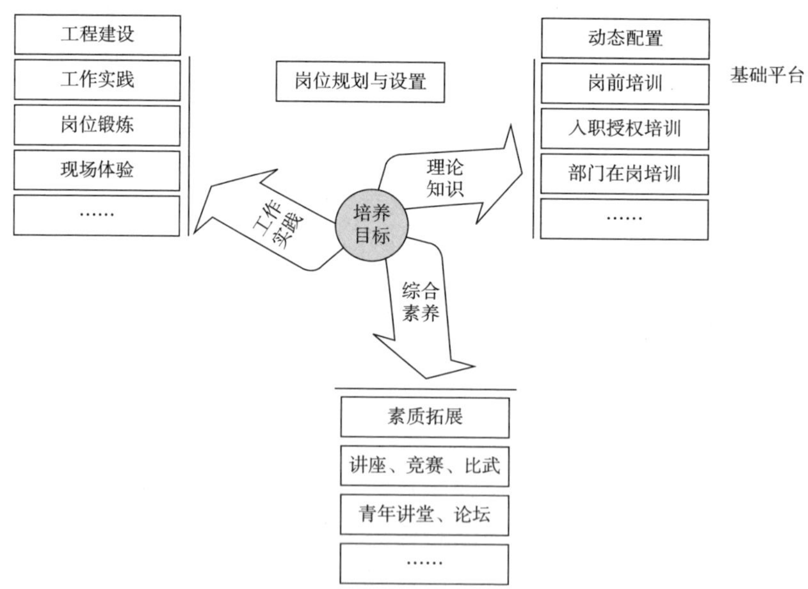

图 8-2　应届毕业生全方位、多层次培养模式

一、工作实践

此部分占70%。工作实践是应届毕业生培养的主要形式，指将应届毕业生放在具体的岗位上，通过分配一定的工作任务，分解一部分的岗位责任使应届毕业生在岗位上快速成长。

在岗培养的机制以“师徒制”为核心，但在培养目标上需要进一步明确，培养内容需要进一步具体，培养流程上需要进一步简洁。因此，对“师徒制”有关内容做如下调整：

①在培养协议中须同被培养人明确其岗位主要承担的责任、工作的结果及衡量标准，并在签字前确保被培养人完整理解。

②在岗实践部分不再包含理论培训部分，在岗位实践期间所有的理论培训均集中到理论培训部分。

③培养内容中须确定规定的项目，此部分须有统一的考量标准、统一的实施单位，以及须定义为合格与否的必要条件，主要包括：

第一，学习业务程序和管理流程。

实施方式：应届大学生通过对其工作中所使用的业务程序和流程的学习，理解程序及流程。

考核方式：培养期结束前由所在部门直属上级结合应届大学生实际工作的情况进行考核评分。如直属上级不是指导人，则指导人最好一起参与评分（如员工对于程序和流程有优化和创新的建议并被采纳，可作为“合理化建议”提交成功，并酌情对此项加分）。

考核要点：应届大学生理解程序并能准确绘制出流程图，详细叙述流程的重要节点和注意事项；应届大学生工作中程序意识强，能按照程序办事。

相关文件或支持材料：无。

第二，参与组织2次以上的工作会议。

实施方式：参与组织会议指从会议的筹备、会议召开到会议纪要和后续事项跟踪的全过程（完整的会议组织过程包括会议筹备、会议主持、会议纪要的编写、会议决议事项的跟踪反馈四个环节），应届大学生可以作为组织者，也可以作为参与者，但是至少应有各个环节均独立承担和发挥作用的经历。

考核方式：培养人或应届大学生直属领导对应届大学生参与组织会议工作做出安排，并跟踪了解实施情况，在组织过程中对应届大学生做出必要的指导。考评小组根据实际情况进行评分。

考核要点：应届大学生组织或参与会议的各环节，参与流程符合会议相关要求；会议取得一定效果。

相关文件或支持材料：会议纪要。

第三，主动向培养人汇报工作（1 次 /2 月）。

实施方式：通过面对面沟通交流的方式开展，每次要求不少于半小时，沟通内容包括但不限于如下方面，可根据实际情况调整：本阶段学习、工作中的收获；合理化建议和创新思路；个人感觉不足，需要指导人提点和辅导的地方；对个人成长过程中的困惑等。可采取一对多或多对多的方式交流，鼓励丰富多样的沟通形式。

考核方式：每次汇报需完成过程记录表填写，并由师徒双方确认签字。考评小组根据过程记录的完整性与记录内容进行评分。

考核要点：半小时以上当面汇报及沟通，并且有完整的过程记录。

相关文件及支持材料：过程记录表。

第四，提出 1 条以上的合理化建议。

实施方式：鼓励应届大学生勤于思考、积极学习，主动运用所学知识提升自身的工作能力和技术水平。从小处着眼，从力所能及处着眼，可以是对于工作流程的优化，也可以是对工作环境的改善，或者工作效率的提高，不限定具体的范围与形式。

考核方式：考评小组考核应届大学生是否完成“合理化建议”提交，根据所提交“合理化建议”质量给予评分。

考核要点：应届大学生能够通过参与具体实践工作，结合自身岗位职责，提出有利于提高工作效率、改善工作流程或工作环境等对工作有益的“合理化建议”。

相关文件及支持材料：“合理化建议”重在提升应届毕业生勤于思考、敢于改进的意识，相关文件材料各部门可自行设置格式，具体格式不做统一要求。

第五，提交 1 个以上的经验反馈案例。

实施方式：此项统一规定为案例分析报告的提交。应届大学生结合自身实际工作情况，提交与本岗位工作相关的案例分析报告。要求案例必须来源于实际工作。应届大学生可以独立提交，或作为协助人联合他人（如培养人）提交，但应届大学生需在该项工作中至少有参与某个过程环节并发挥一定作用。

考核方式：应届大学生作为主要编写人或协助人参与案例分析工作，在经验反馈案例完成过程中发挥一定的作用，考评小组根据其参与过程中的表现进行评分。

考核要点：应届大学生是否参与案例分析及编写过程，是否对本案例有足够了解并能清晰陈述，是否在整个过程中承担着全部或部分工作内容；案例本身格式是否规范，结构、内容等方面是否符合公司相关程序要求。

相关文件及支持材料：案例分析报告。

④培养内容中除规定项目外，培养人需结合培养对象拟聘目标岗位要求，制定至少一项与应届毕业生发展方向相匹配的“在岗实践”具体任务。本部分任务内容制定需符合“SMART”原则，并由培养人确定具体的考核方式与措施，培养结果需有明确、具体的材料或数据支持。

二、综合培养（“六个一”计划）

此部分占 20%。作为培养应届毕业生综合能力的主要措施及主要目的在于在应届毕业生中间营造良好的学习氛围，培养人及培养对象结合培养对象具体情况自由选择至少三项项目实施培养，在参与培养项目中选取一项进行考核。

（一）“六个一”具体内容及实施方式

聆听一次讲座：组织公司老专家开展专题讲座（艰苦奋斗、光荣传统）。

实施方式：各部门利用自身资源自行组织，可邀请外部专家，或老专家、老前辈与应届大学毕业生交流，通过老专家、老前辈的言传身教，使应届大学毕业生对企业的创业艰辛和艰苦创业的光荣传统及投身国家事业建设的奉献精神形成真切的感受。如需培训中心在人力及其他资源上予以支持，需提前2个月以邮件或其他书面形式向培训中心提出相关需求。

走上一次讲台：选一个专业知识点在部门内部进行讲解和培训（学习能力和分享意识）。

实施方式：各部门根据应届大学生专业背景及实际能力，安排应届大学生通过自学或参与培训的方式有针对性地学习相关知识与技能。在本部门内，也可以处或科（业务组）的形式开展，组织以应届大学毕业生为讲师的培训或分享活动。通过走上讲台讲课的形式，培养应届大学毕业生乐于分享、敢于交流学习的精神，培养应届大学生的语言表达及学习能力。

参与一个项目：鼓励参与部门项目工作或公司规定项目（如公司青年科技人才培养计划、"三小"活动等，创新意识）。

实施方式：应届大学毕业生以学习或协助的身份参与本部门相关项目工作，使其在工作的最前沿切实感受核电的高效工作方法与方式，通过实际锻炼提高个人能力。安排项目时及项目工作时，应遵循量体裁衣、从小处着眼的原则，循序渐进提高应届大学毕业生工作能力水平，可结合青年科技人才培养计划、"三小"等规定项目开展。如规定项目有报名等要求，并且已完成相关流程，应届毕业生可以编外身份参与学习或协助相关项目工作开展。

参加一项竞赛：积极参加各类演讲比赛、知识竞赛及技能比武活动（进取意识）。

实施方式：各部门应积极组织各类竞赛（包括安全、质量等知识竞赛，或TOP专项等），并鼓励以应届大学生为主体参与竞赛（也可为公司级竞赛项目）。通过竞赛，展现应届大学生的特长和进入核电工作后的所学所得，不断提升新一代核电人主动学习，不断进取的核电精神。

阅览一本好书：例如《西点军校》（执行力）、《问题背后的问题》（责任心）等优秀书籍。

实施方式：各部门积极推动应届大学毕业生良好自主学习风气的形

成，鼓励应届大学毕业生在业余生活中多读书、读好书。培训中心将搜集、筛选，购买有利于应届大学毕业生成长和综合能力提高的优秀书籍，推荐并供应届毕业生选择后发放到各部门应届大学毕业生手中。各部门应倡导及推进应届大学毕业生阅读书籍后撰写书籍读后感想，并向HTC推荐读后感文章作为部门内的优秀学习成果。

观看一部电影或电视剧：例如《世纪之约》（三创文化）等。

实施方式：各部门推动及落实组织应届大学毕业生观看如《世纪之约》之类的影视作品，题材和内容在符合国家相关法律法规的前提下不做限制，倡导及推进应届大学毕业生观看连续剧后撰写观后感，并向HTC推荐观后感文章作为部门或团队内的优秀学习成果。部门如需《世纪之约》拷贝可向工程培训中心申请，由工程培训中心统一提供。

（二）“六个一”实施及考核要求

（1）实施要求

“六个一”部分为大学生“在岗实践”部分培养方式的重要补充，各部门应该结合应届大学生个人专业及自身特点，合理安排应届毕业生选择培养项目。每位应届毕业生参与“六个一”部分培养不得少于三项，培养人在实施培养过程中应关心并跟踪培养对象“六个一”部分选择项目的落实情况，并根据实际完成情况给予必要的支持与辅导。

（2）考核要求

应届毕业生应根据所选项目积极参与项目过程，并选取其中一项以撰写“感言”（如“读后感”“观后感”及“参与某项目工作感言”）等文章形式给培养人审阅后提交“电子版”至部门培训工程师完成考核。文章内容应与参与项目情况及自身感受紧密结合，字数不得低于800字。本项目考核实行一票否决制，考核结果不设具体分数，考核结果以是否完成为依据，未完成将按专项培养考核不合格处理。

三、理论培训

此部分10%。主要是通过集中授课传授核电专业的基础知识，帮助应届毕业生更好地理解一些基本概念和知识要素，由培训中心和各部门分别组织实施。

（1）培训中心组织的培训

岗前培训课程、素质拓展课程、入职培训及基础授权课程、企业文化培训、其他通用技能课程。此部分由培训中心制定统一的考核要求和考核标准。

（2）各部门组织的培训

专业知识、专业技能及部门例行组织的在岗培训课程。此部分由各部门自行制定考核要求和标准。

理论培训部分作为培养期结束培养结果考核，以及见习期内培训考核的重要内容，必须有完整、准确的培训记录和档案。

第五节　培养实施与考核管理

一、培养实施

培养依据：应届毕业生的培养过程、结果考核及应用须严格遵照公司《技术人才在岗培养指导办法》（师徒制）、《在岗培训管理》及《公司员工试用（见习）期考核及初次技术岗位聘任管理规定》等程序的有关规定执行。

培养对象：应届毕业生专项培养方案面向公司全部应届毕业生，包括联合培养班学员及其他应届本科毕业生、硕士毕业生等。

培养时间：应届毕业生培养工作正式启动时间为 7 月 1 日，7 月 1 日前到岗报到毕业生统一以 7 月 1 日为培养起始日期，后续报到员工培养起始时间以到岗时间为准。各部门应届大学生培养截止及考核时间按拟聘岗位时间确定为第二年 4 月 30 日或 6 月 30 日，具体根据应届毕业生实际到岗时间进行对应选择。

培养人选定：培养人选定过程中，原则上要求培养人职级不得低于 B4；培养人人数不足的部门，可适当选任部分具备一定经验的 B3 职级技术人员承担培养任务，保障各项目应届毕业生培养工作的顺利实施。

培养申报及启动：培养人选定及结对完成后，各部门需在一周内根据填写应届毕业生专项培养申报表发送工程培训中心进行申报（见申报表模板），经培训中心审核后录入应届毕业生专项培养系统，启动培养工作。

培训关系变更：培养关系发生变化的须向工程培训中心备案，经被培养人所在处领导签字确认后，由培训中心在系统中进行调整（见变更备案表）。

培训过程控制：培训中心将针对应届毕业生培养过程进行监控，采取抽查及电话访谈等方式不定期了解应届毕业生的培养情况，针对不符合要求项目及时提出纠正建议并跟踪改进结果。

二、考核管理

（1）考核实施

各部门按照本方案要求，于培养结束时成立考核小组对培养人及被培养人培养情况进行考核。其中，“应届毕业生专项培养系统”中考核内容仅为“在岗实践”部分及“综合培养”部分内容，并且“综合培养”部分考核采取一票否决制的考核方式，不设置具体考核权重及分数。

考核过程及结果应公正、客观，考核所需各项材料应完整且符合本方案及相关程序要求。其中，考核完成后应完成的内容具体如下：

①“应届毕业生专项培养系统”内填写：

·《应届毕业生在岗实践培养任务书》一份。

·《应届毕业生在岗实践培养过程记录表》（1 次 /2 月频度记录）一份。

·《应届毕业生在岗实践培养考评表》一份。

·《应届毕业生在岗实践总结报告》一份。

②**“应届毕业生专项培养系统”上传：**“六个一”项目感言文章（选取其中一项）一份（Word 电子版）。

③**提交培训中心（如有变更）：**签字确认《应届毕业生专项培养信息变更表》。

（2）考核结果应用

本专项“在岗实践”及“综合培养”部分考核结果替代应届毕业生新员工聘岗前在岗培训考核成绩，无须另外按照“师徒制”模式进行在岗培养工作。

（3）考核责任及依据

应届毕业生培养结果的考核根据培养内容确定的考核权重和责任主体如表 8-1 所示。

表 8-1　考核权重和责任主体

培养内容	考核责任	考核依据
在岗实践	所在部门	“应届毕业生专项培养系统”记录
综合培养	培训中心 所在部门	
理论培训	培训组织单位	培训记录

第六节　各部门在培养工作中的职责分工

表 8-2　各部门在培养工作中的职责分工

部门	职责
人力资源部	制定并推进应届毕业生培养专项方案 为各部门在培养过程中提供资源并解决各类问题 探索应届毕业生培养工作的特点和规律，完善应届毕业生培养机制 开发和实施公共的培训课程和培养计划

续表

部门	职责
业务中心 / 职能部门	协助培训中心推进应届毕业生专项培养工作 确定培养目标并组织制订计划（落实岗位） 向项目部分解人才培养的责任并进行过程控制 负责组织对应届毕业生培养结果进行验收的考核 协调和调配各项目部之间的人才培养，资源并建立项目部之间人才培养的信息平台
项目部	制订应届毕业生的培养任务书和培养计划 按业务中心的要求组织实施应届毕业生培养，并建立相关的培养记录和档案 及时总结、反馈和调整培养过程中的各类问题 将业务中心分配的应届毕业生落实到项目部的具体岗位，进行在岗培养 进一步拓展培养资源，丰富和创新培养措施

第七节　附件

一、《应届毕业生专项培养申报表》（模板）

表 8-3______（部门）应届毕业生专项培养申报表

序号	培养对象				培养时间			培养人				备注
	员工号	姓名	所在企业（分部 / 处）（所 / 室）（队 / 办）	拟任职岗位	到岗时间	培养起止时间		员工号	姓名	任职岗位	职级	
						起	止					
1												
2												

部门培训工程师确认：

二、《"应届毕业生专项培养"培养关系变更备案表》（模板）

表 8-4______（部门 / 处）"应届毕业生专项培养"培养关系变更备案表

序号	培养对象			变更信息		变更原因
	员工号	姓名	所在处 / 室	原培养人	变更后培养人	
1						
2						

编制：　　　　　　　　　　　　处 / 室领导审批：

三、《应届毕业生专项培养协议书》（模板）

《应届毕业生专项培养协议书》

1. 承诺

我们自愿签订本协议，在协议期内，培养人保证按照培养计划认真传授专业技术、技能和公司文化。被培养人保证虚心求教、勤奋学习、努力工作。经过共同的努力，在协议期满后，保证达到培养计划规定的目标。同时，培养人和被培养人应积极配合本部门的考核工作并在规定的协议期内，分别遵守如下规定：

（1）培养人

①根据已确定的培养目标为被培养人明确岗位责任，制订培养任务书和培养计划（见《应届毕业生专项培养任务书》），并确认被培养人充分理解并达成一致。

②负责对被培养人的学习、工作进行全面管理，并对被培养人的培养效果进行阶段考核。

③根据实际情况安排被培养人承担具体的工作任务，并具有对被培养人的绩效和奖励进行调整的建议权。

④主动向被培养人传授专业知识和实践经验，承担被培养人在培养内容范围内出现的过失或其他可能的风险。

（2）被培养人

①认真阅读并充分理解培养任务书和培养计划，掌握本岗位所应承担的责任及工作标准。

②在培养过程中对不理解的问题随时可以请教培养人，对工作中遇到的困难随时请求培养人帮助。

③主动接受培养人对自己的工作安排，主动向培养人提出需要学习和了解的工作技能，主动承担力所能及的工作任务。

（3）本单位行政主管领导（处级）

负责对本协议履行情况的监督管理，组织培养期满后培养人和被培养人的综合考核工作。

2. 培养期

培养期自　　　年　月　日至　　　年　月　日，共　个月。

3. 补充条款

本协议一经签订须双方严格执行，如因客观情况需要，在培养期内培养计划、培养周期或培养关系发生须进行调整和变更的，须报本单位行政主管领导（处级）审批同意后方可有效，并在本协议附页中做好记录。

表 8-5　培养协议内容变更记录

培养协议内容变更记录		
第 1 次变更内容	培养人确认	行政主管领导（处级）审核
第 2 次变更内容	培养人确认	行政主管领导（处级）审核
第 3 次变更内容	培养人确认	行政主管领导（处级）审核

备注：①此表由培养人填写，并由其向被培养人和相关人员做好解释和交接。②此表同协议的正式内容同等生效。

表 8–6　应届毕业生专项培养任务书

（被培养人、培养人共同填写）

<table>
<tr><td>被培养人姓名</td><td></td><td>员工号</td><td></td><td>到职时间</td><td></td></tr>
<tr><td>所在部处</td><td colspan="5"></td></tr>
<tr><td>培养人姓名</td><td></td><td>培养人岗位</td><td colspan="3"></td></tr>
<tr><td colspan="6"></td></tr>
<tr><td>序号</td><td colspan="2">培养目标 / 培养内容</td><td>权重</td><td>完成时间</td><td>考核方式</td></tr>
<tr><td colspan="6">规定项目（占　%）</td></tr>
<tr><td>1</td><td colspan="2">学习业务程序和管理流程</td><td></td><td></td><td></td></tr>
<tr><td>2</td><td colspan="2">参与组织 2 次以上工作会议</td><td></td><td></td><td></td></tr>
<tr><td>3</td><td colspan="2">主动向培养人汇报工作（1 次 /2 月）</td><td></td><td></td><td></td></tr>
<tr><td>4</td><td colspan="2">提出 1 个以上的合理化建议</td><td></td><td></td><td></td></tr>
<tr><td>5</td><td colspan="2">提交 1 个以上的经验反馈案例</td><td></td><td></td><td></td></tr>
<tr><td colspan="6">具体任务项目（占　%）</td></tr>
<tr><td>1</td><td colspan="2"></td><td></td><td></td><td></td></tr>
<tr><td>2</td><td colspan="2"></td><td></td><td></td><td></td></tr>
<tr><td colspan="6">“六个一”项目</td></tr>
<tr><td>1</td><td colspan="2"></td><td rowspan="3"></td><td></td><td rowspan="3">“______”
项目感言</td></tr>
<tr><td>2</td><td colspan="2"></td><td></td></tr>
<tr><td>3</td><td colspan="2"></td><td></td></tr>
<tr><td>被培养人意见</td><td colspan="5">签名：　　日期：</td></tr>
<tr><td>培养人意见</td><td colspan="5">签名：　　日期：</td></tr>
</table>

※ 本协议不含课程部分内容，理论课程部分根据新员工聘岗相关规定及课程具体考核要求执行。

表 8-7　应届毕业生专项培养过程记录表

（被培养人、培养人共同填写）

被培养人姓名		**员工号**	
培养期限	自　　年　月　日—　　年　月　日 / 共 _____ 个月		
培养记录（可附页）			
第　个月培养记录			
本阶段完成培养情况			
存在问题			
改进措施			
被培养人	日期：	培养人：	日期：
第　个月培养记录			
本阶段完成培养情况			
存在问题			
改进措施			
被培养人	日期：	培养人：	日期：
第　个月培养记录			
本阶段完成培养情况			
存在问题			
改进措施			
被培养人	日期：	培养人：	日期：

续表

培养记录（可附页）			
第　个月培养记录			
本阶段完成培养情况			
存在问题			
改进措施			
被培养人	日期：	培养人：	日期：

表 8-8　应届毕业生专项培养总结报告

培养对象姓名		员工号		实际培养起始时间	
培养人姓名		员工号		实际培养截止时间	
培养总结（由培养对象填写）					
培养任务完成情况总结（针对每项任务全面总结，要有深度。800 字以上，不足可附页）					
培养总结（由培养人填写）					
培养人对报告的评审意见					
培养人对培养目标达成情况的评估					
评审意见（填写意见并签字）					
考评小组意见					

四、《应届毕业生专项培养考评表》模板

表 8–9　应届毕业生专项培养考评表

日期：　　年　月　日

<table>
<tr><td>被培养人姓名</td><td></td><td>员工号</td><td></td><td>所在部处</td><td colspan="2"></td></tr>
<tr><td>培养人姓名</td><td></td><td>所在部处</td><td></td><td>培养人岗位 / 职级</td><td colspan="2"></td></tr>
<tr><td>培养期限</td><td colspan="6">自　年　月　日—　年　月　日 / 共______个月</td></tr>
<tr><td colspan="7">被培养人考核</td></tr>
<tr><td>考核项目</td><td colspan="3">考核要素</td><td>权重</td><td>评分</td><td>折算分</td></tr>
<tr><td rowspan="5">在岗实践培养规定项目</td><td colspan="3">学习业务程序和管理流程</td><td></td><td></td><td></td></tr>
<tr><td colspan="3">参与组织 2 次以上工作会议</td><td></td><td></td><td></td></tr>
<tr><td colspan="3">主动向培养人汇报工作（1 次 /2 月）</td><td></td><td></td><td></td></tr>
<tr><td colspan="3">提出 1 个以上的合理化建议</td><td></td><td></td><td></td></tr>
<tr><td colspan="3">提交 1 个以上的经验反馈案例</td><td></td><td></td><td></td></tr>
<tr><td rowspan="2">具体任务项目</td><td colspan="3"></td><td></td><td></td><td></td></tr>
<tr><td colspan="3"></td><td></td><td></td><td></td></tr>
<tr><td rowspan="3">“六个一”项目</td><td colspan="3"></td><td rowspan="3">完成情况</td><td>Y □ /N □</td><td rowspan="3">“感言”完成情况
Y □　N □</td></tr>
<tr><td colspan="3"></td><td>Y □ /N □</td></tr>
<tr><td colspan="3"></td><td>Y □ /N □</td></tr>
<tr><td>考评结果</td><td colspan="3">□合格　□不合格</td><td>考评成绩</td><td colspan="2">综合成绩　分</td></tr>
<tr><td>考评小组成员</td><td colspan="6">培训工程师__________、专家__________、行政领导__________</td></tr>
</table>

本协议不含课程部分内容，课程部分根据新员工聘岗相关规定及课程具体考核要求执行。

第九章
管理干部培养项目设计

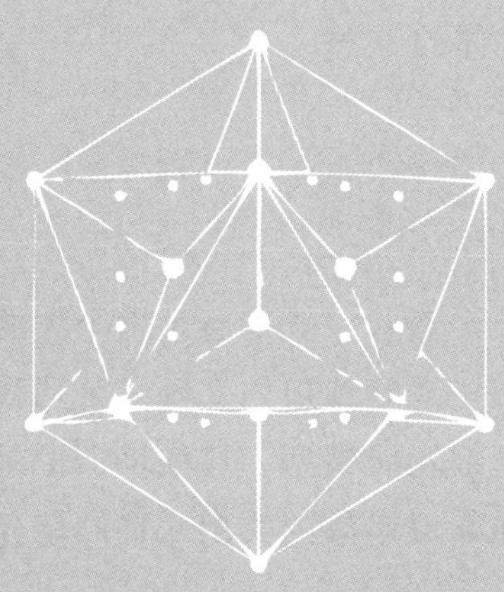

好的培训设计对学员来说是加油站，糟糕的设计就是刑具。每个人的时间成本真的很重要，培训人一定要有使命感，不能拍脑门做决策，一定要赋予学员优良体验。

对于每个培训人来讲，培训设计的难度要比培训实施大、挑战大。为什么会这样呢？因为一个培训方案设计一定是要经过两次创造过程，一次是你自认为完美的创造，是你基于个人理解、在信息不对称的条件下做出来的，还有一次是需要经过多方博弈后形成的最终方案。

根据我做过的一些方案经验，我认为呈现给领导审批的方案按照“需求分析 – 项目规划 –‘五化’运营 – 成果转化”的结构进行设计，一次通过率会大大提高。

第一节　需求分析

调查研究是做好培训工作的基本功。我们在做一个培训项目设计之前，一定要认真做好调查，只有真正深入学员的工作，掌握其面临的实际困难，才能有的放矢地开展培训工作，获得良好的效果。当你把相关的调查数据都一一呈现后，领导就知道你为了完成这个方案做了哪些工作，他会觉得你确实用心了，会放心地通过你的方案。

一、收集相关资料

收集相关资料的作用就是确定培训需求，笔者一般是通过六个大的渠道进行项目需求分析。这六个渠道就是公司战略性规划文件、公司领导讲话中涉及管理干部培养的要求、管理干部发展模型、过往培训记录中的学员反馈、培训归口部门领导的意见和其他单位同类型人群的培养方案。

（一）公司战略性规划文件

公司未来发展的重点领域都会在规划文件中有所体现，相应的也会对人才培养提出具体需求，因此要学会从纲领性文件中提取培训重点。在做方案设计时，你肯定要从逻辑上说清楚培训需求从哪里来的，一般都是要提升文件的高度，你要是有政府部门的文件和要求，就从里面提取一下，接着再从集团的文件去获取，然后从公司文件去获取，层层筛选，最后凝练出几个关键点。

我在做一个管理项目的设计时，先去查询集团的战略方向是怎么提的，当时有四句话：国际化发展、市场化运作、精益化管理、专业化经营，琢磨一下核心要求，就可以做出这样的分析：

国际化发展需要员工具备：

· 国际视野，对于国际规则的了解与掌握。

· 海外风险管控，国际经营决策。

· 打造并管理国际化团队，促进多元文化融合，提升语言技能。

市场化运作需要员工具备：

· 敏锐的市场触角，关注外部的趋势与变化。

· 客户导向，及时响应市场化变化。

· 关注政府、合作伙伴、社区等外部关系建立与维护。

· 强化各业务领域的投资收益分析。

· 快速适应新环境、新挑战，具有商业头脑，了解新兴商业模式，善于经营。

精益化管理需要员工具备：

· 精益管理的意识与工具掌握。

· 加强运营管理能力。

专业化经营需要员工具备：

· 巩固核心业务，复制运营和管理能力，提升多基地协同运营效率。

· 提升公司品牌，宣传推广共同价值观。

· 加快创新，提升科技研发能力。

· 加强人才梯队建设。

通过这样的思维发散和关联，你就能从公司战略方向上找出培训需求要点，至于这些要点最终的优先次序，就需要培训经理综合考量，多方面听取建议后做出判断。

（二）公司领导讲话中涉及管理干部培养的要求

管理者的职责基本上可以分为三类关键活动：完成任务、建设团队及培养员工。培养员工是每一个领导都比较重视的工作，所以在不同的场合关于人员的培养，领导干部一定会提出具体的要求。这些要求有些是领导从公司的发展角度发自肺腑提出来的，有些是人力资源部门借助领导的嘴说出来的。总之，每个企业一定会有这样的管理干部培养的要求，我们要做的就是直接把这些要求拿来用。

例如某集团公司党委书记、董事长、总经理在集团培训年度工作会议上，明确提出了领导干部的 12 字标准，就是要做到“讲政治、勇担当、强本领、守廉洁”。

一是讲政治。要始终坚持党的领导，进一步提高政治站位，在思想上、政治上、行动上与党中央保持高度一致，自觉站在党和国家工作大局的高度，主动为党分忧，为党尽责，坚决扛起确保核安全的重大政治责任，毫不犹豫地把国家利益、人民利益放在第一位，做到企业发展坚决服从党和国家战略。

二是勇担当。干部是事业发展的领头雁，有多大担当才有多大事业。各级干部要把推进高质量发展的重任担起来、落实好，做新时代的实干家。

三是强本领。要不断提高实现新目标、落实新部署的能力。要有战略思维和全局视野，着眼根本、全局和长远来思考和处理问题；要有市场意识、创新意识，勇于接受市场检验，善于在市场竞争中取胜；要能带队伍，会做思想工作，增强团队凝聚力、战斗力。

四是守廉洁。干部要有良好的职业操守和个人品行；要做“三严三实”的典范，谨慎用权，严守底线；要做廉洁奉公的表率，努力营造风清气正的政治生态。

这四个方面让我们把握公司领导的思路，管理干部的培养方向非常明晰。

（三）管理干部发展模型

很多管理成熟的公司都会有自己的模型，这些模型的产出本身就经历过多方调研、多方打磨、多方博弈，最终才形成了一个方便大家记忆和遵循的模型，这个模型同样对我们在做培训项目设计时有指导作用。

素质模型其实是个很好的抓手，不过它需要结合相应的素质模型题库去运用。员工通过测评能找出短板，进而有针对性地实施培养，目前看很多公司都是捏了一个模型，缺乏相应的前端测评和后端测评的闭环管理，这让素质模型在一定程度上不具备太高的可信性。无论如何，每个公司的素质模型都反映了一个企业的价值取向，还是可以提供借鉴的。

例如某公司的管理岗位素质模型从经营管理、任务管理、团队管理、自我管理四个方面的能力素质去做考量，经营管理、任务管理、团队管理、自我管理四个维度又相应地拆分成八个子维度。如图 9–1 所示。

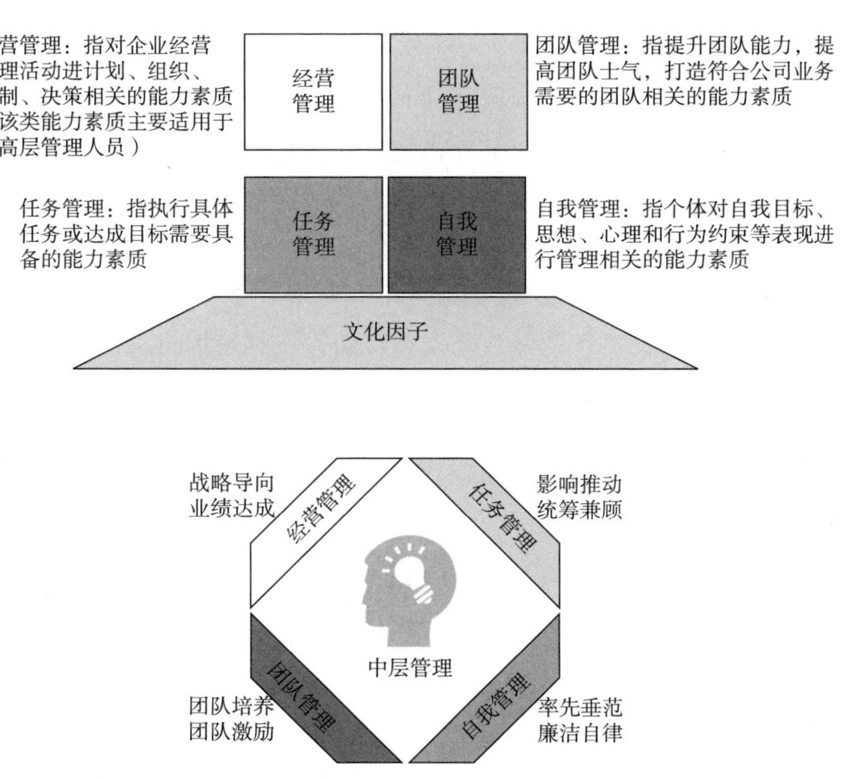

图 9–1　某公司的管理岗位素质模型

这八个子维度都有相应的定义，从定义中我们可以提炼培训需求，为方案内容设计找到依据。

战略导向：深入理解并认同公司的发展战略，以此作为工作的出发点，指导具体的决策与行动，确保各项经营管理活动与公司战略相一致。

业绩达成：明确自身定位，理解需要达成的业绩目标，将目标逐步分解，合理制订实现业绩目标的计划，并向下级宣导。在职责范围内，创造业绩达成的环境，提供并协调相关资源，运用不同经营管理方法，为达成业绩目标努力。

影响推动：在任务推进和部门/分公司日常管理中，能够敏锐地识别影响任务进程的关键因素，采取适宜的途径、方法或手段应对，有策略地推进，进而对相关方施加影响，保证工作的有序进行。

统筹兼顾：深入分析和思考问题，对相关影响因素进行系统考量，从公司长远发展出发，兼顾长短目标，兼顾员工、部门、企业的整体利益，通过对事物全方位的分析，对工作进行整体谋划。

团队激励：通过多种激励方式对团队成员的成绩做出认可，完善激励机制和激励手段，充分发挥领导魅力，激发整个团队的工作积极性和提高团队凝聚力，营造良好氛围，激发员工内驱力。

团队培养：持续关注员工的成长与发展，能够识别人才，善用人才，为下属提供针对性的发展建议与帮助，让其发挥自身优势，为公司创造更高价值，助力个人成长。

率先垂范：高度认同公司的价值理念，严格要求自己，做出表率，知行合一、身体力行干好工作，并带头接受监督，树立好榜样，带出好风气。

廉洁自律：心怀敬畏，主动做到在法律规范和道德面前不逾矩，在公司规章纪律面前不放纵，言行一致，清正廉洁，能自觉接受群众监督。

（四）过往培训记录中的学员反馈

我们在获取培训需求的时候还有一个很重要的途径就是和学员的交

流中得到的，这种交流有些是正式的，有些是非正式的。正式的途径包括一年一度的培训需求调查、培训项目结束后的满意度评估里面的需求调查、业务部门主动提出的培训需求等，非正式途径包括和学员的聊天中、学员的抱怨中等获取的需求。多和学员打交道，把他们当作内部客户，当作你从事这份工作的衣食父母的心态去做培训，就没有做不好的。

（五）培训归口部门领导的意见

除了公司高管的意见，培训归口部门领导的意见尤为重要。很大程度上，你做好方案要过的第一道关就是给直接领导审核，所以你的方案在设计之前一定要和直接领导达成共识，了解一下他的看法和建议，甚至掌握一下他在培训设计方面的偏好，这样你的方案设计方向才不会走弯路。比如我的直接领导曾经在大学做过教授，比较喜欢传统的经典管理学，对市面上比较流行的成功学很排斥，所以做好培训目标设计、规划好内容，准备选取培训形式的时候一定要避免成功学讲座。

（六）其他单位同类型人群培养方案

他山之石，可以攻玉。广泛地借鉴同类型的方案设计可以给你带来启发。我做项目设计的时候，首先要做的就是找同行要相关资料，只有将那些方案摸透，再结合公司的情况做设计才会得心应手。例如我在做后备干部培养项目设计的时候，我从同事、兄弟单位、培训供应商和知名企业那里收集了将近 30 份的方案，有了这些方案做输入，对要打造的项目更有底气。

二、确定培训需求

经过前面的资料搜集工作，就可以着手做项目呈现的 PPT 了。做方案的时候要清楚，这个方案主要是给领导汇报用的，太细的内容不用放在上面，只要把提纲挈领的内容呈现出来即可。

（一）回顾项目背景

这个用来呈现为什么开展本次项目，一般有两种情况：一种是这个项目已经实施很多年，这次只是迭代的需要；另一种是组织面临新的机遇和挑战，需要通过这样的培训传达一定的新气象。

我在做一个管理干部培训项目背景陈述的时候，只写了两页 PPT：第一页是公司战略发展要求；第二页是员工敬业度调研改善要求。

（1）战略发展要求

2012 年，核服集团开始大力改革，经过几年转型发展，基本实现了“十二五”目标。

此前，核服集团已确定了 2016-2018 年“3+3”发展战略。2016 年不仅是“十三五”的开局之年，还是核服集团 2015-2017 三年转型升级期的承上启下年，更是核服集团固本强基、创新发展、培育核心能力、大力拓展市场，全面推动转型升级的行动年。如图 9-2 所示。

（2）员工敬业度调研改善要求

2015 年，核服集团开展了敬业度调查项目，调查发现三个方面的突出问题。其中，对中基层管理人员提出相应要求，具体如图 9-3 所示。

某个中层管理干部培训项目已经实施有一段时间了，这次是更新迭代要求，因此在陈述这个项目背景时可以这样写：

第一页 PPT：MDP1.0 项目于 2017 年 10 月正式启动实施，全面覆盖公司中层管理干部，截至 2019 年 9 月完成 1~4 期培养班的组织实施，结业 130 人，累计 600 学时。2019 年 6 月又启动了 5~6 期培养班，参训人员 80 人，于 2020 年下半年完成。该项目的实施有力地促进了新能源板块的大融合，全面地提升了新能源干部队伍的管理素养和能力，有力地助推了新能源板块的快速发展。

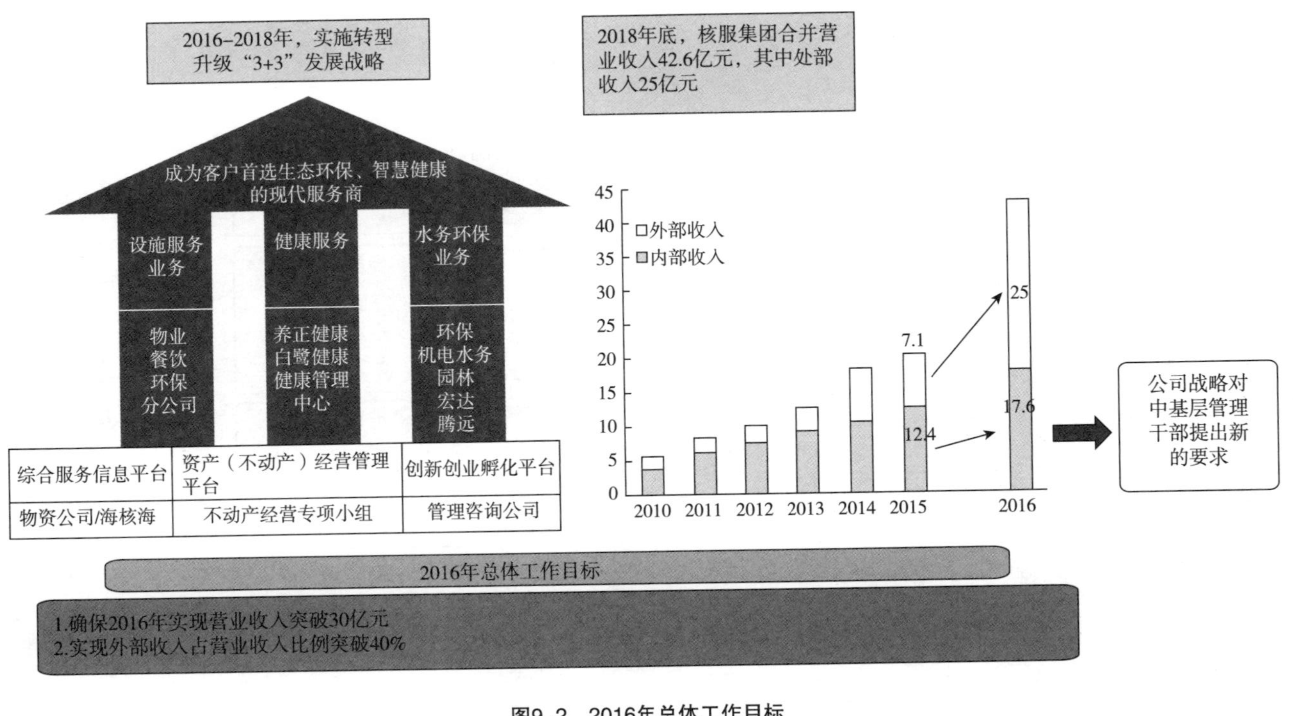

图9-2 2016年总体工作目标

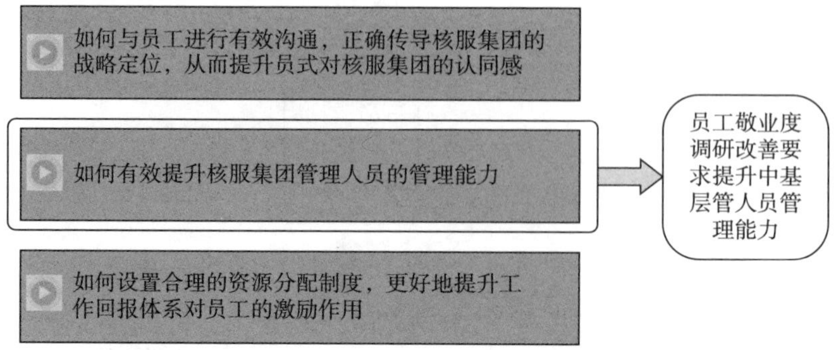

图 9-3　员工敬业度调研改善要求

第二页 PPT：根据公司战略发展需要，对在任中层管理干部提出新的要求，MDP 项目面临着迭代的内在需要，公司计划于 2020 年启动 MDP2.0，本次项目将突出精准滴灌、精准培养，不搞“一刀切”，分层分类实施专业化培养、细分培养对象，聚焦业务问题，抓住关键环节，因材施教，精益化培养。同时，强化墩苗历练，注重实践锻炼，在推进重点工作中做知识转化，练就本领，提高中层管理干部培养的针对性和实效性。如图 9-4 所示。

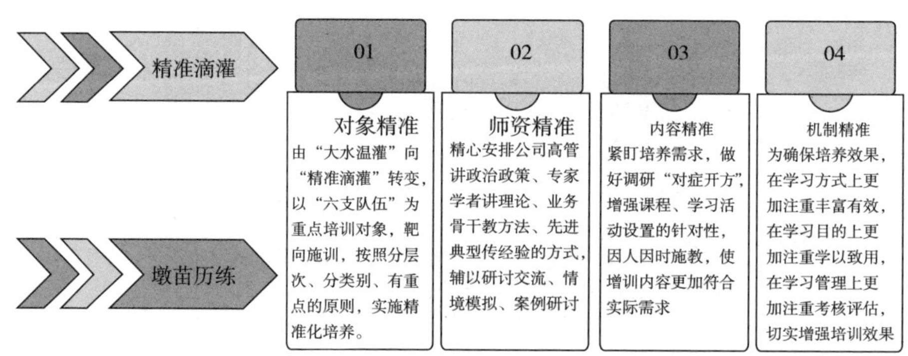

图 9-4　精准滴灌、墩苗历练

总之，文无定式，武无长形。只要能通过 1~2 页 PPT 把项目背景说清楚即可，让领导知道设计项目是基于什么角度考虑的，谨记一点，呈现给领导的东西一定要惜墨如金、条理清晰、逻辑顺畅，切记没完没了。

（二）厘清培训需求

前期我们收集了大量的资料，做了细致的培训需求调查，可以按照战略需求分析、目标岗位需求分析、转型分析等维度、培训需求汇总、其他单位良好实践去凝练培训需求，提出人员培养的重点。

例如，某项目在做培训需求分析时候是这样呈现的：

（1）战略需求分析

集团未来的机遇 / 挑战：

· 更加激烈的市场竞争。

· 电力市场体制改革。

· 国际化。

· 新产业的涉足与孵化。

· 多元化业务快速发展。

· 再造两个公司。

· 互联网 +、行业溶解 / 变迁。

· 复杂多变、模糊不确定。

高管主要任务

1.制定、实施本单元战略
2.获取处部资源，进行有效配置
3.实现经营业绩或者绩效目标
4.凝聚、建设班子
5.培养组织人才
6.启动变革
7.建立外部关系

能力

· 发展战略人际关系
· 有影响力的沟通
· 国际视野
· 建立战略方向
· 企业家精神
· 业务敏锐性
· 培养组织人才
· 描绘愿景
· 高管风范

个性

· 勇于承担
· 结果导向
· 开放心态
· 弹性应变
· 协作共赢
· 均衡的策略思维与执行力

工作经验

· 管理多重职能，带领多个团队
· 重大项目管理实施
· 应对困难的业务状况
· 处理处部关系
· 业务与市场部门经验
· 制订与执行战略计划
· 处理危机事件

组织知识

· 专业领域知识
· 财务（财务报表/财务指标）
· 管理/领导力
· 人力资源与人才管理
· 战略规划
· 法规/政策
· 政治/经济/技术最新趋势

图 9–5　高管职位的胜任要求

（2）目标岗位需求分析

①高管职位的胜任要求。

②公司领导提出的胜任力要求。

· 讲政治：要在国务院国资委领导下跟党走。

· 讲原则：规章制度是原则，必须认真学习，严格执行；党组、总经理部及有关会议确定的事情是规矩，要讲原则，守规矩，认真落实。

· 创业绩：领导班子要对企业承担责任，其中最主要的是发展责任，经营业绩由总经理部负责。

· 德为先：关键是在用人上要德才兼备、以德为先。

· 胸怀宽：要虚心听取意见，尤其是听取不同的意见，做到兼听则明。对于有异议的事，要加强沟通，争取达成共识，取得良好效果。

· 不猜疑：猜疑很难形成团队，猜疑无法团结共事。

· 重管理：要注重调查研究，注重和把握细节。

· 做表率：班子成员要起模范带头作用，要用高标准严格要求自己，要忠于党、忠于集团、忠于事业。

· 守廉洁。

（3）转型分析

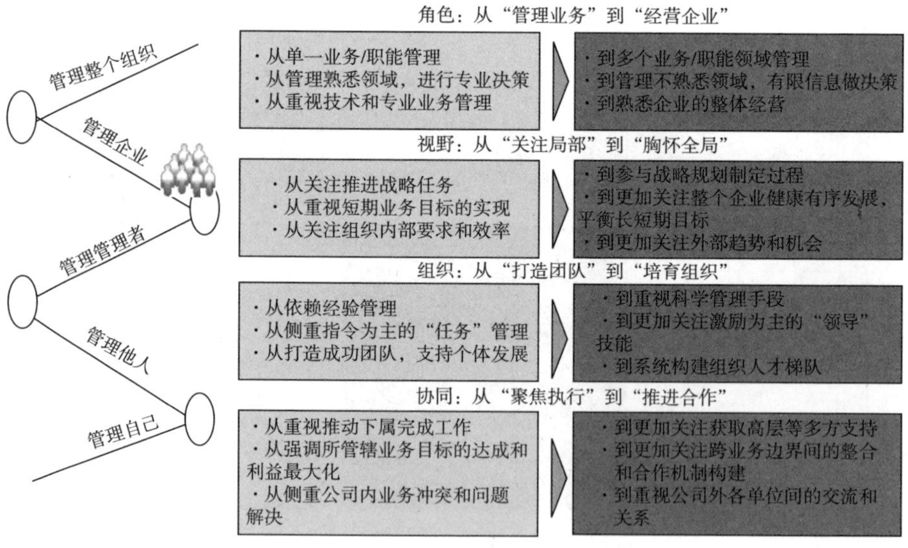

管理整个组织
管理企业
管理管理者
管理他人
管理自己

角色：从“管理业务”到“经营企业”

· 从单一业务/职能管理
· 从管理熟悉领域，进行专业决策
· 从重视技术和专业业务管理

· 到多个业务/职能领域管理
· 到管理不熟悉领域，有限信息做决策
· 到熟悉企业的整体经营

视野：从“关注局部”到“胸怀全局”

· 从关注推进战略任务
· 从重视短期业务目标的实现
· 从关注组织内部要求和效率

· 到参与战略规划制定过程
· 到更加关注整个企业健康有序发展，平衡长短期目标
· 到更加关注外部趋势和机会

组织：从“打造团队”到“培育组织”

· 从依赖经验管理
· 从侧重指令为主的“任务”管理
· 从打造成功团队，支持个体发展

· 到重视科学管理手段
· 到更加关注激励为主的“领导”技能
· 到系统构建组织人才梯队

协同：从“聚焦执行”到“推进合作”

· 从重视推动下属完成工作
· 从强调所管辖业务目标的达成和利益最大化
· 从侧重公司内业务冲突和问题解决

· 到更加关注获取高层等多方支持
· 到更加关注跨业务边界间的整合和合作机制构建
· 到重视公司外各单位间的交流和关系

图 9-6　转型分析

（4）培训需求汇总

表 9-1 培训需求

	角色	视野	组织	协同
战略需求	·推动市场化进程和内涵增长，成为真正的企业经营者	·拓展外部视野，强化市场意识和效益 ·国际视野	·促进多元团队融合，关注组织文化的建设	·重视公司外部关系建立，构建战略联盟
目标岗位要求	·夯实管理基础，成为应对复杂问题的高效决策者	·站在 CEO 视角理解各业务职能的价值定位	·通过描绘激励等段激励团队，加强组织人才培养	·扩大人际圈子，推动跨业务单位间的合作
转型难点分析	·提升自身能力，管理更多领域，适应多重色	·系统关注战略规划过程，建立全面的战略视野	·学会管理更大规模的团队	·内外部关系的建立与维系，获得资源与多方支持
学习主题分析	·高管角色认知 ·自我认知	·外部形势 ·战略思维 ·商业模式 ·财务指标 ·国际视野	·凝聚团队 ·组织能力构建 ·公司治理与管控	·内外部关系建设与维护

（5）其他单位良好实践

该部分内容需要项目设计者把你搜集到其他同行业类型企业针对同一批培养对象所设计的培养方案呈现出来，让领导知道你不是闭门造车。

例如：外部实践对标——华润 70 班培养方案。

（三）界定培训收益

经过上一个步骤，我们可以提炼出培训收益了，让领导知道培训的预期效果。

某个中基层领导干部培养项目，在调查中，发现中基层管理干部在五个方面存在问题（能力短板），围绕这些问题（能力短板）确定了中基层管理干部的培训目标，具体如图 9-8 所示。

在做某个领导的中层管理干部培养项目时，分别从拓宽视野到升华格局，从战略共识到行动同频，从训战结合到执行合一，描述了培养项目实施后的美好画面，塑造了一个非常美好的愿景。如图 9-9 所示。

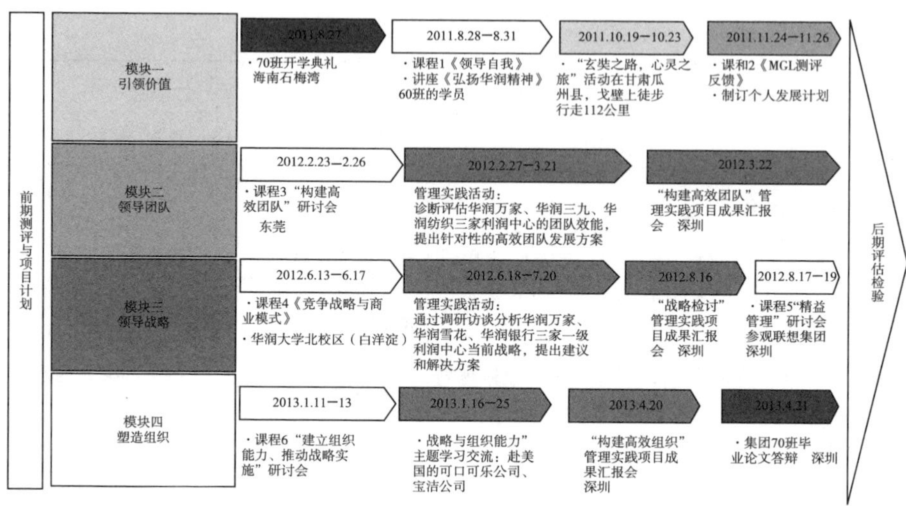

图 9-7　华润 70 班培养方案

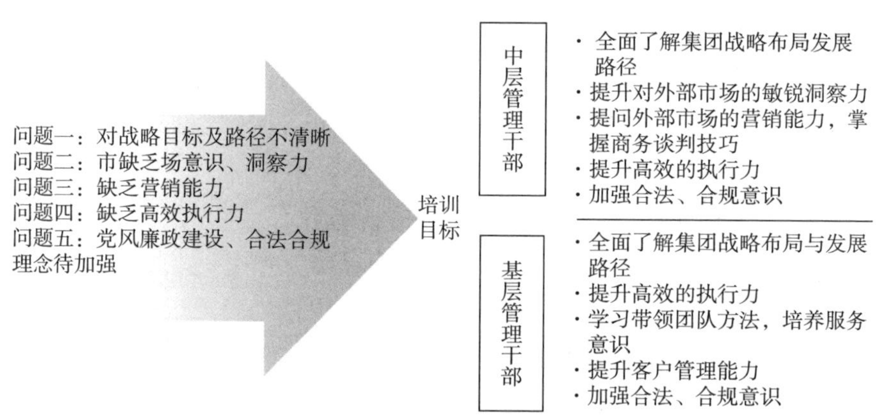

图 9-8　中基层管理干部的培训目标

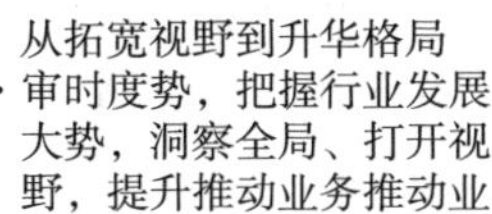

图 9-9　中层管理干部培养项目

第二节　项目规划

一、明确设计理念

项目设计理念就是设计项目依据的方法论，常用的方法论如下：

（1）“721”法则

根据麦肯锡咨询 McKinsey 权威研究，成人的学习应遵循一般的规律，即著名的“721”法则。70% 有效学习应来自实践，20% 应来自他人的辅导与反馈，10% 应从正式课程中获取。

（2）CCL

美国创新领导力中心 CCL 的权威成果，发展项目的设计原则应同时具备评估、挑战、支持三大因素。首先，要让他人通过反馈更全面地了解自己；其次，要让他人离开舒适区，尝试一些新事物；最后，在这个过程中和结束后给予恰当的支持。

二、确定项目设计思路

一般来讲，项目设计思路都是围绕自我、团队、业务、战略、人际等方面进行，需要根据项目实际情况去规划模块，采用模块化设计进行学习，就如我们上学的过程一样，每天、每周、每月学习不同的模块内容，然后经由大脑或者实际工作场景进行应用，最后融会贯通。

某一项目是按照管理自我、管理人际、管理团队三个模块进行设计的，通过这三个模块把学习内容串联起来。

管理自我：当管理者角色发生改变时，快速的定位和认知是管理者最迫切的需求，自身工作理念的改变对于中层管理者最有效，那么如何才能高效、快速地导入管理思维呢？这就需要我们考虑用什么方式才能达成这样的目的。

管理人际：管理人际是一项必不可少的领导技能，对于中层管理者而言，管理他人的同时，为自己的团队辅导优秀人才同样不可或缺。有效的辅导下属能够提高团队凝聚力及团队效能。

管理团队：管理协作有时不仅仅是团队内部的沟通合作，甚至难免会涉及跨部门的沟通协作，身为中层管理者如何打破企业内部的部门墙，是一项考验管理能力的巨大挑战。

三、制作学习全景图

学习全景图，也称为项目的整体架构，通过一张图能够呈现整体项目设计框架，我一般建议按照主题线、时间线、内容线、形式线、成果线逻辑去做学习全景图。

（1）主题线

主题就是模块的主题内容，好的主题能够起到提纲挈领的作用。我在做一个中层管理干部培养项目的时候，把项目分成四个模块，对应的有四个主题，分别是“认识自我、积极融合”“领导团队、形成合力”“聚焦战略、优化管理”“关注业务、赢得市场”。

（2）时间线

时间线就是呈现各个主题的计划实施时间，让人清楚你的时间周期。明确时间线的好处就是这个培训项目可以确保参与人能够掌握进度，更好地安排工作等，花更多的精力进行培训学习。

（3）内容线

内容线主要呈现你项目设计的学习内容，该学习内容可以围绕态度、知识、技能等维度，进行学习内容设计。

（4）形式线

有了学习目标和内容，接下来就要考虑采用什么形式去实现学习目标。比如你要去一个地方，地方是固定的，怎么去有多种方式，乘坐公交、地铁，也可以自己驾车。总之，方式有很多种，目标只有一个，至于用什么方式，就要考虑学员的接受度和组织文化的影响。

（5）成果线

有投入就有产出，每个阶段既然组织投入了资源，就要考虑产出，这种产出哪怕是自卖自夸，也要一一罗列出来。严格地讲，培训评估确实不是一项好做的工作，无法直接进行量化，但是你可以从某些方面感受到培训带来的改变。

有一次培训项目，安排了宣传片拍摄，我接受采访时，导演问我这个培训项目对组织带来了哪些影响？我细细琢磨后，发自肺腑地说：“这个项目刚实施的时候，大家来自五湖四海，思维方式都不相同，感觉不像一个团队，更像一个团伙。经过几年的培训，持续不断地投入，一直陪伴大家能感受到那种能量的变化，以前像一盘散沙，现在更像一块混凝土了，这就是一种氛围上的变化。”

如表 9-2 所示，大家感受一下不同的学习全景图理念。项目设计最有趣的地方在于，它像一个艺术品，遵守一定的科学原理，还有很多个人的创新在里面，不同的人来做这件事情，思路和效果也不同。

表9-2　项目设计

项目前期	项目中：持续续航					项目后期
推荐阅读	主题线	模块一：认识自我 积极融合	模块二：领导团队 形成合力	模块三：聚焦战略 优化管理	模块四：关注业务 赢得市场	学习在岗实践
学员信息收集 行动学习选题 课前准备	内容线	1.九型人格-管理者的自我认知 2.团队建设 3.向下管理高尔夫 4.新能源廉洁从业教育 5.新能源内部审计发现问题与经验反馈 6.管理者的语言表达艺术	1. 十九大精神解读 2.赋能领导力 3.五维教练式领导力 4.领导力发展行动学习	1.精益管理，华润电力风场精益化管理分享 2.公司发展战略解读 3.跨界参访 4.党性修养、红色教育 5.企业战略经营沙盘 6.行动学习	1.风电市场预测与战略 2.公司合法合规管理 3.持续实现业务领先的战略经营管理 4.“爱上棒球”体验式学习坊 5.党风廉政建设与廉洁从业 6.学习复盘工作坊	管理论文提交 知识沉淀 项目经验总结 学员转训
项目启动会：项目介绍、学习规则、团队破冰、领导寄语	形式线	1.高管分享 2.专题教学 3.团队拓展 4.室例数学	1.高管分享 2.行动学习 3.专题教学 4.读书报告会	1.专题教学 2.跨界交流 3.红色现场教学 4.沙盘模拟 5.行动学习	1.专题教学 2.体验式学习课程 3.学习复盘	项目总结 颁发证书
返岗实践、行动学习成果转化跟进、在线学习、自主阅读等学习方式贯穿整个学习项目，保证学习转化和效果						

四、培训计划

有了项目规划，接下来就是呈现具体的培训计划了，在培训计划中要明确培训课程主题 / 课程名称、时长、讲师等具体信息。这个培训计划是以后要做进一步实施的明细表，所以要详细明确。如表 9–3 所示。

表 9–3　培训计划

<table>
<tr><th>期次 / 阶段</th><th>日期</th><th>时间</th><th>主题</th><th>学习形式</th><th>讲师</th></tr>
<tr><td rowspan="9">在任基层管理干部第四期第三阶段</td><td rowspan="3">× 月 × 日</td><td>8:15–9:00</td><td>开班式（8:15–9:00）</td><td>会议</td><td></td></tr>
<tr><td>9:10–17:30</td><td>业务创新《大航海之灵雀传奇》</td><td>管理沙盘</td><td></td></tr>
<tr><td>18:10–20:40</td><td>业务创新《大航海之灵雀传奇》</td><td>管理沙盘</td><td></td></tr>
<tr><td>× 月 × 日</td><td>8:30–17:30</td><td>行动学习工作坊</td><td>行动学习</td><td></td></tr>
<tr><td rowspan="4">× 月 × 日</td><td>8:30–11:00</td><td>党风廉政建设与廉洁从业</td><td>面授</td><td></td></tr>
<tr><td>11:00–12:00</td><td>党风廉政建设与廉洁从业考试</td><td>考试</td><td></td></tr>
<tr><td>14:30–17:30</td><td>党建课程《中国共产党的奋斗历程》</td><td>讲座</td><td></td></tr>
<tr><td>18:10–20:40</td><td>IDP 汇报</td><td>IDP</td><td></td></tr>
<tr><td>× 月 × 日</td><td>8:30–17:30</td><td>学习复盘工作坊</td><td>行动学习</td><td></td></tr>
</table>

第三节　“五化”运营

一、社群化运营

群体进化可以避免个人的惰性，所以当一个项目实施后，第一件事情一定是要建立学习群，有了这样的平台，大家就有了交流的阵地。

我发现一个奇妙的现象，人是需要组织和贴标签的，在没有社群的时候，每个人都喜欢自由，觉得这件事情和自己关联不大，可是一旦赋予他标签，马上就可以全身心投入进来。

社群化就是贴标签的过程，被贴上标签大家就知道我是青干班的学员、我是后备干部班学员等，就有了同学情、集体荣誉感，进而就有了学习上要共同进步，不给本组拖后腿的觉悟。

二、品牌化宣传

只有把一个项目做成品牌才能增加其生命力，更好地获取资源和关注。培训项目经理一定要有品牌化的意识，要从项目名称、海报、新闻、项目 logo 等多维度进行项目宣传，打造项目的品牌。

我所在的企业基于学习项目设计方法论，打造了一系列品牌学习项目，包括中层干部 MDP 项目、基层干部 LDP 项目、中基层后备培养项目；明星场站长计划、场站长授权培训项目、见习场站长探星计划；星火计划、新能源“白鹭·破壳计划”、技能精进营、技能特训营；新能源讲武堂、工程项目经理 IPMP、防人因失误训练营、安全授权培训项目等。项目都有专门的项目经理在运营，它们就像花朵，在项目经理的关爱下茁壮成长。如图 9-10 所示。

三、仪式化管理

有时候，文化和价值是无形的，但是可以通过有形的仪式将无形的内容呈现出来。在做项目设计的时候一定要注意设置关键节点，在关键节点上面升华情感，让培训项目变得有温度。

开班式和结业式就是比较关键的两个节点。我们要好好设计这两个环节，做到“虎头豹尾”，而不是“虎头蛇尾”。

（一）开班式

开班式可以分为高层寄语、项目介绍、团队破冰、签订协议几个环节，具体如下：

（1）高层寄语

·介绍公司对项目的定位与策划。

·对学员给予期望与鼓励。

（2）项目介绍

·介绍整个项目过程。

·介绍本次项目主要课程及平台使用方法。

（3）团队破冰

·团队教练带领学员相互熟悉形成小组。

·沙盘体验，为学习热身。

（4）签订协议

·提出学员参加混合式学习的学习要求。

·学员签订学习协议，保证按照学习要求完成学习计划。

图 9–10　系列品牌学习项目

（二）结业式

结业式可以分为考察成果、分享心得、表彰优秀学员、制定新目标几个环节，具体如下：

（1）考察成果

· 公司高层根据线上学习数据报告考察学员线上学习情况。

· 根据线下积分 PK 榜考察学员整体项目的学习情况。

（2）分享心得

· 回顾学习过程中的精彩瞬间。

· 总结并分享学员的收获与心得。

（3）表彰优秀学员

· 根据最终积分排名，评选优秀学员。

· 给予优秀学员表彰和一定的鼓励。

（4）制定新目标

· 考察自己是否完成了一开始制订的学习计划。

· 为未来在工作岗位上制定新的目标。

四、可视化积分

积分怎样设计，这个可以千变万化，但是万步不离其宗的是要结合项目阶段和内容去设计。建议设计项目积分的时候尽量采用加法的方式，少用减法的方式，这是人性决定的，每个人都喜欢被给予，不喜欢被夺去。

整个项目中融合积分 PK 制度，从线上到线下，从培训到实践，将学习成果与运营管理可视化，植入狼性文化的内涵，引入竞争机制，用高效执行的来达成学习任务，并且充分调动学员学习的积极性。

某后备管理干部项目实施过程中，实行“总分制”制度，对每个阶段、每个环节进行个人评分并进行排名，针对干部发展过程要求，考核学员在培养过程中的课程参与度、作业完成度、个人自律性等。如图 9-11、表 9-4 所示。

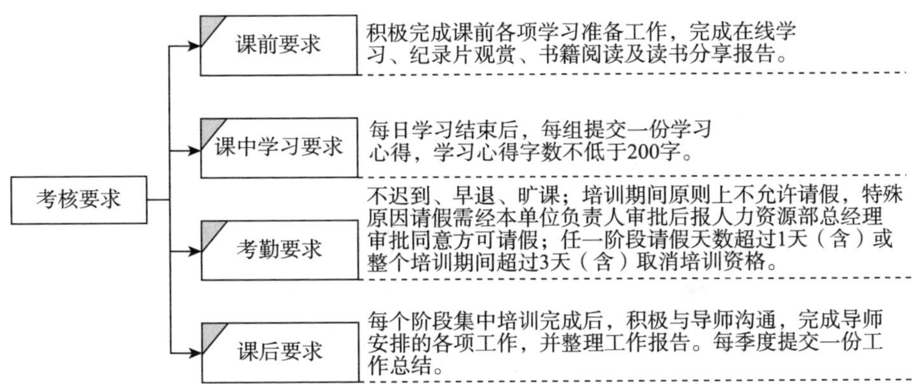

图 9–11　考核要求

表 9–4　考核维度

维度	细分项	各模块分值分布			合计	备注
		第一模块	第二模块	第三模块		
学习准备度(5%)	《学习强国》积分1000 分	5	/	/	5	完成得 5 分，未完成按完成比例得分
培训纪律（30%）	培训考勤	5	5	5	15	迟到、早退：–2 分 / 次（半天以内）
						旷课：–2 分 / 次（半天以上）
						请假 –2 分 / 天
	课堂纪律	5	5	5	15	手机未交停机坪：–1 分 / 次
						课中接打电话：–2 分 / 次
						非课堂需要使用电脑：–2 分 / 次
集训表现（50%）	课堂表现（此项得分不封顶）	4	3	3	10	回答问题 / 生动发言：0.2 分 / 次
						优秀小组成员：2 分 / 次
						优胜个人额外加分：2 分 / 次
						个人项目小组参赛代表额外加分：1 分 / 次
	培训心得、行动学习报告及读书报告提交	10	10	10	30	按时提交 2 分；达到标准 5 分

续表

维度	细分项	各模块分值分布			合计	备注
		第一模块	第二模块	第三模块		
集训表现（50%）	选修课	2	2	2	6	达到规定学时 21H 得 4 分
	考试成绩	/	3	10	4	80 分以下不得分；80~90 分得 1 分；90 分以上 2 分
在岗位培养（15%）	导师制工作实践	2	3	10	15	导师协议签订完成 2 分
						完成工作计划编制 2 分
						提交工作报告：优 6 分、良 4 分、及格 2 分
备注						学员总分 80 分为考核通过

五、感性化服务

培训经理不仅承担培训管理职能，还肩负着培训服务职能。这就要求我们在项目实施过程中刚柔并济，掌握好管理和服务的尺度，不能让学员觉得来学习被管得浑身不自在，也不能让他们觉得来培训学习就是度假，这两种极化现象都不可取，要努力避免。

举两个感性化服务的例子：

我们在内蒙古培训期间，了解到有五位学员生日都是那个月份，于是我们准备了蛋糕，在培训结束后，关上灯，营造了特别惊喜的氛围，让那期培训班收获了不一样的温暖。

有一次在天津培训，有位学员的心脏很难受，我知道后赶紧联络周边医院，陪同他去医院诊断，最终救治及时，没什么大碍。

这样细节像小溪一样构成了感性化服务的海洋，如果处理不好，真的成了培训的遗憾。

第四节　成果转化

管理干部的效果评估很难直接通过数据的方式呈现，但是可以运用一些间接方法尝试。

一、宣传片拍摄

在整个培训过程中，学员是有一条情绪曲线的，从兴奋融入、疲劳低落、珍惜紧密、感恩再出发，我们可以通过视频或者图片的方式唤起记忆，在项目收尾时播放短片，配上柔和感性的音乐，往往能升华学员情感，获得意想不到的效果。

二、结业论文

管理培训侧重视野和境界的转变，这种转变通过外在观察很难得出结论，但可以要求学员以提交结业论文的方式，将内心的转变和对管理的看法写出来，这样能在一定程度上了解学员的成长和改变情况。

三、宣传册

在培训期间，可以要求学员针对每个课程或者每个模块内容，运用 ORID 的方法书写管理心得，班主任将管理心得整理成册，方便大家及时回顾学习心路历程。

四、知识图谱

这里的知识图谱是指将每门课程的模型和要点，以一张大图的形式呈现出来，在培训结束后的半个月左右发给学员，方便其回顾所学内容，加强记忆曲线。

第十章
新任基层管理干部培养项目设计

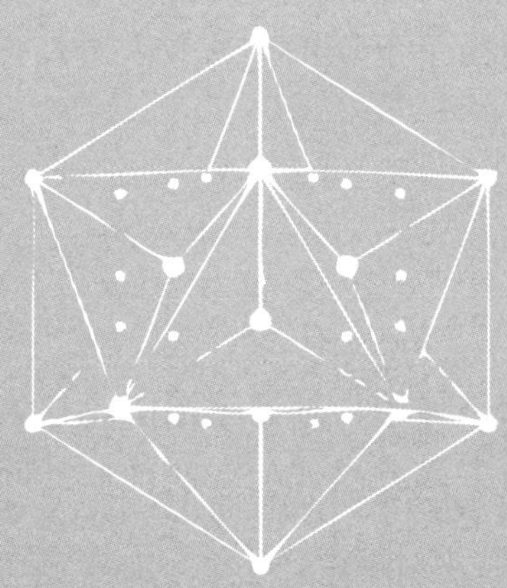

基层管理者是公司基本作业单元的管理者，他们既要打理业务，又要带领队伍，是业务和管理的结合点。基层管理者能否把握好方向、承上启下、敢抓敢管、带好队伍是直接影响公司战略目标顺利实现的关键。对于新任的基层管理干部来说，转型是很难的，需要公司及时进行培训和支持。

第一节　新任基层管理者面临的挑战

对新任基层管理者而言，从个人贡献者到新任基层管理者要经过痛苦的、必要的转型，他们在时间管理、领导技能、工作理念的转变上面临诸多困难、挑战和风险，具体表现为界定和布置工作、提升下属的能力和建立人际关系三个方面。

一、界定和布置工作

新任的管理者习惯将时间用在“做事情”上，而不愿意花时间与人沟通，在工作布置中容易做出草率的安排；在他们内心深处，秉承授权是一种挑战的想法，“不愿意授权，甚至会插手下属的工作”；知人善任，看起来容易做起来难。

二、提升下属的能力

菜鸟管理者通常把下属提出的问题看成是障碍；补救下属的工作失误，而不是教会他们如何正确去做；拒绝与下属分享成功，对他们的问题和失败避而远之。

三、建立人际关系

他们缺乏必要的、丰富的人际关系处理经验，对上沟通不充分，对下容易凭个人喜欢去交往，处理与其他利益相关方关系，容易受“本位主义”影响。

很多企业都已经认识到了问题，必须通过提供系统的新任基层“转型”培养项目，解决目前的基层管理者队伍“腰不硬”的问题，并实现该项目的“常态化”运作，帮助后续新任基层管理者顺利“转型”。

第二节　预期效果

通过实施新任基层管理者转型培养项目，可以对公司、学员（新任基层管理者）带来显著效果，主要表现在公司和个人层面。

对公司而言，可以有效改善基层管理者管人带队伍的能力，确保相关工作顺利推进，传播先进、实用的管理理念与方法，带动公司构建学习型组织，强化学习氛围。对于个人而言，能够加深对基层管理者角色和自身职责的理解，掌握履行管理岗位必备的管理知识、技能，具备“管人”“理事”的基本意识和基础能力。

第三节　项目设计方法论

培训最忌讳平铺直叙采用单一的灌输方式，混合式学习方式给我们提供了另一种思维，让我们可以按照成人学习特点，分阶段进行设计，紧张而有趣，明快而轻松，逐步实现理念普及、技能演练和行为改善的目的。我们可以通过在线学习、课堂学习和在岗实践三种方式进行设计，值得一提的是，这里虽然说的是三种学习方式，其实也可以作为阶段名称。

一、在线学习

包括 E-learning 和 E-mail learning 两种方式，系统覆盖基层管理者的管理知识，契合新任基层管理者培训需求，通过每周 2~4 个主题的自学，熟悉和理解管理的基本理念和知识。

E-learning 是在线学习最常见的形式：短小精悍，生动活泼，通常在 60 分钟内可以完成一个主题的学习；通过一系列标题结构化的组织学习内容：概述、基本概念、常见问题、提示和误区、资源等；精炼的学习内容紧密贴合学员当前的需求，使阅读者在最短时间内概要性地了解一个学习主题，实现学习时间价值最大化。

E-mail learning 是用 mail 将短小、漂亮而利于阅读的 Flash 文件发送到学员邮箱（或链接到公司服务器）。与 E-learning 高效互补；以案例方式入手，方便学员接受；每个主题仅需 5~8 分钟就可完成学习，同时可以重复学习。

二、课堂学习

在讲师的引导和组织下，学员通过倾听、练习、情景模拟、案例教学等方式，以及与讲师、同学之间的研讨而扩展管理视野，加深对相关知识的了解并掌握技能。它的好处在于能够与讲师当面沟通，答疑解惑；容易创造好的学习氛围；有利于学员深刻理解相关理论；能帮助学员掌握相关技能；便于相互学习，建立人际关系。

课堂学习也强调不同的情景采用不同的教学策略，一般常用的教学策略有讲授、行为示范、案例学习、小组讨论、角色扮演、练习，具体含义如表 10-1 所示。

表 10–1　教学策略

教学策略	特征及适用范围
讲授	讲师向学员讲授知识层面的信息。这种方式主要用于简洁高效传递深奥、抽象的知识
行为示范	通过讲师示范或者录像演示，学员对其表现进行分析与研究。这种方式主要用于人际交往的技巧和沟通技巧的培训
案例学习	根据一个书面或口头描述的情景，学员独自或者以小组为单位对案例进行分析，并分享发现或建议。这种方式主要用于训练分析能力
小组讨论	学员被分到 3~6 人的小组进行快速的讨论，然后分享讨论的结果。这种方式主要用于发挥学员的参与性，表达自己的观点，共同解决问题
角色扮演	学员通过扮演真实情景下的特定角色来练习一项新的技能或应用新学到的知识。这种方式主要用于人际交往的技巧和沟通技巧的培训
练习	学员通过使用行为指导，独自或者以小组为单位练习讲师示范的技能。这种方式主要用于强化一项技能

三、在岗实践

按照 PARR（在岗实践行动计划），在关键的领域实践标准管理动作，触发在岗位上的真实改善，更进一步巩固技能和培养习惯。它的好处在于可针对学员最需掌握的技能反复练习；在工作中学习，检验学员对技能的实际掌握程度；遇到技能运用问题，可在专家和上级指导下提升。

PARR 是 Prepare(准备)、Act(实践活动)、Reflect(自我反思)和 Review(分享回顾)的缩写。

（1）Prepare(**准备**)

思考希望达成的发展目标，设定清晰的学习目标，并鼓励学习者与自己的主管或导师进行沟通。

在指导下为实践活动进行必要的知识与技能准备。

（2）Act(**实践活动**)

按照学习设计，有步骤地参加实践活动。

实践活动的形式可以自己制定，也可以是观察专家成功地展现某种技能。

（3）Reflect(**自我反思**)

对实践活动中的行动及其原因进行自我思考，激发学习者对下一步改进点的认知。

及时记录心得体会，加深对所学知识、技能的理解。

（4）Review(**分享回顾**)

与导师、教练、专家或同事就实践活动进行回顾，获得来自他人的见解或辅导，使既有的学习经历得到升华。

第四节　项目实施方案

一、实施阶段概览

（一）启动筹备

· 混合式学习准备。
· 目标学员引入。
· 对学员实施 MBTI 测评。

（二）项目启动

· 项目简介。
· 领导寄语。

（三）培养实施

· 课前自学。
· 课堂学习。
· 在岗实践。

（四）项目评估

· 评估学员反应。

· 评估学员管理知识和技能的掌握程度。
· 评估学员行为改进。
· 评估管理层的期望值。

（五）毕业

· 项目总结。
· 优秀学员分享学习效果。
· 下一阶段能力提升计划。
· 颁发证书。

二、角色及职责

（一）项目小组

· 根据目标学员特点，设计培养方案。
· 负责项目各阶段的实施。
· 项目营销和宣传。

（二）学员直接上级

· 和学员沟通学习目标，并定期跟踪。
· 担任在岗实践导师。
· 协助项目小组，参与开学、毕业、项目评估等相关工作。

（三）班主任

· 组建学员群组，安排学习计划。
· 跟进学员学习进展。
· 跟进学员导师辅导情况。
· 协助项目小组，参与开学、毕业、项目评估等工作。

（四）公司领导

· 传递公司对学员的期望。

· 亲自给学员授课。

· 给项目提供资源支持。

三、学习地图

（一）整体概览图

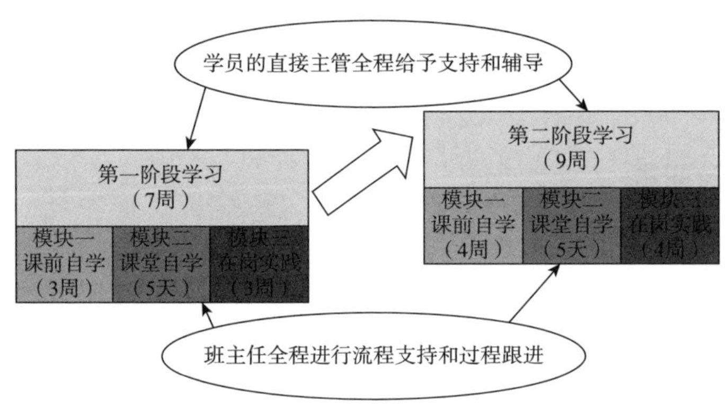

图 10-1　整体概览图

（二）各阶段学习内容

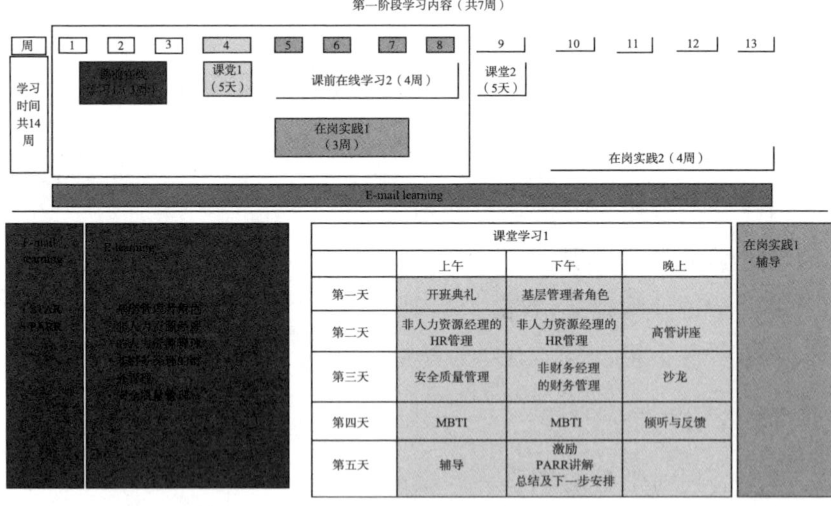

课堂学习1			
	上午	下午	晚上
第一天	开班典礼	基层管理者角色	
第二天	非人力资源经理的HR管理	非人力资源经理的HR管理	高管讲座
第三天	安全质量管理	非财务经理的财务管理	沙龙
第四天	MBTI	MBTI	倾听与反馈
第五天	辅导	激励 PARR讲解 总结及下一步安排	

图 10-2　第一阶段学习内容

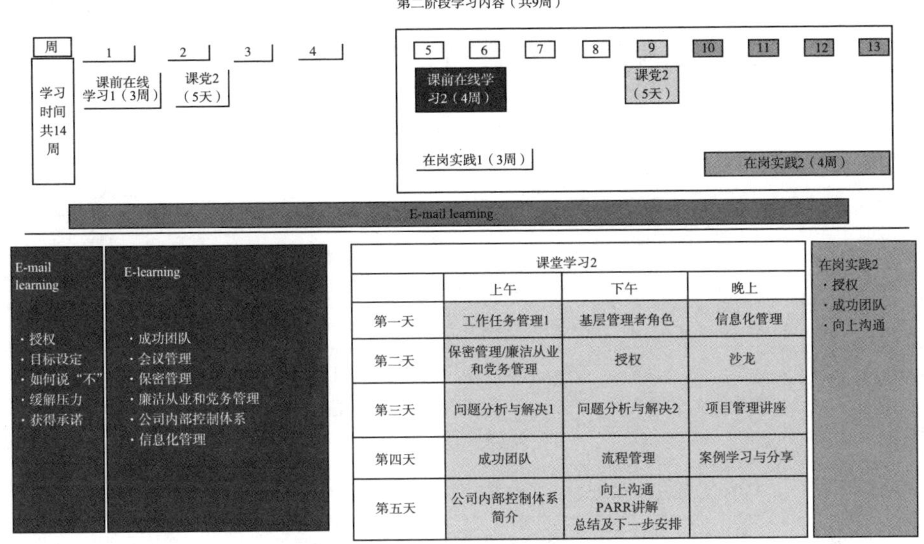

图 10-3　第二阶段学习内容

四、管理措施

（一）建立学员管理平台

学员信息库，主要记录学习及直接主管的基本信息。当期学员引入项目后，由班主任立即将学员信息库维护起来，并对当期班级学员特点进行分析，为课程设计优化、讲师教学和对学员进行分组管理提供参考。

学员培训档案，主要记录学员在学习过程中产生的各种署名文件，包括每个模块学习的进展及跟踪情况、讲师在课堂上对学员的评价等，由班主任负责记录、整理和维护。学员培训档案记录讲座为学员毕业及评选优秀学员的重要参考。

学员管理办法，包括学员注册、请销假、课堂纪律、讲师对学员的课堂评价等。项目实施期间，学员须严格按照该管理办法参加学习活动。

（二）持续跟进项目实施过程

从学员引入到项目后，由班主任按照《项目实施手册》《学员手册》和《学员主管手册》的实施点，按照标准化工具对每名学员各个模块的学习情况进行全程跟进。如表 10–2 所示。

表 10–2 跟进项目

<table>
<tr><th rowspan="2"></th><th colspan="2">学员</th><th>学员主管</th></tr>
<tr><th>学习进度</th><th>学习效果</th><th>对学员的辅导</th></tr>
<tr><td>在线学习</td><td>学习进度跟进表</td><td>学习反馈表
测试结果</td><td>参与节点和辅导内容跟进</td></tr>
<tr><td>课堂学习</td><td>学习进度跟进表</td><td>学员评价表（讲师用）
学员评价表（班主任用）
随堂测试结果</td><td>参与节点和辅导内容跟进</td></tr>
<tr><td>在岗实践</td><td>PARR 实施进度跟进表</td><td>PARR 的实施反馈表</td><td>参与节点和辅导内容跟进</td></tr>
<tr><td>项目结束后</td><td colspan="2">按学员毕业总结中提出的下一步提升计划进行跟进</td><td>参与节点和辅导内容跟进</td></tr>
</table>

（三）建立项目预警机制

表 10–3 项目预警机制

<table>
<tr><th colspan="2"></th><th>在线学习</th><th>课堂学习</th><th>在岗实践</th></tr>
<tr><td colspan="2">学员职责</td><td>按进度要求完成在线学习活动</td><td>积极主动全程按时参加课堂学习班</td><td>按时完成 PARR 在岗实践，并与上级主管回顾分享在岗实践体会与提升机会</td></tr>
<tr><td colspan="2">学习状况的跟踪监控措施</td><td>班主任每周跟踪统计一次，每周发布学习进度情况报告</td><td>考勤签到表，课堂学习表现情况按每门课程进行跟踪记录</td><td>班主任每周跟踪统计一次，每周发布学习进度情况报告</td></tr>
<tr><td rowspan="3">预警</td><td>黄色报警</td><td>未按计划要求完成在线学习任务</td><td>存在如下情况之一：
1. 迟到或早退一次（缺课 30 分钟以内）
2. 班主任根据《学员纪律管理规定》认定的违纪行为</td><td>在岗实践任务未按计划进度要求完成</td></tr>
<tr><td>橙色报警</td><td>累计 2 次黄色报警</td><td>缺勤一次（缺课 30 分钟以上）或累计 2 次黄色报警</td><td>累计 2 黄色报警</td></tr>
<tr><td>红色报警</td><td colspan="3">累计 2 次橙色报警</td></tr>
</table>

（四）制定毕业标准和优秀学员选拔标准

表 10-4　毕业标准和优秀学员选拔标准

<table>
<tr><th>考核内容</th><th>评分标准</th><th>权重</th><th>合格毕业条件</th></tr>
<tr><td>在线学习的完成情况</td><td>在线学习完成的及时性（50%）
在线学习小测验的成绩（50%）</td><td>20%</td><td rowspan="4">总分为 100 分，毕业得分达到 70 分及以上为合格毕业</td></tr>
<tr><td>课堂学习的出勤和纪律</td><td>根据课堂学习出勤率和违纪情况记录评分</td><td>25%</td></tr>
<tr><td>课堂学习的表现</td><td>课堂知识测验得分（30%）
学员参与表现综合评分（70%）</td><td>25%</td></tr>
<tr><td>在岗实践的完成情况</td><td>在岗实践完成的及时性（40%）
在岗实践完成的质量情况（60%）</td><td>30%</td></tr>
<tr><td colspan="4">（1）每发生一次黄色报警在本模块学习总分中扣 10 分，橙色报警扣 20 分
（2）一票否决项：在整个培训项目中曾有被“红色报警”的记录</td></tr>
</table>

评优标准：按计划积极主动地完成学习活动，整个学习周期内不发生“黄色报警”，毕业得分位于本期培训班前三名。

（五）应用 Kirkpatrick 四层次评估理论对项目进行评估

表 10-5　应用 Kirkpatrick 四层次评估理论对项目进行评估

	评估内容	评估方法	评估时间
LEVEL 1：学员反应	学员满意度 学习参与度 工作相关性	问卷调查 学员访谈	每项学习内容结束时
LEVEL 2：学习	知识、技能的掌握程度 信心 承诺	问卷调查 授权课考试	每项学习内容结束时
LEVEL 3：行为改变	促进关键行为发生改变的必需的驱动力	一系列的强化跟进、鼓励措施、奖励制度和监督机制	项目结束一段时间后
LEVEL 4：业务结果	管理层的期望值	中高层访谈	项目结束一段时间后

第十一章
数字化学习项目设计

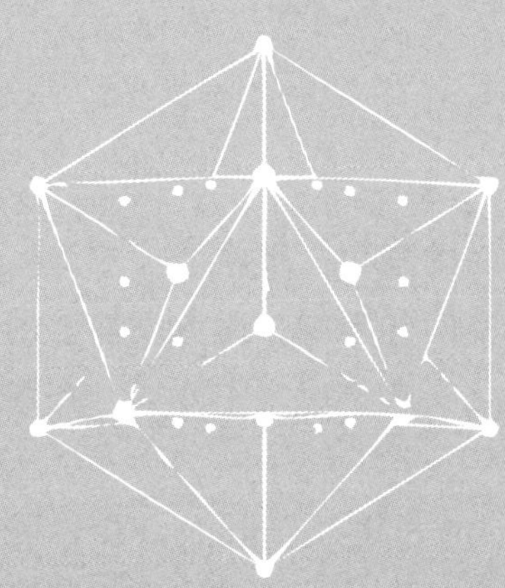

第一节　数字化学习项目设计

若干年前，有人提出了行业冬天的概念，没想到在2020年年初，一语成谶。

整体而言，这场疫情给我们一个时间窗口，一路狂奔，陡然停下，让我们有更多时间来思考培训设计、运营和转型的挑战，这场危机正在倒逼培训整个供应链重新思考业务逻辑和管理逻辑，从而建立更强大的组织能力系统。

疫情爆发伊始，就有培训机构敏锐地察觉到，在线培训将迎来春天，于是很早就启动了相关的公益直播，进行在线课程，积极应对、努力营销、应对有序。

我也积极地搜集相关的材料，了解、筛选、评估供应商，思考着如何开展人才培养工作，每天和集团内的同事、不同单位的同行朋友、经常合作的供应商进行不间断的交流，针对疫情给培训带来的影响，形成如下判断：

一、数字化学习迎来了春天

在线学习原来一直是混合式项目设计里面的配角，很难上位成为主角，但在线学习有个特点：能够突破时间和空间的限制，避免疫情下的人员交叉传染，这就决定了疫情期间，数字化实践将成为主战场，在线学习将成为培训的主要手段。

在线学习有很多种形式，包括E-learning、M-learning、VR体验中心、网校教育、听课等资源，能在一定程度上满足学员学习成长的需要。我当时搜集了几家企业的信息，分别了解它们的优劣势，最终选择了中欧商业在线的《新经理成长营》和《高绩效经理人》两个领导力产品，并确定由云学堂进行项目运营，解决了在线学习内容和运营的问题。专业人做专业事，最终的效果也证明这样的选择是非常正确的。

当时收集的培训供应商如表 11–1 所示，供大家参考。

表 11–1　培训供应商

序号	公司名称	产品名称	产品内容
1	北京凯洛格管理咨询有限公司	一点知识 App	一点知识是凯洛格自主开发的专业企业移动学习平台，可针对不同人群智能分配学习任务 内部直播课程与外部面授课程组成场景化学习，闯关、PK 练习打造趣味性学习 在线考试、内部测验随时检验学习成果 企业问答、知识库、课程库等让企业里的每一位员工都能够分享自己的知识和经验，真正帮助企业打造一体化企业大学
2	宁夏知学云科技有限公司	知学云	知学云致力于用科技驱动组织人才体系的变革与创新，构建以知识为纽带，连接组织和个体，智能而璀璨的智慧网络，为个体赋能，为组织赋能 公司基于多年深耕在线学习的经验和强大的产品研发能力，构建了“技术＋运营＋内容”的智慧学习云平台，拥有以专业研究人员、咨询顾问、软件技术人员和运营服务人员为主体的 400 多人团队
3	深圳益策企业管理顾问有限公司	学乎云	创建于 2002 年，总部设在广州，分公司遍布主要城市 以实战为特质，以品质著称，奉行“从战争中学习战争”的教育理念，客户遍及各行业标杆企业，中国 500 强企业有 80% 在益策购买学习产品：公开课、内训、商务考察、线上学习
4	上海肯耐珂萨人力资源科技股份有限公司	麦朵平台	肯耐珂萨是一家为客户提供人力资本管理数字化转型的科技公司，产品服务包括组织能力诊断及提升工作坊、企业文化调研及落地解决方案、敬业度调研及落地解决方案。人才发展：线上学习平台及线下领导力、通用能力、专业力培训课程；学习地图及培训体系的搭建；人才盘点、胜任力模型、人才画像及测评工具
5	江苏云学堂网络科技有限公司	云学堂	作为企业大学建设和运营服务商，云学堂依托云平台、云内容和云服务，通过持续创新，帮助人们更好地学习成长，并致力于成为全球领先的人才发展生态化服务平台，助力客户成功

续表

序号	公司名称	产品名称	产品内容
6	上海复泰教育培训学院	预见 Foretell	上海复泰教育培训学院融合全球名校学术资源与500强企业最佳实践，专注打造顶尖实战商学院。总部设在上海，在北京、深圳等地和哈佛、斯坦福等院校设立联络处 复泰实战商学院聚焦四个专业领域：实战 MBA、领导力、创新、HR PMBA 中心把系统 MBA 理论和500强最佳实践相结合，培养实战型企业管理精英
7	广州光天信息科技有限公司	/	成立于2014年，注册资金为1000万元人民币，总部位于广州，是一家由信息技术开发专家、国内资深人力资源管理专家、投资人及著名职业经理人共同创立，专注为政府和企业提供信息系统集成服务、人才培养服务、培训资源开发服务、培训项目设计与实施服务的专业化公司
8	深圳市瀚博元哲企业管理咨询有限公司	/	瀚博元哲公司携手优秀企业管理人才、行业大咖，管理学专家共同打造领导力系列线上学习项目 学习项目定位中层及基层管理干部，包含1500+ 线上学习课程 课程以音频、视频讲座、脱口秀、动画等多种形式呈现，引入“闯关式”的游戏化的学习项目设计，在内容及学习形式上进行多元化创新，提升在线学习的知识转化率
9	深圳市鸿渐管理咨询有限公司	在线商学院	鸿渐咨询是一家为客户提供线上 + 线下 + 项目化运营 + 立体化服务的专业化培训咨询机构，2018年联合各大优质资源，共同打造在线学习产品，并于2019年正式推出“在学商学院”，助力企业实现移动互联网的转型升级。在学商学院为服务 B 端企业用户的专属在线商学院，帮助企业培训实现线上学习 + 线下实践的立体化服务模式，赋能员工成长，帮助培训工作者为员工提供科学合理、体系严谨的学习资源，并通过线下社群运营，提高学员学习黏性和兴趣
10	北京中人网信息咨询股份有限公司深圳分公司	点善学堂	主要专注通用管理与通用素质类的培训，含课程及解决方案，可线上线下内容结合开展 《21天职场正念修炼营》是个很好的项目

其实，E-learning 的本质还是学习，里面有变和不变的内容。数字化时代的人才培养更加强调以学习者为中心，并且用最合适的学习技术，赋能学习者自主找到学习知识、掌握能力的最佳路径。

二、数字化学习项目设计原理

（一）打造极具影响力的学习体验

为学习者打造极具影响力的学习体验，具体应该怎么做？

我们在设计培训项目的时候，首先要考虑如何根据学员的具体情况向他们推荐实用的技能，只有和他们的工作相关、业务场景匹配，他们才会感兴趣；其次，要注重学习质量和学习原理，糟糕的内容 + 糟糕的学习设计 = 糟糕的技能传授，这样的学习项目既起不到提升员工能力的作用，更有可能对员工产生误导；最后，要以学员为中心，时刻关注学员参与度，而学习体验有吸引力则是吸引学员参与的关键。

具体而言，我们可以从以下七个方面入手：

· 营造紧迫感。主要是让学员意识到新技能和知识能解决哪些实际问题，而这些实际问题不解决将会产生多么严重的后果。

· 行动与分享。通过实践及与其他人分享经验，能够取得最佳学习效果。

· 混合式学习。具有影响力的学习需要精心组合各种学习方法。

· 学员参与。让学员能够自己掌控学习、自己做决定并管理自己的学习路径。

· 协作与教导。以小组或团队为单位进行协作可增强学习效果。此外，管理者、辅导员或导师的教导都可以提高学习效果。

· 灵活性。培训课程应结合含结构化练习的正式培训与基于真实问题和实际经验的非正式培训。

· 评估和学习。在每次课程中及时向学习者提供反馈，并想尽一切办法穿插反思的环节，从而帮助学习者牢记学习内容。

（二）双轮模型

中欧商业在线提出双轮模型，很好地将以上七个原则贯穿其中，可以帮助我们更好地进行数字化学习项目设计。

双轮模型分为个人学习和集体学习两个维度：

个人学习的出发点是组织期望和个人成长需要，通过“获取—应用—内化—改进”形成个人输出，在个人学习时候需要组织支持和辅导反馈，当个人输出完成以后就可以进入集体学习。

集体学习强调个人已经做好学习准备，在此基础上通过“交流—强化—共创—绩效”程序化方法，产出集体输出，在集体学习时候需要横向促进和团队任务的支持。

这个双轮模型就像蜜蜂的“8”字舞一样，为我们设计数字化学习项目提供一个全新思路。如图 11-1 所示。

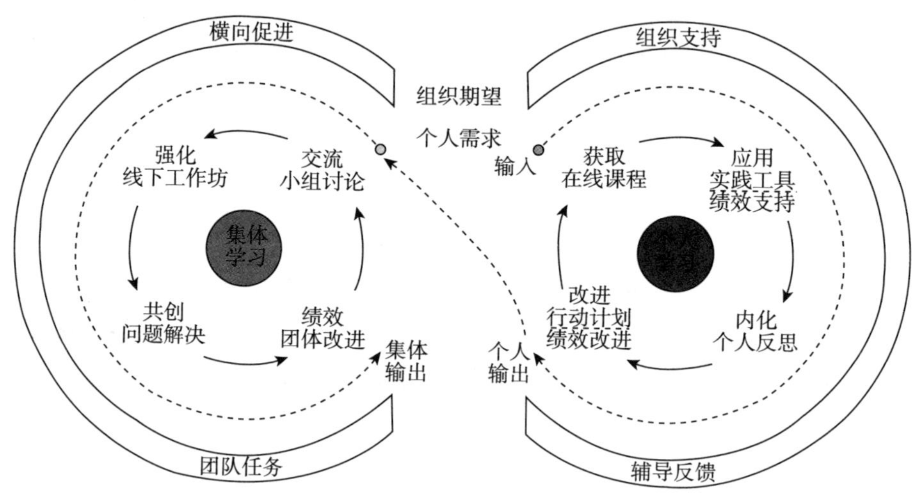

图 11-1　双轮模型

三、数字化学习项目的核心要素

实施数字化学习项目有三个绕不开的要素：平台、内容和运营，其中平台是基础、内容是核心、运营是关键。

（一）学习平台

（1）学习平台到底是采用拿来主义还是自己建设

个人而言，建议采用拿来主义。理由如下：

首先，自己建设没经验、周期长，开发过程中如果哪个功能考虑不周全，就造成重大瑕疵，修改起来工程浩大。相反，有很多成熟的学习平台可以利用，这些平台经受过各种磨炼，功能比较完备，运行稳定。

其次，平台一旦搭建就需要源源不断的内容进行补充，这对企业来说就像无底洞，所以学习平台还是建议轻量化运作。

最后，交由第三方运维，提供培训服务，他们会有很大的动力把学习平台打造得非常好。他们服务非常及时、不会拖拉，对平台也会更加上心。

（2）平台选择的基本原则

我选择学习平台的时候，是从学员和后台管理两个方面考虑的。

就学员而言，操作平台要友好，最好是傻瓜式操作，能实现多种体验功能，可以把线下的培训设计在线上实施。

就后台管理而言，要安全可控、功能完善和管理便捷。能够实现网络直播、社群学习、课堂互动、网络建班、作业管理、培训评价、数据管理和激励管理，可以根据培训需求进行功能定制、考试管理、阅卷评分、成绩统计、证书管理、信息查询、大文件课程资料上传等。

（二）学习内容

有了平台还需要搭载学习内容，学习内容按照来源可以分为定制课程和标准课程。定制课程就是培训部门针对特定的需求，结合企业实际需要打造的课程，一般而言，定制课程分工是企业开发，定制课程的形式是委托给第三方。定制课程比较贴合学员工作场景，深受学员的喜爱。

还有一种是标准课，就是放到哪个企业都通用的。以深圳市新风向科技有限公司为例，新风向科技作为企业培训精品课件供应商，多年以来根据企业的实际需求情况，基于岗位胜任力模型构建课程体系，已重点开发了 5000 多门精品课程。课程类别重点围绕职业素养、管理技能、专业技能三大通用能力素质，并结合不同行业进行拓展，覆盖各行业各职业岗位上百个系列课程，满足不同培训场景的需求。如表 11-2 所示。

表 11-2 课程分类

课程模块	生活健康	职业素养	领导力	专业技能	考证课程	行业课程
课程分类	养生健康	形象礼仪	高层领导力	人力资源	基金从业资格证	IT 互联网
	个人素养	办公技能	中层领导力	生产管理	银行从业资格证	电子商务
	疾病防疫	职业规划	基层领导力	市场营销	一级建造师	金融类
	幸福人生	职业心态	管理技能	项目管理	三级人力资源师	医疗
	……	……	……	……	……	……

以“专业技能”这一模块为例，专业技能下涵盖人力资源、财务管理等九大二级分类，其中每个分类下又细分出众多板块，即为三级分类。如表 11-3 所示。

表 11-3 “专业技能”模块分类

一级分类	二级分类	三级分类								
专业技能	人力资源	人力资源规划	招聘管理	培训管理	绩效管理	薪酬管理	员工关系管理			
	财务管理	财务分析	审计管理	资金管理	预算管理	成本管理	风险管控			
	生产管理	班组长	车间管理	生产安全	质量管理	设备管理	现场管理	工业工程	产品研发	
	供应链管理	仓储管理	采购管理	物流管理	供应商管理					
	行政后勤	流程制度管理	会务外联管理	档案资料管理	后勤安全保障					
	市场营销	营销战略	营销策划	渠道管理	营销模式	绩效管理				

续表

一级分类	二级分类	三级分类									
专业技能	销售管理	销售规划	销售技能	团队建设	服务营销	电话销售	大客户销售	互联网销售		
	客户服务	客服素养	客户投诉	客户关系	体系建设	服务技能				
	项目管理	项目复盘	管理流程	质量管理	进度管理	成本管理	风险管理	沟通管理	合同管理	项目整合管理

课件供应商都有自己的课程体系，课件方式也有很多种，根据自身项目需要，挑选内容进行组合即可。

（三）学习运营

（1）运营重点

学习运营整体可以分成三个阶段：训前运营、训中运营和训后运营，每个运营阶段侧重点不同，结合学员学习情绪曲线，可以安排不同的活动。

训前运营：引起关注，提升意愿，明确学习目标和内容，并获得高管的支持，建立学员认知，可安排线上破冰、线上组队、设定团队任务等活动。

训中运营：营造氛围，提高投入度，以在线课程学习、在线催化、跟踪实施过程、交付成果为主，可安排团队 PK、导师线上辅导、分组课题研讨等活动。

训后运营：关注学习效果转化，以评价总结、优秀表彰、案例萃取和学习输出为主，可以安排强化记忆（视觉笔记、思维导图）、检验收获（线上考试、小程序打卡 ）、扩展学习（推送相关学习资源）、案例跟踪或关键干系人跟踪等活动。

（2）运营流程

以数字中欧的运营流程为例，它将混合式学习项目的整体运营流程分为启动、中期、后期三个阶段。在每个阶段，我们都设立了核心目标。如图 11–2 所示。

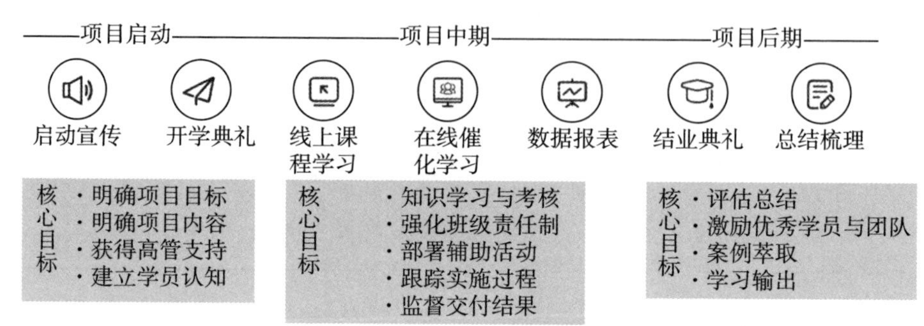

图 11–2　数字中欧的运营流程

在每一个阶段都设置了丰富的运营内容和关卡。这样做的目的是让学习者能时刻保持学习的热度，同时分享其他学习者的所学所思。

第二节　案例："新能源·E 起学"混合式学习

2020 年年初，全国突发新冠肺炎疫情，严峻的疫情形势给企业原本有序的人才培养工作带来冲击，集中培训被迫延后举办。人才培养工作不容搁置，于是各企业都开始积极筹备、精准施策，进行数字化学习方式和在线学习平台搭建的探索。

我所在的企业属于新能源行业，后面简称新能源公司，在第一时间启动"新能源·E 起学"混合式学习项目。该项目主要运用"线上学习 + 线下实践"相结合的方式，通过"在线课程""在线直播""视频会议""社群运营"等形式开展线上教学、远程指导和自主学习，向各层级管理干部和员工提供灵活便捷、丰富多样、覆盖各地的在线学习，做到“停训不停学，战疫修内功”，在疫情面前打好“人才培养的攻坚战”。

新能源公司人才培养一直有培训需求大、学员分布范围广、学员规模大、内容更新快、专业性和一致性要求高等特点，传统的面授培训模式不能完全满足组织人才培养的需要，培训在线化建设是我们长期坚持的方向。

在疫情的特殊情况下，数字化学习方式进一步向纵深发展，也加快了公司线上学习平台建设，为广大干部员工提供更便捷的学习交流互动的服务，同时也是落实培训下沉工作要求的重要举措。截至 2020 年年底，项目实施以来，共举办了 78 期在线直播，培训了 16481 人次，累计 37868.5 学时，培训整体满意度平均分高于 98 分。

“新能源 · E 起学”混合式学习项目的顺利实施，一方面丰富了培训手段，营造了良好的学习氛围，做到学思用贯通、知信行统一；另一方面推动学员结合新能源行业和工作岗位目前存在的一些机遇和挑战，运用培训所学进行深入思考和创新研讨，自觉地将新思维、新知识、新方法运用到实际中，实现了培训学习和在岗实践的无缝对接，加强了各单位之间的沟通与合作，实现了个人和组织的双重收益。

良好的培训体验一定是设计出来的，好的培训项目既有技术的因素，也有艺术的因素；既有可供大家遵循的内在原则，也有能充分发挥个人魅力的主观塑造。

在整个培训项目实施的过程中，我认为有四个大的关键点，即项目筹备、启动会、过程促学和项目总结，将这四个关键点精耕细作，就能把握整个项目的脉络，确保实施效果。

一、项目筹备

“凡事预则立，不预则废。”培训是需要协调众多的人、财、物的资源才能完成的工作，这里人是最主要的变量，培训项目的成败很大程度上受到人的因素的影响。在疫情刚爆发的时候，公司确实措手不及，人员无法集中，无法授课，这对我们的经验、未来的模式、所需的资源都是挑战。

但是我们不能等，培训人是有使命感的，公司养着这么多人，大家毫无行动怎么可以，于是我搜集了当时能联系到的可以提供在线学习资源的供应商，开始进行整合，不等不靠，转变思路应对之前从未遇到的变化。

经过对比，我们最终选择了中欧商业在线的产品，以它们为依托，结合自身的特点进行二次创造，开始了长达 10 个月的在线项目运营，直到可以进行集中面授为止。值得一提的是，我们委托云学堂运营，在整个实施过程中，学到了很多细节的经验，收益良多。

在项目筹备阶段，我将它分成运营规划、积分规则、职责分工、社群建立、班委赋能五个步骤。

（一）运营规划

当时，运营规划通过在线会议的形式进行，参会人员是项目经理、运营人员和供应商客户代表。通过会议，大家详细研讨了项目实施细则，就可能出现的问题展开讨论，各抒己见。在项目方案、计划制订、沟通机制、项目实施推进计划、过程与效果管控、结项和结果整理等方面达成了共识。

（二）积分规则

积分规则的主要目的是营造学习氛围，打造比学赶超的气氛。制定积分规则一般根据项目学习安排去考虑，比方 E 起学项目，考虑到学习时间近 10 个月，学习内容有八大模块的 24 门课程（外加一门公司领导讲话，共计 25 门）、每个模块结束后有 8 项行动学习任务、8 次学习心得和 2 次考试测评。

积分规则如表 11-4 所示。

表 11–4　积分规则

学习积分管理规则				
项目	分值（单次核算分数）	具体内容	说明	备注
线上课程	10 分 / 门	在线学习	完成即获得 10 分，未完成或缺勤不得分	
行动学习任务完成得分	10 分 / 个	作业提交情况	完成得 10 分	作业要求详见任务说明
行动学习任务导师批阅分（折比）	10 分 / 个 / 导师 ×2	作业完成质量	2 位导师按任务作业完成情况进行评分，班主任进行数据统计汇总，70% 合格	供企业内部参考
期中、期末考试	20 分 / 次	测试正确率	按测试正确率进行折算，满分 20 分，70% 合格	
学习心得	5 分 / 个	心得提交情况	完成即获得 5 分	
个人附加分	详见附加分明细			
个人总得分	以上学习项目汇总得分			
组长激励分	按照任务分值核算	任务完成情况	任务督促、导师引导、积分管理、其他加分项目	详情见组长岗位职责
小组项目总得分	小组成员个人总得分总和（含组长） 注：小组最终排名以小组总任务完成率为标准			

此外，针对个人和组长分别增加了个人附加分和组长激励分两项。个人附加分如表 11–5 所示。

表 11–5　个人附加分

序号	附加分具体内容	分值
1	提供创新运营建议、思路、活动方案被采纳	20 分 / 项
2	优秀学习案例分享、经验分享、择优	20 分 / 项
3	积极参加各项学习运营活动	10~20 分
4	完成行动学习任务选修	10 分 × 完成个数
5	对项目做出特殊贡献（由项目委员会认定）	20 分 / 项

续表

序号	附加分具体内容	分值
6	其他（具体由项目委员会认定）	10~30 分

组长激励分如表 11-6 所示。

表 11-6　组长激励分

组长职责及相关激励		
项目	**具体内容**	**分值**
学习督促	1. 日常学习通知与提醒 2. 收集和整理社群互动中学员的精彩瞬间 3. 日常小组群互动、活跃社群氛围、提高学员参与度、问题收集、答疑、反馈等	30 分
导师引导	1. 跟进组员行动学习任务完成情况，提醒组员打印作业交导师批阅 2. 线下提醒导师批阅作业，收集整理评分表，汇总成绩、评语反馈班主任	30 分
小组研讨	1. 组织小组成员就行动学习任务，开展研讨，沟通交流 2. 形成交流记录，提交班主任	40 分
经验分享	1. 收集小组成员问题 2. 积极组织小组成员参加公司资深教授学者的经验分享	20 分
学习积分管理	阶段积分换算，形成学员、小组积分表单	30 分
阶段评优	获得每阶段优秀小组称号	20 分
组长激励分	以上项目汇总得分	

结合以上积分规则，我们制定了如下的积分管理排行榜，方便跟踪到每一个人，相当于为每一个人都建立一份积分档案。如表 11-7 所示。

表 11-7　学习积分排行榜

<table>
<tr><th colspan="11">学习积分排行榜</th></tr>
<tr><td rowspan="3">组别</td><td rowspan="3">姓名（标底色为组长）</td><td colspan="6">个人要求修满总积分≥ 450 分</td><td rowspan="3">个人附加分</td><td rowspan="3">个人总得分</td><td rowspan="3">小组总分</td></tr>
<tr><td>线上课 25 门满分 250 分</td><td>学习心得 8 个满分 40 分</td><td colspan="2">行动学习任务必修 5 个，要求修≥ 120 分</td><td>期中、期末考试每次 20 分，满分 40 分</td></tr>
<tr><td>时间内学完即得 10 分 / 门</td><td>时间内完成即得 5 分 / 门</td><td>时间内完成即得 10 分 / 个</td><td>质量分 10 分 / 个 / 导师（70% 及格）（2 位导师批阅折比分数）</td><td>考核满分 20 分 / 次（70% 及格）（按折比分数计算）</td></tr>
<tr><td rowspan="5">第一班</td><td></td><td></td><td></td><td></td><td></td><td></td><td></td><td></td><td></td><td rowspan="5"></td></tr>
<tr><td></td><td></td><td></td><td></td><td></td><td></td><td></td><td></td><td></td></tr>
<tr><td></td><td></td><td></td><td></td><td></td><td></td><td></td><td></td><td></td></tr>
<tr><td></td><td></td><td></td><td></td><td></td><td></td><td></td><td></td><td></td></tr>
<tr><td></td><td></td><td></td><td></td><td></td><td></td><td></td><td></td><td></td></tr>
<tr><td rowspan="5">第二班</td><td></td><td></td><td></td><td></td><td></td><td></td><td></td><td></td><td></td><td rowspan="5"></td></tr>
<tr><td></td><td></td><td></td><td></td><td></td><td></td><td></td><td></td><td></td></tr>
<tr><td></td><td></td><td></td><td></td><td></td><td></td><td></td><td></td><td></td></tr>
<tr><td></td><td></td><td></td><td></td><td></td><td></td><td></td><td></td><td></td></tr>
<tr><td></td><td></td><td></td><td></td><td></td><td></td><td></td><td></td><td></td></tr>
</table>

（三）职责分工

一个培训项目涉及很多人，每个人都希望把事情做好，但如果没有良好的组织动员能力，大家各行其是，结果也不会让大家满意。因此，在项目启动前就要针对项目的关键角色进行分工，专业人做专业事情。E 起学项目主要涉及的角色有 5 个，分别是班主任、组长、学员、专家和导师。如图 11-3 所示。

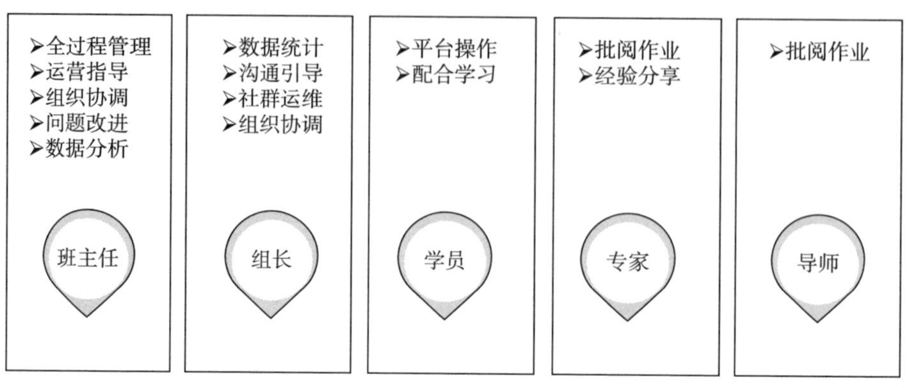

图 11-3　E 起学项目涉及的角色

我们为每一个角色都做了明确的职责分工，避免漏项。以班主任职责为例：

· 负责项目全流程管控，适时提出调整意见。

· 负责公司、学员、社群运营负责人三方沟通衔接，确保项目顺利推进。

· 负责日常项目运营事务（数据拉取、积分记录、积分换算、案例收集等）。

· 负责协助社群运营，提升学员学习积极性。

· 负责收集学员意见，不断改进及优化。

· 其他临时突发情况的处理。

（四）社群建立

社群建设是我们的主要抓手，目前经常使用的是微信和钉钉。社群的主要功能就是提醒和推动培训事宜，发布通知、做课前提醒、收集餐费、收集培训心得、做效果评估等。在 E 起学项目中，我们是以微信为主要沟通平台。前期把群码发给大家，组织学员陆续扫码进群，核实人员都到齐后，我们就可以进行相关的运营了，运营以标准化的话术为主，在群里发什么、什么时候发，都要提前做好审核。

学员进群后，我们就发第一条运营信息：

请各位入群后修改群备注“姓名 + 所在企业”，另外请还未加入小组群的各位尽快扫描邮件附件中的二维码入群，请各位将没有入群的伙伴拉入小组群，非常感谢各位的支持！

小组群组建以后，就要进行预热，我们一般采用如下方式进行：

请完成以下三项课前学习任务：

请各小组成员推选出本组组长。

在组长带领下，为小组起个响亮而有创意的名字，并制定一条小组宣言（小组口号）。

请各位组长收集组员照片，并将照片拼成一张“全家福”。

（五）班委赋能

“参与产生承诺”，意思是要相信他人的创造力，只要有合适的舞台，每个人都可以表现得很好。在培训项目里充分发挥班委的作用，人一旦有了组织架构，就会发挥组织的堡垒作用，协助班主任做好班级管理。

（1）选班长的方式

微信有款“腾讯投票”的小程序，我们选班长时用得比较多，好处就是一目了然，谁当选直接就产生，这是全班都可以参与的一种票选班长的方式。这种方式产生的班长大概率都不错，都是有一定影响力、组织力的人。

如果班长人选不合适、不用心，也可以由班长指派一名副班长协助进行班级管理。有意思的是，班长指派的副班长都比较靠谱，这就从根本上避免了班委不作为。

组长选举结果公布：

各位学员：

大家好！经过大家的积极参与、认真投票后，各个小组的组长名单新鲜出炉了。名单……

未来，相信各组都能在组长的带领下，比学赶超，顺利完成学业，获得好成绩，再次感谢大家的支持！

（2）班委会的组织

为了进一步增强班委的责任感，一定要召开班委会，通过这种形式沟通班长的职责、项目的设计原理、内容和考核方法、对培训项目进行答疑等。

①班委建群通知。

各位组长：

大家下午好！为了后续更好地开展在线学习，也方便各位组长更好地沟通，现组建新能源 LDP 在线学习班委群。明天下午 14:30 分云学堂的同事将为各位组长进行赋能，具体讲解在线学习平台操作、组长积分等内容，时长约一个小时，希望各位组长能够准时参加，感谢各位组长对我们工作的支持。

请各位组长修改群备注为“姓名 + 所在小组”，以便沟通，感谢各位组长的配合。

②班委赋能会通知。通知有两次，初次通知和提醒通知。

各位班委的成员们，你们的运营官们来了！

大家好，我是本次项目首席运营官，非常荣幸可以和大家一共度过接下来 8 个月学习运营时光。

我将会和我的运营团队，还有各位班委的成员们共同运营本次为期 8 个月的 LDP 在线学习项目，和大家共同学习、共同成长。

作为每个小组最优秀的人，你们加入了班委的团队，相信大家一定做好了准备担负起运营好小组学习的重任，不负公司和成员们对大家的期望，为了实现这个伟大的目标，做好我们的项目，明天将会进行第一轮班委会沟通。

请各位准备好亮相：

【姓名】

【盛世美颜环节】请所有人准备好开视频，让我们看见最美最自信的你。

【自我介绍】一句话介绍自己。

【对本次培训的运营目标】你希望小组成员在你的带领下可以达到什么水平？

怎么样？各位，Are you ready？

让我们明天进行第一次线上“班委网友约会”吧。

会前提醒：

各位小组长，记得按照昨天的指示安装会议工具，下午14:30将开始班组长赋能环节，希望大家积极参与。

请各位准备好亮相：

【姓名】

【盛世美颜环节】请所有人准备好开视频，让我们看见最美最自信的你。

【自我介绍】一句话介绍自己。

【对本次培训的运营目标】你希望小组成员在你的带领下可以达到什么水平？

二、启动会

由于本项目是在线形式进行的，所以我们都是在线运营，这对每一个环节的话术和语言有很高的要求。

（一）启动宣传

（1）首次预热

各位LDP在线学习项目的同学们，大家好！我是学习社群运营负责人——×老师，欢迎加入LDP在线学习项目微信社群，大家可以把本群作为成长互助的阵地，旅程中有亮点、槽点、难点，记得分享到群里！同时，请入群的学员把群名片更改为【姓名－分组】，如 ×××－第一组。方便日后学习交流，感谢伙伴们的配合，让我们期待学习旅程的开启吧。

公司已经在内部做了通知，在接下来 8 个月的学习旅程中，大家将会掌握基层干部必备的管理技能，帮助大家从“忙盲茫”的状态中跳出来，实现管理者的华丽转身，晋升优秀管理者，让工作变得游刃有余。

为了给大家营造良好的学习氛围，我们安排了线上课程、学习心得、行动学习任务、小组研讨等多种形式的学习，丰富我们的学习之旅，帮助我们将知识快速理解、吸收转化。接下来，让我们一起看看即将开启的学习任务有哪些吧！如图 11-4 所示。

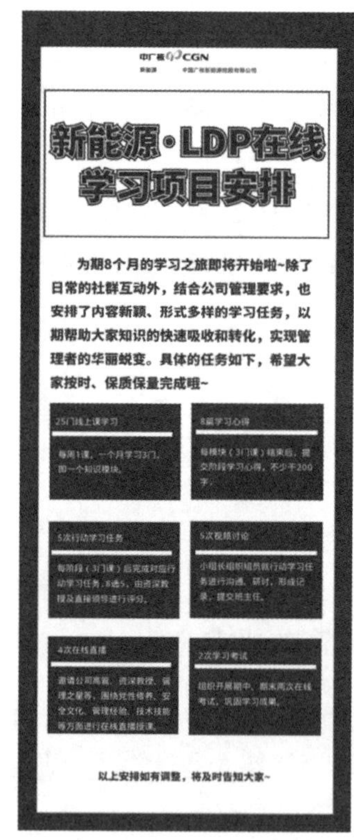

图 11-4　学习任务

（2）项目倒计时

图 11-5 开课前 3 天倒计时

项目启动倒计时 3 天

播报一条消息：

各位成员，大家上午好！

欢迎各位搭乘“LDP 学习号”航班。

乘务组（班委会成员）已全部就位，只待学习航班正式起飞，共同开启愉快的学习之旅。

距离我们的航班正式起飞还有 3 天时间，届时我们乘务组（班委会成员）会发布正式的学习指引，引导大家有序登机。

学习旅途中有诸多考验和乐趣在等待大家，需要伙伴们与团队成员群策群力，共同打造美好的学习体验。

图 11-6　开课前 2 天倒计时

项目启动倒计时 2 天

距离学习正式开启还有 2 天！

温馨提醒，明天会有小组精彩亮相环节。

展示各位风采的环节即将到来，everybody 操作起来吧！

Ready, go！

项目启动倒计时 1 天

亲爱的伙伴们：

距离 2020 年 LDP 线上学习培养计划正式启动还有不到 1 天的时间了，经过两天的养精蓄锐，想必大家现在一定精神饱满。在正式开课前，大家是否期待我们精彩的小组展示环节呢？

接下来，是时候小组亮剑，露出你们的锋芒了。

图 11-7 开课前 1 天倒计时

（3）小组风采展示环节

【展示规则如下】

小组长……

组名……

成员……

口号……

【团队展示】视频、图片、表情包，形式不限，如小视频剪辑 1 分钟、小组全家福等，必须包括所有组员。

PS：统计截至 17:00，各小组拼手速和网速在微信社群中踊跃展示。

第 1 名小组积分 +20 分；

第 2 名小组积分 +15 分；

第 3 至第 5 名小组积分 +10 分。

各组的小主们，你们在哪里？让我们看到你们的身影、听见你们的呐喊声吧！

小组风采展示进行中热场及提醒：

哇，咱们第五组的小伙伴非常积极，喜提小组 +20 分的奖励，其他组的小伙伴加油啊，只要够快，下一个就是你。

各小组大显身手，创意与思路齐飞。

各小组都非常优秀，为你们打 call，还没有展示的小组，快快发动全体组员的力量，为团队荣誉而战，最晚截至 17:00。

通过大家的积极参与，圆满地完成了该项环节任务。

（二）领导寄语

高层领导的参与对项目推进和口碑有非常大的影响，在这个项目里，我们邀请了公司的党委书记、执行董事、副总经理为我们进行开班第一课和讲话，用“千里连线、见屏如面”的新方式，正式拉开了“新能源 · E 起学”在线学习的帷幕。

在项目启动会上，党委书记从新能源公司事业发展需要打造一支什么样的干部队伍、防控疫情期间开展在线学习的意义、学习期望和要求三个维度对学员做了寄语。

党委书记指出，“做合格的 ××× 干部”就要坚持集团公司对管理干部的统一要求：一是讲政治，讲原则；二是有梦想，能坚持；三是重管理，创业绩；四是带队伍，做表率；五是胸怀广，能妥协；六是讲廉洁，德为先。在此基础上，更要做好以下三点：第一，要充分认识到加强学习是个人成长与组织发展的必然要求；第二，要不断增强责任感，提升个人影响力和组织管理能力；第三，树立只争朝夕的时代紧迫感，提升知行合一的实践能力。

党委书记强调，公司人才培养一直面临培训需求大、学员分布广、内容更新快、专业性和一致性要求高等特点，传统的面授培训模式已不能完全适应组织人才培养的需要，培训在线化建设是我们的必由之路和长期坚持的方向。在特殊情况下，公司下大力气加快了线上学习平台建设，为广大干部员工提供更加便捷的学习交流互动服务，同时也是落实培训下沉工作要求的重要举措。

党委书记要求，在这个特殊时期，希望大家继续保持专注、负责的学习态度，以创新、协作的精神为本次整体培训项目树立良好的示范引领标杆，同时要求培训中心在硬件保障、系统升级、人员服务方面做好周密的部署，严格管理，保障项目的顺利运营，在疫情面前打好“人才培养的攻坚战”。

本次在线培训项目学习方式灵活、便捷，参训学员可以通过电脑或者手机端进行学习，更好地满足了学员碎片化学习的要求，这也是公司首次在培训模式上的积极创新和有益尝试。

（三）项目介绍

领导讲话完成后，便进入正式开课环节，需要在学员群里发送如下信息：

“新能源·E起学”LDP在线学习项目正式启动啦！在接下来9个月的时间里，我将会陪伴大家一同经历这个特殊且难忘的学习旅程。同时，希望各位学员能够学有所获，开阔管理思维，提升管理技能，晋升为优秀管理者。

本次学习项目具体可以概括为25门线上课、8篇学习心得、5项行动作业、5次视频研讨、4次在线直播、2次学习考试。

完成以上学习任务，除了有对应的积分奖励，对于积极提供创新的运营建议、思路、方案，优秀的案例、经验分享等，也将给予积分激励，详见积分激励规则表，如表11-4、表11-5所示。

关于此次项目的学习内容及相关激励就介绍到这里，学员们还有不清楚的，稍后可以登录学习平台，在【开学第一课】中详细了解。接下来将进行学习操作指导及本周的学习任务发布，请大家加以关注。

（四）学习指引

为了更好地帮助大家学习，我们针对学习平台如何使用，制作了详细的学习指引，一并发到微信群里。

学习操作指引

本次学习项目的任务将会在新能源的学习平台上发布，大家通过电脑、手机可以随时随地学习。如图 11-8 所示。

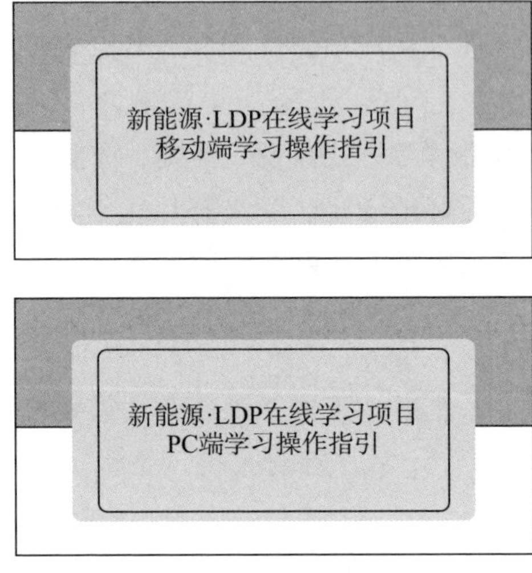

图 11-8 学习操作指引

三、过程促学

在项目实施过程中，我们是按照模块进行提醒和跟进的，总共八个模块，每个模块的学习内容包括 3 门线上课。第一模块有 4 门课程（包含开学第一课）、一项学习心得（每个模块结束后写一次）、一项行动学习任务（每个模块结束后以小组为单位完成一次，需要相应的小组导师进行评价和评分），每个模块的学习时长预计 1 个月。以第一模块为例：

（一）任务发布

1. 线上课学习任务发布

（1）第一次课程发布

【学习任务发布】3 月 10 日–3 月 15 日。

本周我们将开启【开学第一课】及【角色认知第一课】的学习：

【开学第一课】主要涵盖领导开班致辞、在线学习项目介绍、学习项目操作指引三部分内容。

【角色认知第一课】本周的学习任务是《新官上任：走出误区，转变角色》，这个课程将会从两个方面告诉你如何扮演这个全新的角色，完成从普通员工向管理者的观念转变。你将学习：新经理人容易陷入的三大误区，并学习如何避免这些常见错误。

请大家用手机或 PC 登录学习平台，根据平台发布的任务说明，完成学习任务。在过程中遇到任何问题，随时在群里沟通 @ 我或者向小组长反馈。

【学习小 TIPS】

①视频课程手机观看，部分手机型号可能会存在白屏、页面互动不可拖动等情况，如果你遇到了，请使用 PC 端登录学习。

②视频课程有配置比较合适的学习时长，请按照顺序学习，不可快进，否则无法进行完成度的记录。

相关要求及说明已通知完毕，下面正式进入学习阶段。有问题可以随时 @ 我或者向小组长反馈。祝大家快乐学习，快速提升。

（2）第二次课程发布

【学习任务发布】3 月 16 日–3 月 22 日。

本周我们将开启【角色认知第二课】的学习及第一阶段《行动学习任务 1：团队资源盘点》的任务发布。

【角色认知第二课】《管理者的四大职责》（学习时间 3 月 16 日 –3 月 22 日），管理者的职能简单概括为四项：计划、组织、领导、控制，即谨慎地拟定计划，建立组织机构帮助人们实现计划、领导员工、通过控制来衡量并纠正人们的活动。本课程将通过案例和对管理者四大职责的阐述与分析，提升你作为管理者的正确认知。

给大家预留充足的时间，同时希望大家带着任务去深入理解每个章节的知识内容。第一阶段的行动学习任务——《行动学习任务 1：团队资源盘点》（完成时间3月31日以前）作业要求已在线上学习平台发布了，相关作业模板将在微信群发布，请大家注意。

（3）第三次课程发布、学习心得提醒和行动学习任务布置

【学习任务发布】3月23日–3月29日。

本周我们将开启【角色认知第三课】的学习及角色认知模块《学习心得》的任务发布。

【角色认知第三课】《管理者的十种角色》（学习时间3月23日–3月29日），管理者每天都在管理着各式各样的活动，那么管理活动有哪些种类？管理者的角色可以分为几种？管理者要具有什么心态才能在这些角色中得心应手呢？准确认识这些将使你在管理岗位上游刃有余。

学习完《管理者的十种角色》，第一阶段【角色认知】板块的线上学习任务即全部完成，结合学习情况提交不少于200字的学习心得（心得提交截至4月5日），登录平台进行填写提交。

第一阶段的行动学习任务——《行动学习任务1：团队资源盘点》（完成时间3月31日以前）请使用新的作业模板填写。新模板及相关流程将在微信群发布，请大家注意。

2. 行动学习任务

（1）行动学习任务内容

这里针对行动学习任务做一下说明，共有八个模块，每个模块结束后都安排了相应的学习任务，比如第一个模块结束后的学习任务是团队资源盘点，任务内容如下：

行动学习任务1：团队资源盘点

作为新经理，上任初期，你要做的是观察和了解团队成员，而不是匆忙进行人员调整。请与你的团队成员做一次一对一的面谈，了解每个人的想法及特长，并一一记录下来。当然，你也可以找一个集中的时间，组织你的团队成员完成个人经历的练习，进行信任的建立。

（1）一对一访谈练习

表 11–8　一对一访谈

姓名	能力	意愿	价值	风险
	1. 该员工在团队里擅长什么（最突出的三项能力）	2. 该员工在团队里希望做什么？最在意什么	3. 该员工对于你的工作最有帮助的三个方面	4. 该员工在团队工作中可能存在的问题

（2）个人经历练习

团队成员围坐在一起，轮流回答三个问题：我是哪里人？家里几个兄弟姐妹，排行老几？童年经历过什么挑战？团队 Leader 必须第一个发言，并足够坦诚，起到带头作用；分享过程中，其他人需要做的就是倾听，不要打断，也不要提问，当事人只需要在分享后说声“谢谢”，然后下一个人开始。

这个练习可以反复多次进行，对于已经做过的团队，可以重新设置三个问题，比如你的第一份工作在哪里？做什么？职业生涯中最大的挫折？

一般设置三个有递进关系的问题，前两个要简单，第三个相对“深水区”一些。

（2）行动学习任务评价标准

各小组完成相应的行动学习任务后，会有专门的导师对完成情况进行反馈和评分，我们的制定评分标准如下：

①评分低档次及分数分配（实际得分根据总分比例分配）：

优秀：100%× 总分；

良好：80%× 总分；

及格：60%× 总分；

不合格：60 分以下，不合格打回重做，直到合格为止。

②评分维度及给分标准：

优秀：能够收集到能力、意愿、价值、风险四个维度的详细信息，表述清晰、分类准确，填写具体完整，能基于回答的内容展示分析过程和例证。

良好：能够收集到能力、意愿、价值、风险四个维度的详细信息，表述相对准准确，填写较为具体。

合格：能够收集到能力、意愿、价值、风险四个维度的详细信息，表述完整，信息基本准确。

不合格：不能够基于四个维度进行分类，表述不清晰，信息不准确。

（3）行动学习任务流程

学习进度提醒：

各位学员，大家上午好！

第一阶段的学习任务即将接近尾声，包括4次线上课、1项行动学习任务、1次学习心得，请各位学员及时关注自己的任务完成情况。学习心得完成时间截至4月5日，其中关于行动学习任务需要特别强调，完成时间截至3月31日，4月3日前小组长组织学员进行行动学习任务的沟通研讨，再提交直接领导、导师进行评估及后续的统计分数（具体流程如图11–9所示）。

（4）行动学习作业说明

各位学员，下午好！

鉴于目前有部分小伙伴对于行动学习任务的完成还有一些疑问，在此做以下说明：

①行动学习任务的实践对象是目前自己实际工作的部门、岗位及下属，并非我们的学习小组。

②针对部分学员目前没有所辖下属的情况，行动学习任务以“情境模拟”的形式开展，即针对学习任务假定场景，撰写思路即可。注意：在行动学习作业界面做好备注（本人目前无所辖员工，依据作业要求，

进行情境模拟），以便导师、直接上级进行评分。

③关于行动学习任务1中第二个“个人经历练习”部分，简单纪要即可，可添加总结心得。

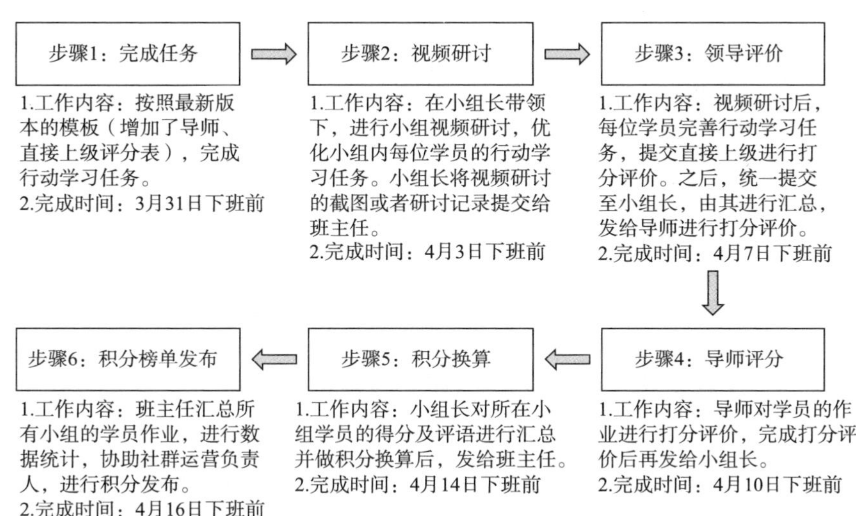

图 11-9　具体流程

（二）榜单发布

1. 半月学习进度公示

为更好地促进大家学习，及时反馈学习进度，保持学员的学习热情，我们会通过任务完成率这个指标进行公示，敦促大家！如表 11-9 所示。

表 11-9　半月学习进度公示

LDP 在线学习项目阶段任务完成情况（截至 3 月 22 日）				
序号	小组	应完成任务数	实际已完成	任务完成率
1	第五组	44	32	72.73%
2	第六组	40	29	72.50%
3	第八组	44	31	70.45%
4	第一组	44	29	65.91%

续表

序号	小组	应完成任务数	实际已完成	任务完成率
5	第二组	44	28	63.64%
6	第四组	44	28	63.64%
7	第三组	44	26	59.09%
8	第七组	40	22	55.00%
9	第九组	44	24	54.55%
10	第十组	44	24	54.55%
部分小组成员任务还未开始执行的，以及完成进度较慢的，需要各小组长及时关注并予以提醒				

2. 阶段榜单发布

每个模块除了半月公示，我们还会在各模块结束后发布学习榜单。

各位 LDP 在线学习项目的学员们，大家中午好！经过为期一个月的学习，第一阶段学习情况即将为大家揭晓，其中包括小组排名、优秀学员、优秀小组长。有你的身影吗？

小组排名：第一阶段共有第一、第二等 6 个小组，任务完成率 100%，小组排名并列第一，授予“优秀小组”称号。

优秀学员：第一阶段结合学员学习积分情况，共计有张 ×、李 ×、阳 ×、王 ×、黄 × 等 20 名员工积分名列前茅，授予“优秀学员”称号。

优秀小组长：第一阶段第五小组组长杨 × 以总积分 94.4 分，获小组长排名第一，授予“优秀小组长”称号。

热烈祝贺以上优秀个人及团队，希望在接下来的学习阶段能够保持这份热情，继续发扬“比学赶超”的学习精神。对于其他学员，也希望在接下来的日子能够奋勇追击，为个人争荣誉，为小组添光彩。

每个模块先是发布在线课程，月中进行提醒，然后督促大家提交心得，做好学习任务并通过导师反馈，在一个阶段结束后进行榜单发布，整体的项目都是按照这样的逻辑运营。有八个模块，我们就精心做了 8 个月的时长，在这 8 个月里，适当进行在线直播，邀请公司领导和部门领导进行管理和领导力方面的授课，帮助大家在疫情期间持续成长。

四、项目总结

当我们做项目总结的时候，线下集中培训已经能够开展了，但在线学习项目一直没有放弃，坚持了下来。项目总结也是全程通过在线的方式进行的，共设计了结项预热、项目总结及回顾、项目表彰和收尾四个部分。

（1）结项预热

在结项预热时，先发了主题：结项会预热——欢迎大家参加结项会，接下来用几个小红包，调动了大家的热情，群里互动迅速升温。

（2）项目总结及回顾

接下来对项目进行总结和回顾，共分成四段发送运营话术，这些话术需要提前沟通确认。

各位 LDP 在线学习项目的成员们，大家下午好！为期 9 个月的线上学习之旅结束了，感谢大家的坚持与支持！为你们点赞！

“停训不停学，战疫修内功。”疫情并没有阻挡我们求知的热情，反而使我们更加珍惜这段特殊的学习时光，虽相隔千里，但仿佛近在身边。

回顾这段学习之旅，在公司领导的开班致辞下，在线学习项目缓缓拉开序幕，在开班启动会后，我们系统学习了八大模块的 24 节课程，完成了 8 次学习心得的输出、参与了 4 次线上直播课的学习，同时解锁了 8 项行动学习任务，通过了期中考试测评……“转角色—定目标—带团队—赢绩效—促发展”五个发展阶段的学习，八项关键能力的动态提升，帮助我们系统地掌握经理管理技能。

关于项目的整体情况，总结如下：

99 名学员；

历时 9 个月；

3762 项任务；

88.94% 的完成率；

100% 的考试合格率；

615 个小时在线学习；

输出 661 篇学习心得；

完成了 355 个行动任务。

（3）项目表彰（优秀小组、优秀小组长、优秀员工）

在项目的中后期复工复产加上其他线下培训项目的开展，大家的学习时间很紧张，项目组对此做了适当的调整，减轻了大家的学习负担。不过，还是要给坚持学习打卡的学员们一个大大的赞！

项目结束了，根据任务完成情况、积分获得情况等，优秀小组、优秀小组长、优秀学员也产生了，他们是谁呢？接下来让我们进入表彰环节……

接下来看看优秀小组。第五小组以综合任务完成率 99.47% 排名第一，授予“优秀小组”的称号。

在此对“智慧超群”第五小组表示热烈的祝贺，也感谢小组里的每一位学员，正是因为你们坚持学习打卡，才使得团队成绩斐然。

“火车跑得快，要靠车头带”，凸显了团队 Leader 的重要性。下面我们隆重宣布本次学习项目“优秀组长”的获得者——第五小组组长杨 ×，以 594.4 的总积分排名第一。

在整个项目期间，杨 × 获得过五次阶段优秀小组称号，日常对于不清楚的情况也及时跟班长等人沟通反馈，坚持跟进督促团队学员日常学习，尽职尽责，值得嘉奖。希望在今后的团队管理中，也继续发扬现有管理作风，带领出一支高绩效的队伍。

最后，终于到了优秀学员的表彰环节。9 个月的持续坚持，涌现出一批学习爱好者——个人总积分排名前二十。

恭喜以上学员，同时希望在后续的工作中也能持续保持这份学习热情，将所学运用到实际工作中。在实现个人成长蜕变的同时，为公司的发展添砖加瓦。

恭喜以上个人和团队，后期公司也会进行内部表彰。同时，结项证书也会下发给各位学员。

图 11-10　项目总结

（4）收尾

至此，此次 LDP 在线学习之旅的航班也终于到达目的地。感谢大家的支持，感谢小组长们的尽职尽责，也感谢每一位坚持学习打卡的学员！春去秋来，寒来暑往，近一年的陪伴，也到了说再见的时候。

项目虽已结束，但学习不能止步，我们的线上课程有效期截至 3 月份，有还未完成或者需要复习的小伙伴可以再次学习巩固，期间在学习过程中遇到什么问题，也欢迎大家及时反馈。

最后，祝愿各位学员开心快乐！2021，新起点，新征程，让我们扬帆再起航！

在线结业式非常成功，学员们对一起坚持学习下来的伙伴、老师、项目经理表示感谢，祝福的话语整整持续了两天。项目组也通过内邮的方式，把以上的获奖情况抄送给相关学员的直接上级和公司领导。至此，持续了 9 个月的在线运营项目彻底实现闭环。

老板·创业			
一、经理人			
书名	内容	书名	内容
老总有想法，高层有干法 王清华　著	企业将、帅之间的定位问题、角色问题、方法问题、思维问题、管理问题等	历史深处的管理智慧1：组织建设与用人之道 刘文瑞　著	通过历史鉴照当今企业选人用人、二代接班人、创业团队管理等问题
历史深处的管理智慧2：战略决策与经营运作 刘文瑞　著	通过历史鉴照当今企业决策、战略规划、战略冒进、决策监督等问题	历史深处的管理智慧3：领导修炼与文化素养 刘文瑞　著	通过历史鉴照当今企业的领导修养、用权、管理风格等问题
老板经理人双赢之道 陈明　著	经理人怎么选平台、怎么开局，老板怎样选/育/用/留		
二、用人			
用好骨干员工 王敏　著	系统化分享关键人才打造与激励方法	领导这样点燃你的下属 孟广桥　著	领导者如何才能让员工积极主动地工作
让用人回归简单 宋新宇　著	帮助管理者抓住用人的要害，让用人变得简单	激活新生代员工 史量　孙斌　著	走进新生代的世界，一套行之有效的管理、激活90后、95后、00后的方法
三、转型·创业			
创业要过哪些坎 董坤　著	15年创业咨询经验总结的创业遇到的问题及办法	高潜牛人 董坤　著	创业和事业发展中如何找到牛人
成为下一个SaaS独角兽 崔牛会　主编	19位SaaS领专家，7个不同的视角总结SaaS行业实践	创模式：23个行业创新案例 段传敏　著	CEO社群23位企业家的思考与实践分享
重生——中国企业的战略转型 施炜　著	本书对中国企业战略转型的方向、路径及策略性举措提出了建议和意见	7个转变，让公司3年胜出 李蓓　著	企业估值、业务模式、营销、生产制造、客户服务、用户黏性、组织管理7个转变
企业二次创业成功路线图 夏惊鸣　著	五步骤给出了一幅企业二次创业经营突破、管理提升的成功路线图	跟老板“偷师”学创业 吴江萍　余晓雷　著	如何通过“偷师”学习与积累当老板的阅历
公司由小到大要过哪些坎 卢强　著	企业成长路线图，现在我在哪儿、未来还要走哪些路都清楚了	跳出同质思维，从跟随到领先 郭剑　著	66个精彩案例剖析，帮助老板突破行业长期思维惯性
极速增长：企业扩张策略 董坤　著	以“8shoes扩张法则”为思考框架，帮助处于这个阶段的创业公司及以创业公司形式孵化的变革型项目做出清晰的战略选择		
企业经营			
经营打造你的盈利系统 高可为　著	选择最有效的经营策略，打造属于自己的商业模式	中国企业的觉醒 王涛　著	企业告别自私、野蛮，转向善良、爱，才会赢得消费者
成为敏感而体贴的公司 王涛　著	未来有竞争力的企业，一定是那些敏感而体贴的公司	有意识的思考 王涛　著	对头脑中固有观念保持觉察，从而超越它们的局限
简单思考 孔祥云　著	著名咨询公司（AMT）CEO创业历程中的经验与思考	写给企业家的公司与家庭财务规划 周荣辉　著	以企业的发展周期为主线，介绍各阶段企业与企业主家庭的财务规划

续表

书名	内容	书名	内容
从10亿到100亿的企业顶层设计 刘建兆 著	重新定义企业成长方式，有效益、有效率、有效能、有效果、有品质的良性成长	**企业融资：投资人没告诉你的那些事** 杨军 著	资深投资人揭示融资"潜规则"，让企业有的放矢
宗：一位制造业企业家的思考 刘建兆 著	发展20年营业额近亿元制造业企业家的思考与心得	**使命：驱动企业成长** 高可为 著	用大企业发展轨迹及企业家的心路历程，揭示企业成长的基因、做事的逻辑
让经营回归简单 宋新宇 著	战略、客户、产品、员工、成长、经营者的经营法则	**边干边学做老板** 黄中强 著	86个案例讲述中小公司成长过程中遇到的问题和方法
盈利原本就这么简单 高可为 著	跨越业务与财务边界，为企业提高盈利水平提供方法	**战略参谋：写出管用的战略报告** 蔡春华 著	企业对自己、市场、行业其实了解更深，助你高质量完成战略规划
不战全胜：给企业家读的孙子兵法 王吉坤 杨伟霞 著	从《孙子兵法》提炼和总结了帮助企业打造行业龙头品牌的体系	**公司离不开的全栈运营高手：产品运营与推广获客** 王虎 著	涉及运营案例、思维理论、实操复盘、管理方式、推广策略等，是作者八年运营推广经验的浓缩
公域引流 私域经营：这样经营用户关系 王庆云 汪洋 著	为大中型企业提供私域建设的顶层和全景式框架，探索不同业务特性可能适配的不同私域模式	**平台生态：价值创造与价值获取** 彭毫 罗珉 著	厂商之间的竞争已经从产品转到平台，如何创造新的价值创造和获取模式，是企业最想得到的答案
合伙制经营：有效激励，而不丧失控制权 胡八一 著	重点阐述实施合伙制的流程，通过四步为企业家提供一种有效激励而不丧失控制权的工具和方法	**机制创造人才** 彭剑锋 尚艳玲 著	华夏基石专家团著作，为个体赋能，经营人成就人，进行机制创新和价值管理
管理·管理学			
一、企业管理			
让管理回归简单 宋新宇 著	从目标、组织、决策、授权、人才、老板自己等提供方案	**管理的尺度** 刘文瑞 著	西医式的体检化验，又要施加中医式的望闻问切
管理：以规则驾驭人性 王春强 著	人性驾驭角度权度运筹安排的可兑现性，管理有效性	**看电影，学管理** 刘文瑞 著	十六部电影的解读，揭示电影内含的管理之道
好管理 靠修行 曾伟 著	从佛法、道法思想中寻找管理智慧	**公司大了，怎么管** 金国华 著	成长型企业发展中的共性问题，通过案例实录解开
低效会议怎么改 王玉荣 葛新红 著	从梳理公司会议体系的层面改变低效会议的现状	**年初订计划年尾有结果** 郭晓 著	总结七步落地方案让战略计划切实落地实现
分股合心 段磊 周剑 著	围绕股权激励，详细介绍相关知识和实行方法	**员工心理学超级漫画版** 邢雷 著	以漫画形式对组织中个体心理的全面介绍和深入探讨
让投诉客户满意离开 孟广桥 著	投诉法律法规，应对各种投诉技巧等提升客诉能力	**管理就是定计划，抓落实** 张国祥 著	员工"看了就会、拿来就用"的计划制订操作指南
不读韩非子，怎么当老板 王春强 著	通过集中分析有关人性的内容，引导现代管理者更深理解人性是如何影响企业运行，以及管理者应如何因人性而实施管理	**重新想象组织** 彭剑锋 尚艳玲 著	华夏基石专家团著作，通过组织变革逐步进化，找到成长之道，让企业可持续发展

续表

书名	内容	书名	内容
战略管理有方法 和恒咨询　著	结合中国企业实践总结的一套独创性、实操性的战略方法，100+工具轻松做战略	**高管如何为公司创造高增长** 彭剑锋　尚艳玲　主编	战略驱动着企业成长，企业又该如何突破增长的瓶颈
供应链管理改善咨询：案例·方法·工具 于晓光　许忠宁　赵玭　著	掌握供应链改善结构化方法，实现准时交付和低运营成本		
二、管理思想			
管理学的奠基者 刘文瑞　著	近代以来的管理思想发展揭示管理思想的演化奥秘	**巴纳德组织理论研读** 郭威　著	深度研读巴纳德《经理人员的职能》，帮你理解和看懂
管理学在中国 刘文瑞　著	科学看待管理学流入中国，对继承发展进行深入的阐述	**德鲁克管理学** 张远凤　著	以德鲁克管理思想发展为线展示20世纪管理学的发展
德鲁克与他的论敌们 罗珉　著	德鲁克与马斯洛、戴明等诸多管理大师论战的故事	**德鲁克管理思想解读** 罗珉　著	全面解构德鲁克思想的精髓与实践价值
治论：中国古代管理思想 张再林　著	深入分析中国古代哲学基本精神的基础上，梳理分析了儒法墨三家的管理思想	**流程经理10年案例笔记** 王焕东　著	用自身工作和生活中的鲜活案例及思考后的心得呈现不一样的流程管理思想
透过决策看组织 李慧才　著	对西蒙管理行为进行贴近企业的通俗化解析和阐释	**为什么高管爱读德鲁克** 王鹏　著	辅助深读德鲁克、提升管理认知
营销·销售			
一、企业销售			
大客户销售这样说这样做 陆和平　著	大客户销售活动的十大模块，68个典型销售场景	**向高层销售** 贺兵一　著	销售人员与客户高层打交道需要重点掌握的知识、技巧
资深大客户经理 叶敦明　著	将大客户经理必须具备的规划、策略、执行三种能力运用自如	**成为资深的销售经理** 陆和平　著	让销售经理成功把握销售管理的6个关键点，并提供工具
销售是个专业活 陆和平　著	据客户采购流程拆分销售过程十阶段，讲解方法技巧	**学话术　卖产品** 张小虎　著	手机、电动车、家电、食品等消费品的一线销售话术
工程项目大客户销售攻略 陆和平　著	三十八讲循序渐进，全方位透视工程大项目拿单的奥秘，通俗易懂，看了就能用	**大客户销售谈判：获得利润的最快途径** 陆和平　著	从不会谈判到成为谈判专家，帮助你在与大客户的谈判中轻松说服对方，实现从一次成交、成本价成交到高价成交、持续成交的转变
二、企业营销			
新营销组织力 迪智成　著	适应最新数字化外部环境，系统化协同组织能力建设	**营销按钮** 老苗　著	讲述存在于人性及各个营销环节中的“按钮”
精品营销战略 杜建君　著	“精品营销战略”核心逻辑与营销组合策略	**360°谈营销** 王清华　古怀亮　著	营销是立体的，从不同角度观察不同企业的营销精髓
互联网精准营销 蒋军　著	互联网时代整体策划、包装品牌和产品	**招招见销量的营销常识** 刘文新　著	做好基本的营销动作都可以提高销量、降低成本

续表

书名	内容	书名	内容
用数字解放营销人 黄润霖　著	用数字说话覆盖营销工作的方方面面	**用营销计划锁定胜局** 黄润霖　著	让营销计划落地，营销人员只需解决两个问题：基数与概率
新营销2.0：从深度分销到立体连接 刘春雄　公方刚 牛恩坤　等著	立体连接打通三度空间，在互联网时代诞生快消品领域的超级巨头	**中国营销战实录** 联纵智达研究院　著	51个案例，46家企业，46万字，18年积淀
弱势品牌如何做营销 李政权　著	产品与物流通道、服务通道、促销互动通路，提供方法	**解决方案营销实战案例** 刘祖轲　著	十大工业品作者实操案例解码解决方案营销
升级你的营销组织 程绍珊　吴越舟　著	根据企业的实际情况建立有机性营销组织	**孙子兵法营销战** 刘文新　著	理解《孙子兵法》原意的同时，还可体悟到营销之用
老板如何管营销 史贤龙　著	十六个招式，理论与案例相结合，高段位营销方法	**渠道管理就这样做** 陆和平　著	渠道规划和设计、渠道成员选择和寻找、渠道谈判和签约、管理渠道日常活动、设计渠道激励政策、解决渠道冲突、渠道的评估和调整
三、品牌			
中国品牌营销十三战法 朱玉童　著	深度演绎最符合企业品牌营销策划的十三套实战战法	**中小企业如何打造区域强势品牌** 吴之　著	从如何建立强势品牌的角度解析扩张难题
小众战略：小资源打造强势品牌 吴修利　著	从品牌观念、市场调研、竞争机会、内部调整等角度，对产品、渠道、传播等核心原则进行了系统梳理	**把品牌建在顾客心里：4步实现品牌IP化** 张学军　著	让品牌自带话题，自主传播
四、营销策划			
这样写文案，就没有卖不动的产品 秦剑　刘安丽　著	术、法、道三个层面由浅至深培养商业文案创作能力	**洞察人性的营销战术** 沈坤　著	介绍了28个匪夷所思的营销怪招，大部分可以直接运用
双剑破局：沈坤营销策划案例集 沈坤　著	双剑公司8年来的实操案例，每个项目诞生过程、策划角度和方法	**社区团购就这么干：供应商•平台•团长•用户** 陈海超　杨项刚　著	分享最新实践经验，一看就懂，照着就能做
企业案例			
鲁花：一粒花生撬动的粮油帝国 余盛　著	鲁花如何成长为优秀的带动农业产业发展的品牌，鲁花你一定学得会	**金龙鱼背后的粮油帝国** 余盛　著	以金龙鱼为脉的一部中国粮油行业的史诗
你不知道的加多宝 曲宗恺　牛玮娜　著	以时间为轴线，详细叙述了加多宝品牌的发展历程	**静水流深** 黄治国　著	作者在美的十五年对何享健内部讲话资料的整理
娃哈哈区域标杆 罗宏文　快车君 赵晓萌　寇尚伟　著	讲娃哈哈豫北市场如何成为娃哈哈全国第一大市场、全国增量第一的市场	**借力咨询：德邦成长背后的秘密** 官同良　王祥伍　著	德邦将自己积累的与咨询公司发展共赢的合作逻辑和盘托出
六个核桃凭什么从0过100亿 张学军　著	全视角深度解读养元企业的裂变成长，复盘十年蜕变轨迹	**像六个核桃一样** 王超　著	六个核桃为什么卖得这么好，产品畅销的6大要义36条简明法则

续表

书名	内容	书名	内容
中国首家未来超市 IBMG 集团　著	对乐城超市的掌门人及内部员工的采访详细阐释了乐城的经验	**三四线城市超市如何快速成长：解密甘雨亭** IBMG 集团　著	甘雨亭的许多关键经营指标均高于行业标准，学习其成功的方法
集团化企业阿米巴实战案例 初勇钢　著	作者在某酒厂推行阿米巴经营模式的心得		
经销商			
新经销：新零售时代教你做大商 黄润霖　著	探访近100位经销商在传统营销手法上的创新，传统营销微创新和新营销本地化	**商用车经销商运营实战** 杜建君　王朝阳 章晓青　著	对商用车经销商的经营与管理、4S 店运营做了全方面的总结
跟行业老手学经销商开发与管理 黄润霖　著	从管理耐用消费品经销商角度提炼了48个代表性问题并给出解决办法	**快消品经销商如何快速做大** 黄润霖　著	经销商如何通过经营实现规模，通过管理实现规模效益
建材家居经销商实战42章经 王庆云　著	经营管理的心法和战法，帮助经销商成为“业务妙手”和“管理能手”	**成为最赚钱的家具建材经销商** 李治江　著	针对建材家居行业的经销商，从销售模式、产品、门店、市场等方面给出方法
白酒经销商的第一本书 唐江华　著	对经销商如何选择厂家、合作、运营品牌等问题给出建议	**快消品招商的第一本书** 刘雷　著	从招商理论到招商动作进行系列化分解，化繁为简
大商方法：榜样经销商与厂家的合作之道 唐道明　著	洞察厂商合作的核心，为经销商提供可行的方法，手把手教你做大商	**快消品经销商成功密码** 舟谱商学院　著	通过8个真实经销商案例，分享快消品经销商成功经验与方法
中小企业			
中小企业如何打造区域强势品牌 吴之　著	从如何建立强势品牌的角度解析扩张难题	**用流程解放管理者** 张国祥　著	8个板块构成，共66篇文章，14幅流程管理图
用流程解放管理者2 张国祥　著	对中小企业规范化流程管理进行系统的阐述	**弱势品牌如何做营销** 李政权　著	产品与物流通道、服务通道、促销互动通路提供方法
本土化人力资源管理8大思维 周剑　著	用最贴近中国中小企业现实管理情境的案例讲述周围人的“家事”	**中小农业企业品牌战法** 韩旭　著	农业企业需要全产业链视野，更需要品牌实战方法
门店管理			
门店销售冠军复制系统 王吉坤　著	门店型企业如何打造可复制的销售冠军系统	**新零售动作分解与实操：建材·家居·家具** 盛斌子　著	对泛家居行业趋势、店面管理、团队管理、促销推广、五感营销等提供策略
家具建材促销与引流 薛亮　李永锋　著	对泛家居营销执行模式和工具、关键环节等进行汇总	**建材家居门店6力爆破** 贾同领　著	产品力、导购力、形象力、推广力、服务力、组织力
家具行业操盘手 王献永　著	总结家具终端门店发展的现状及问题并给出策略	**手把手教你做专业督导** 熊亚柱　著	系统梳理督导的核心技能，岗位职责、工作流程及技能

续表

书名	内容	书名	内容
手把手帮建材家居导购业绩倍增 熊亚柱　著	针对建材家居门店的业务人员，用案例故事还原场景教你成为好导购	**10 步成为最棒的建材家居门店店长** 徐伟泽　著	梳理店长管理的核心工作职责、店面管理规范，帮助销售人员成长
建材家居门店销量提升 贾同领　著	9 个板块讲述建材门店一个单店如何做到经营的良性循环	**总部有多强大，门店就能走多远** IBMG 集团　著	五大方向综合阐述连锁零售企业总部如何提升管理能力
赚不赚钱靠店长，从懂管理到会经营 孙彩军　著	注重专卖店的经营思路拓展、门店管理细节方面能力的提升	**新医改了，药店就要这样开** 尚锋　著	从药店定位的思考，内部和会员管理等方面探讨中小型药店发展方向
电商来了，实体药店如何突围 尚锋　著	新时代药店经营的三驾马车：药学专业服务、会员贴心服务和精准定向促销	**引爆药店成交率 1：店员导购实战** 范月明　著	药店人的零售工作，怎样接待顾客，完善销售技巧
引爆药店成交率 2：药店经营实战 范月明　著	从药店经营角度建立改善门店现状的实用标准	**引爆药店成交率：专业化销售解决方案** 范月明　著	从简单的拿药服务到提供多角度的专业解决方案
口腔门诊盈利倍增：精益口腔 杨伟霞　王吉坤　著	为口腔门诊定制业绩提升管理系统并落地实施		
互联网			
一、互联网转型			
画出公司的互联网进化路线图 李蓓　著	18 个“可以……吗”的问题作为产品、客户和价值方面的指引牌	**7 个转变，让公司 3 年胜出** 李蓓　著	企业估值、业务模式、营销、生产制造、客户服务、用户黏性、组织管理 7 个转变
重生战略移动互联网和大数据时代的转型法则 沈拓　著	四个重生战略对应四个法则，告知传统企业的转型重生之路	**创造增量市场：传统企业互联网转型之道** 刘红明　著	为读者提供了寻找这些互联网的切入点和接触点的具体方法，带来增量市场
互联网 + 变与不变 本土管理实践与创新论坛　著	61 篇精华文章，聚焦传统行业如何互联网 + 时代转型	**今后这样做品牌** 蒋军　著	顶层设计、营销创新、产品战略、渠道变革、品牌策略
移动互联新玩法 史贤龙　著	立足现实，剖析新时代背景下的移动互联趋势与热点	**互联网时代的成本观** 程翔　著	多维组合成本的互联网精神和大数据特征及应用
正在发生的转型升级实践 本土管理实践与创新论坛　著	100 多位本土管理专家当年对最新一年的思考和实践	**1000 铁杆女粉丝** 张兵武　著	如何让普通女性成为忠实追随的铁杆粉丝，磁力点、情感结、甜蜜区、信任圈
混沌与秩序 Ⅰ：变革时代企业领先之道 彭剑锋　施炜　苗兆光　王祥伍　孙波　夏惊鸣	新环境下企业面临变革应如何应对，企业家如何坚守并与企业共同成长	**混沌与秩序 Ⅱ：变革时代管理新思维** 彭剑锋　施炜　苗兆光　王祥伍　孙波　夏惊鸣	对处于时代变革下的企业管理新机制、人力资源管理新思维，组织与人的新型关系，结合案例提出优化建议
消费升级：实践·研究 本土管理实践与创新论坛　著	从经营、管理、行业三个方面记录消费升级下的实践	**互联网精准营销** 蒋军　著	互联网时代整体策划、包装品牌和产品
智能推荐：让你的业务千人千面 刘国昊　周波　著	从资讯、电商、文娱行业来详细讲解智能推荐的应用，用户时间的争夺战	**制造业外贸营销网站建设** 宋金亮　著	介绍整个网站从无到有的实现过程，从分析思路、撰写内容到规划页面，列举了大量正反面实例，帮助读者理解和投入实践

续表

书名	内容	书名	内容
零售巨头数字化转型操盘笔记 江楠 著	一线操盘运营经理分享传统零售巨头的新零售到家业务全盘操作细节		
二、抖音、微信微商、电商			
书名	内容	书名	内容
抖音营销系统 刘大贺 著	抖音系统的实战营销知识，上百个从0做大的案例	金牌微商团队长 罗晓慧 著	微商团队长创业实操的指导工具书
微商生意经：真实再现33个成功案例操作全程 伏泓霖 罗晓慧 著	精心挑选的33个微商成功案例，阐述具体操作过程	快速见效的企业微信营销方法 孙巍 著	站在微信生态的立体高度系统讲述企业微信快营销方法论
阿里巴巴实战运营：14招玩转诚信通 聂志新 著	产品定位、阿里巴巴排名因素、数据分析、标题优化等	阿里巴巴实战运营2：诚信通热卖技巧 聂志新 著	打开诚信通运营的金钥匙，十大具体运营技巧
三、行业新营销			
餐饮新营销 杨勇 程绍珊 著	聚焦餐饮企业转型，系统的餐饮企业营销管理体系	新零售进化路径 李政权 著	预先复盘新零售及商业的未来，找到方向
珠宝黄金新营销 崔德乾 著	珠宝业新营销/新品牌/新产品/新零售/新连接/新场景/新服务/新传播/新管理	新经销：新零售时代教你做大商 黄润霖 著	探访近100位经销商在传统营销手法上的创新，传统营销微创新和新营销本地化
新零售动作分解与实操：建材·家居·家具 盛斌子 著	对泛家居行业趋势、店面管理、团队管理、促销推广、五感营销等提供策略	新营销 刘春雄 著	让品牌商和渠道商掌握获得独立流量的能力，能够与平台商博弈
快速见效的企业网络营销方法 B2B 大宗 B2C 张进 著	数据和案例90%来自作者服务的中小企业，快速全面地学习企业网络营销方法	移动互联下的超市升级 联商网专栏 著	超市未来的发展趋势，对社区超市、生鲜、全渠道建设、O2O等提出观点
百货零售全渠道营销策略 陈继展 著	零售行业的竞争重点、行业本质、战略转型、未来趋势、经验和案例	互联网时代的银行转型 韩友诚 著	银行业在互联网金融变革浪潮中所做的积极应对和转型布局
触发需求：互联网新营销样本·水产 何足奇 著	通过鲜誉案例解读阐述水产行业如何进行互联网转型	新农资如何弯道超车 刘祖轲 著	从农业产业化、互联网转型、行业营销与经营突破四个方面阐述农资企业转型
新零售 新终端 迪智成 著	将新零售系统打法做梳理并落地在新终端建设上		
医药医疗			
一、药店			
新医改了，药店就要这样开 尚锋 著	从药店定位的思考、内部和会员管理等方面探讨中小型药店发展方向	电商来了，实体药店如何突围 尚锋 著	新时代药店经营的三驾马车：药学专业服务、会员贴心服务和精准定向促销
引爆药店成交率1：店员导购实战 范月明 著	药店人的零售工作，怎样接待顾客，完善销售技巧	引爆药店成交率2：药店经营实战 范月明 著	从药店经营角度建立改善门店现状的实用标准
引爆药店成交率：专业化销售解决方案 范月明 著	从简单的拿药服务到提供多角度的专业解决方案	连锁药店新风口：资本 智能 大数据 动脉网 著	对我国连锁药店的市场环境、行业现状等进行分析，给出对连锁药店未来发展趋势的预判
药店导购关联销售技巧与成交话术 范月明 著	以药店情景案例导入，介绍常见疾病的导购销售话术与顾客心理分析，进而提供关联销售解决方案		

续表

二、药品销售			
书名	内容	书名	内容
医药第三终端：从控销到动销 诊所 基层医疗 王祥君 张芳文 著	用大量案例来梳理药企落地动销的策略、方法和技战术	**医药营销：诊所开发维护与动销** 张江民 著	从六个方面系统阐述基层诊所市场营销攻略
处方药合规推广实战宝典 赵佳震 著	对处方药推广体系搭建、推广人员岗位内容等六个方面进行阐述	**医药代理商经营全指导** 戴文杰 著	从产品选择、价格体系设计、路径管理等维度描述代理商产品操作的基本策略
处方药零售这样做 田军 著	处方药零售的重要性及做市场的具体措施和方法	**OTC 医药代表药店开发与维护** 鄢圣安 著	一位从初级 OTC 医药销售代表成长起来的销售经理的经验分享
OTC 医药代表药店销售 36 计 鄢圣安 著	以《三十六计》为线，阐述 OTC 医药代表向药店销售的技巧与策略	**做医生信赖的医药代表** 邹晓徽 宁剑锋 朱文虎 著	医药代表如何在合规要求下做好药品推广工作的操作工具书
三、药企转型			
药企战略·运营与医药产业重构 杜臣 著	医药产业的深度认知与发展趋势结合，战略思考与经营操作相统一	**医药行业大洗牌与药企创新** 林延君 沈斌 著	围绕创新介绍医药行业，介绍近百家医药企业创新实践案例
医药新营销 史立臣 著	从药企最关心的八个方面阐述制药企业、医药商业企业营销模式转型	**医药企业转型升级战略** 史立臣 著	从商业模式转型、管理转型、定位转型、运营模式转型和跨界转型五方面阐述转型
新医改下的医药营销与团队管理 史立臣 著	立足新医改相关政策的解读，为中小医药企业出谋划策	**在中国，医药营销这样做** 段继东 著	时代方略在医药营销领域思想、方法文章的精选合集
四、新医疗			
成为医疗器械领军者 王强 著	中小医疗器械生产企业和代理商怎样转型	**新型诊所经营与创新** 动脉网 著	对新型诊所从标准化管理、经营方式、团队建设、连锁模式四个方面进行解读
医美新风口：颜值经济下的亿万市场 动脉网 著	详细介绍中国医疗美容行业的发展趋势、现状及医美产业链等	**互联网医院：正在发生的医疗新变革** 动脉网 著	介绍互联网医院的建设与运营、管理，发展模式和市场布局，以及发展规律
快消品			
一、快消案例			
中国快消品营销这些年 史贤龙 著	一本书浓缩快消品营销 15 年的实战历程与前沿思考	**这样打造大单品** 迪智成 著	通过 13 个大案例帮助企业梳理打造大单品的路径
你不知道的加多宝 曲宗恺 牛玮娜 著	以时间为轴线，详细叙述了加多宝品牌的发展历程	**娃哈哈区域标杆** 罗宏文 快车君 赵晓萌 寇尚伟 著	娃哈哈豫北市场如何成为娃哈哈全国第一大市场、全国增量第一的市场
六个核桃凭什么从 0 过 100 亿 张学军 著	全视角深度解读养元企业的裂变成长，复盘十年蜕变轨迹	**像六个核桃一样** 王超 著	六个核桃为什么卖得这么好，产品畅销的 6 大要义 36 条简明法则

续表

书名	内容	书名	内容
5小时读懂快消品营销 陈海超　著	20年快消品市场风云洞察解码，丰富的案例解析		
二、快消品区域经理			
快消品营销团队管理 刘雷　伯建新　著	快消品团队管理相关的20余个工具+20余个案例	**这样打造快消品区域标杆** 罗宏文　牛玉龙　著	分两篇解决如何成功打造标杆市场和进行持续增量管理两大问题
成为优秀的快消品区域经理（升级版） 伯建新　著	作为区域经理的“速成催化器”，升级版增加11篇内容	**快消老手都在这样做：区域经理操盘锦囊** 方刚　著	一线成长起来的资深快消品营销人“压箱底”绝活
快消品营销人的第一本书 刘雷　伯建新　著	针对一线厂家业务员工作中常遇到的问题给予建议	**销售轨迹：一位快消品营销总监的拼搏之路** 秦国伟　著	一个普通营销人的故事，16年背井离乡的职场拼搏之路
快消品营销：一位销售经理的工作心得2 蒋军　著	从市场操作、团队管理、传播推广、营销的具体策略和战略等方面提供方法	**快消品区域/城市经理全渠道管理** 许翔　著	一位在日化巨头一线打拼多年的城市经理操作经验分享
三、快消品动销			
动销：产品是如何畅销起来的 余晓雷　著	从怎么被消费者买走和竞争对手是谁这两个原点解决动销问题	**动销操盘：节奏掌控与社群时代新战法** 朱志明　著	用七个章节阐述关于动销操盘的要诀，节点、节奏、主次、条件匹配性等问题
动销四维：全程辅导与新品上市 高继中　著	从产品、渠道、促销和新品上市四个方面详细讲解提高动销的具体方法	**快消品经销商这样做才赚钱** 张宇　著	从全新的角度，解读经销商的经营困境，并提供可实操的解决方法
快消新产品成功上市 伯建新　著	新产品是什么？新产品该如何去做？新产品要如何销起来，长销而不是昙花一现？本书给你答案		
四、快消品渠道			
深度分销 施炜　著	渠道价值链、模式选择、渠道策略与管理、零售经销商管理、最佳实践、团队建设	**通路精耕操作全解** 周俊　陈小龙　著	对康师傅的制胜法宝通路精耕进行系统的介绍与说明，图表和完善入微的操作方法
酒水饮料快消品餐饮渠道营销手册 朱伟杰　著	对餐饮渠道深入挖掘，建立适合餐饮渠道发展的服务模式和组织保障措施	**快消品经销商如何快速做大** 杨永华　著	经销商如何通过经营实现规模，通过管理实现规模效益
快消品营销与渠道管理 谭长春　著	解决日常涉及的渠道管理、市场、产品等营销事务	**快消品招商的第一本书** 刘雷　著	从招商理论到招商动作进行系列化分解，化繁为简
采纳方法：化解渠道冲突 朱玉童　著	21个最新的渠道冲突案例立体地介绍渠道冲突的现象和方法	**快消品促销管理与方案：规划 技能 工具** 张荣举　著	涵盖促销规划、打法、具体落地执行的细节和终端人员技能及训练，结合线上线下运作，提供全套方法
五、快消品企业战略			
重构：升级你的竞争优势 杨永华　著	用7大思维，帮你的企业提升档位	**变局下的快消品实战策略** 杨永华　著	从5个角度针对快消品企业如何应对行业变局给出答案
新营销 刘春雄　著	让品牌商和渠道商掌握获得独立流量的能力，能够与平台商博弈	**采纳方法：破解本土营销8大难题** 朱玉童　著	破解困扰营销人的八大难题，给出解决方法
白酒营销培训宝典：复制高业绩 刘孝鞅　著	总结白酒营销人员系统运作市场的要点，转化为易学可复制的动作和工具表单	**酒水饮料快消品餐饮渠道营销手册** 朱伟杰　著	对餐饮渠道深入挖掘，建立适合餐饮渠道发展的服务模式和组织保障措施

续表

白酒			
书名	内容	书名	内容
白酒营销的第一本书 唐江华　著	多角度阐释白酒一线市场操作的最新模式和方法	白酒经销商的第一本书 唐江华　著	对经销商如何选择厂家、合作、运营品牌等问题给出建议
白酒到底如何卖 赵海永　著	多角度阐释白酒一线市场操作的最新模式和方法	白酒到底如何卖 2：从市场培育到动销 赵海永　著	系统化、标准化、模式化的促成动销的实战操作方式和方法
变局下的白酒企业重构 杨永华　著	白酒企业重构期的营销战略与实操策略 6 大方法	酒业转型大时代 微酒　著	酒水营销、新闻资讯及行业分析、预测的知识宝典
区域型白酒企业营销必胜法则 朱志明　著	以 36 条法则从战略、营销、推广、产品线、品牌、市场、战术等方面提供方法	10 步成功运作白酒区域市场 朱志明　著	从市场攻守、产品攻略、新品上市、占领渠道、促销等十个层面阐述
白酒营销 1：中小酒企操盘与崛起 徐伟　徐涛　著	深入分析品牌与行业、操作方法，提供营销实操宝典	白酒营销 2：品类创新策略升级 黑格咨询　著	立足行业现状，建立品类创新、营销模式创新路径，提供市场建设方法、营销策略与工具案例
茶・调味品・油・乳业			
营销中国茶：2 小时读懂茶叶营销 史贤龙　著	中国茶营销的“困局”“破局”和“创举”	中国茶叶营销第一书 柏龑　著	纵览中国茶叶市场的全局，并且有针对性地提出问题并阐述解决方法
调味品营销第一书 陈小龙　著	15 年监控中国市场 50 个中外著名调味品品牌市场运作、管理等的经验总结	调味品企业八大必胜法则 张戟　著	提炼了调味品企业八大规律性的关键成功要素
食用油营销的第一本书 余盛　著	从小包装油行业概述到产品的基本知识，从基本执行动作到品牌整体策划等	鲁花：一粒花生撬动的粮油帝国 余盛　著	鲁花如何成长为优秀的带动农业产业发展的品牌
金龙鱼背后的粮油帝国 余盛　著	以金龙鱼为脉的一部中国粮油行业的史诗	乳业营销的第一本书 侯军伟　著	区域型乳品企业如何才能稳健发展
调味品经销商公司化运营 张戟　著	调味品和快消品经销商如何从“个体户”到“公司化”，一步步推进的具体方法		
工业品			
一、工业品销售			
大客户销售这样说这样做 陆和平　著	大客户销售活动的十大模块，68 个典型销售场景	销售是个专业活 陆和平　著	据客户采购流程拆分销售过程十阶段、讲解方法技巧
成为资深的销售经理：B2B 工业品 陆和平　著	让销售经理成功把握销售管理 6 个关键点，并提供工具	一切为了订单：订单驱动下的工业品营销实践 唐道明　著	以订单流程的三个环节为主线讲述工业品营销管理新思路
订单是这样拿到的 郑文洲　著	作者近 10 年销售生涯的回顾，真实销售故事和成功经验分享		
二、工业品营销			
工业品营销管理实务（第 4 版） 李洪道　著	是信任导向工业品营销体系的深化版、工业品营销管理体系优化咨询的升级版	工业品企业如何做品牌 张东利　著	为当下中国制造的品牌化转型提供经过实践证明的理念、方法和体系

续表

书名	内容	书名	内容
工业品市场部实战全指导 杜忠　著	解决职能不清、市场部五大职能如何运作、职业发展路径等具体问题	解决方案营销实战案例 刘祖轲　著	十大工业品作者实操案例解码解决方案营销
资深大客户经理：策略准　执行狠 叶敦明　著	将大客户经理必须具备的规划、策略、执行三种能力运用自如	渠道管理就这样做 陆和平　著	渠道规划和设计、渠道成员选择和寻找、渠道谈判和签约、管理渠道日常活动、设计渠道激励政策、解决渠道冲突、渠道的评估和调整
三、工业品企业			
变局下的工业品企业7大机遇 叶敦明　著	探索工业品企业成长的新机会，7大战略与战术性机会	两化融合管理体系贯标流程与方法 戴勇　著	融合五十多家企业在两化融合贯标过程的经验，总结重点与举措
丁兴良讲工业4.0 丁兴良　著	多角度阐述中国在工业4.0的机遇和挑战		
建材家居			
一、建材家居门店			
家居建材促销与引流 薛亮　李永锋　著	对泛家居营销执行模式和工具、关键环节等进行汇总	新零售动作分解与实操：建材·家居·家具 盛斌子　著	对泛家居行业趋势、店面管理、团队管理、促销推广、五感营销等提供策略
家具行业操盘手 王献永　著	总结家具终端门店发展的现状及问题并给出策略	手把手教你做专业督导 熊亚柱　著	系统梳理督导的核心技能、岗位职责、工作流程及技能
手把手帮建材家居导购业绩倍增 熊亚柱　著	针对建材家居门店的业务人员、案例故事还原场景，教你成为好导购	10步成为最棒的建材家居门店店长 徐伟泽　著	梳理店长管理的核心工作职责、店面管理规范和帮助销售人员成长
建材家居门店销量提升 贾同领　著	9个板块讲述建材一个单店如何做到经营的良性循环	建材家居门店6力爆破 贾同领　著	产品力、导购力、形象力、推广力、服务力、组织力
二、建材家居经销商			
新经销：新零售时代教你做大商 黄润霖　著	探访近100位经销商在传统营销手法上的创新，传统营销微创新和新营销本地化	建材家居经销商42章经 王庆云　著	经营管理的心法和战法，帮助经销商成为“业务妙手”和“管理能手”
成为最赚钱的家具建材经销商 李治江　著	针对建材家居行业的经销商，从销售模式、产品、门店、市场等方面给出方法		
三、建材家居企业			
定制家居黄金十年 韩锋　翁长华　著	对中国定制家居行业20年发展历程进行深度、系统、专业的解读	建材家居营销：除了促销还能做什么 孙嘉晖　著	探索家居建材行业营销的革命，发现行业“营销天花板”的突破口
建材家居营销实务：新环境、新战法 程绍珊　杨鸿贵　著	针对建材家居市场特点提出以客户价值为基础的整体营销价值链	全屋整装　高利润运营手册 翁长华　陈平　著	十大维度解决实际问题，是0到1极具操作性的整装指南
零售·餐饮·服装·影院·美容院			
新零售进化路径 李政权　著	预先复盘新零售及商业的未来，找到方向	新零售　新终端 迪智成　著	梳理新零售系统打法并落地在新终端建设上

续表

书名	内容	书名	内容
移动互联下的超市升级 联商网　著	超市未来的发展趋势，对社区超市、生鲜、全渠道建设、O2O 等提出观点	**百货零售全渠道营销策略** 陈继展　著	零售行业的竞争重点、行业本质、战略转型、未来趋势、经验和案例
超市卖场定价策略与品类管理 IBMG 集团　著	零售企业的市场拓展与商品定位、商品结构与商品陈列、毛利分析与库存分析	**连锁零售企业招聘与培训破解之道** IBMG 集团　著	围绕零售企业组织架构、培训体系建设等内容进行探讨
总部有多强大，门店就能走多元 IBMG 集团　著	五大方向综合阐述连锁零售企业总部如何提升管理能力	**三四线城市超市如何快速成长：解密甘雨亭** IBMG 集团　著	甘雨亭的许多关键经营指标均高于行业标准，学习其成功的方法
中国首家未来超市：解密安徽乐城 IBMG 集团　著	对乐城超市的掌门人及内部员工的采访详细阐释了乐城的经验	**零售：把客流变成购买力** 丁昀　著	通过大量的实际案例对中国零售业态的升级转型之路提出思考
餐饮新营销 杨勇　程绍珊　著	聚焦餐饮企业转型，系统的餐饮企业营销管理体系	**电影院的下一个黄金十年** 李保煜　著	介绍了中国电影产业的运作模式及电影院的开发、设计思路
餐饮企业经营策略第一书 吴坚　著	阐述餐饮企业产品之道、市场之道、顾客之道及盈利之道	**赚不赚钱靠店长，从懂管理到会经营** 孙彩军　著	注重专卖店的经营思路拓展，门店管理细节方面能力提升
时装买手自学通 范敏娜　编著	从流行趋势调研、商品企划、采购渠道、数据管理到店铺销售等时装买手需要具备的能力与操盘技巧	**美容院/养生馆高盈利经营模式** 陈鹏飞　著	5 步实现店铺高盈利方法与策略
零售巨头数字化转型操盘笔记 江楠　著	一线操盘运营经理分享传统零售巨头的新零售到家业务全盘操作细节		
农牧业			
一、农资			
饲料营销有方法 陈石平　著	饲料营销的 7 大核心命题	**农资营销实战全指导** 张博　著	在农资市场行之有效的营销策略和工具
新农资如何弯道超车 刘祖轲　著	农业产业化、互联网转型、行业营销与经营突破		
二、农牧企业			
中国牧场管理实战 黄剑黎　著	对牧场管理标准、管理制度、操作规程做出剖析和指引	**中小农业企业品牌战法** 韩旭　著	农业企业需要全产业链视野，更需要品牌实战方法
变局下的农牧企业 9 大成长策略 彭志雄　著	为农牧企业量身打造了 9 个立足现在、展望未来的成长策略	**农产品营销实战第一书** 胡浪球　著	针对 33 个农产品营销的核心问题提供具体招数
农产品全网营销 吴之　著	帮助全国农业合作社、家庭农场打造农产品品牌		
地产·汽车			
一、地产			
中国城市群房地产投资策略 吕俊博　刘宏　著	挖掘主要城市群的现状特征、发展因子、演化趋势、竞争关系等，给出分析建议	**产业园区/产业地产：规划、招商、实战运营** 阎立忠　著	从认知、规划、招商、运营四方面系统解读产业园区的建设精要和运营技巧
人文商业地产策划 戴欣明　著	“全球化视野（创意）”+“人文+”思维	**产业园区/产业地产 2：系统化经营与操盘攻略** 阎立忠　著	全方位系统解析产业园区运营策略

续表

书名	内容	书名	内容
从零开始打造产业园区 刘晓君　著	全流程，系统化，注重细节，多角度教你打造产业园区		
二、汽车			
书名	内容	书名	内容
商用车经销商运营实战 杜建君　著	对商用车经销商的经营与管理、4S店运营做了全方面的系统总结	**汽车配件这样卖** 俞士耀　著	适合轮胎、机油、维修、快保、美容、洗车等汽车服务业态销售实操办法
润滑油销售：这样说，这样做更有效 张金荣　著	总结润滑油销售面对三大客户常遇到的200余个营销问题解决方法	**润滑油品牌营销** 张金荣　著	没有说教，只有方法，适合小微企业、代工品牌、经销商、营销人阅读
投资理财·收购资本			
交易心理分析 马克·道格拉斯 【美】　著	一语道破赢家的思考方式，并提供了具体的训练方法	**财报背后的投资机会** 蒋豹　著	零基础轻松掌握财务报表的相关知识，快速入门
写给企业家的公司与家庭财务规划 周荣辉　著	以企业的发展周期为主线，介绍各阶段企业与企业主家庭的财务规划	**分股合心** 段磊　周剑　著	围绕股权激励，详细介绍相关知识和实行方法
成功并购300问 浩德并购军师联盟　著	系统学习资本运作和企业并购知识的金融工具书	**并购名著阅读指南** 叶兴平　著	从全球5000多本并购图书中精选200本并进行评价
避开股权合伙这些坑 苏雯静　著	根据创始合伙人、外部合伙人、内部合伙人等方面的实际案例做归纳和梳理	**产业并购操盘手** 张军杰　著	15个案例，11个范本，38个图表，拿来即用
科创板IPO上市全流程指导 丁先云　刘海旭　著	不仅有各项制度的深入剖析，更有各种问题和解决方案的详细论述，配合案例，轻松操作	**市值战略：上市公司市值管理有方法** 和恒咨询　著	正确理解，系统规划、全面执行市值战略。从“势道法术力”五个维度思考和设计市值战略
阿米巴			
阿米巴经营的中国模式 李志华　著	基于阿米巴经典理念提出了适合中国本土的员工自主经营的“1532”模型	**集团化企业阿米巴实战案例** 初勇钢　著	作者在某酒厂推行阿米巴经营模式的心得
中国式阿米巴落地实践之激活组织 胡八一　著	划分原则、裂变与整合、组织管控、重新定位、巴长竞聘和组阁	**中国式阿米巴落地实践之从交付到交易** 胡八一　著	从6个方面阐述经营会计，从交付到交易是成功实施阿米巴的标志
中国式阿米巴落地实践之持续盈利 胡八一　著	企业做成平台、平台做成阿米巴、阿米巴做成合伙制		
人力资源管理			
一、绩效·薪酬			
回归本源看绩效 孙波　著	从目的和概念帮助企业梳理绩效管理与经营的关系	**走出薪酬管理误区** 全怀周　著	从7个常见的薪酬误区入手为企业提供一套系统解决方法
曹子祥教你做绩效管理 曹子祥　著	作者核心授课课程的还原，掌握绩效管理的核心内容	**曹子祥教你做激励性薪酬设计** 曹子祥　著	作者28年咨询经验总结，如何进行科学的薪酬体系设计
把招聘做到极致 远鸣　著	资深招聘经理多年工作心得的提炼	**把招聘做到极致2：灰度招聘全攻略** 黄渊明　李佳倩　著	从实战需求出发，兼容并包各种优秀的招聘理论、方法、经验与工具，并进行创新性的应用

续表

书名	内容	书名	内容
二、招聘·面试·培训			
把面试做到极致 孟广桥　著	一套实用的确定岗位招聘标准，提升面试官技能方法	**世界500强资深培训经理人教你做培训管理** 陈锐　著	构建培训体系、培训组织、培训文化、开发培训资源，教你做培训管理
把猎头做到极致 李佳倩　黄渊明　著	帮助猎头顾问从平庸走向优秀	**招聘面试：用提问得到真相** 陈硕　著	十二年资深HR招聘面试经验分享，教你学会如何提问
人才评价中心漫画版 邢雷　著	用漫画形式写成的人才测评专业书籍	**上市公司培训体系搭建** 初忠宝　著	上市公司培训经理分享体系搭建的框架和案例
三、HR高管·劳动法			
经营型HRD 黄渊明　著	总结企业HRD如何支撑企业经营，抓好七件关键事情	**人才供应链：实现高绩效均衡的人才管理模式** 许锋　著	打造人才供应链的四大支柱、十项修炼的完整体系
新任HR高管如何从0到1 新海　著	到互联网创业型企业担任HRVP，从0到1建立较完善的HR体系	**人力资源体系与e－HR信息化建设** 刘书生　陈莹　王美佳　著	6大框架、28个关注点、5大目标、6大优势、166个交付物咨询体系和盘托出
集团化人力资源管理实践 李小勇　著	针对集团型企业人力资源管理的问题提出科学建议	**我的人力资源管理笔记** 张伟　著	第三方咨询视角跳出“技术方法”看人力资源管理
人力资源的5分钟劳动法 李皓楠　著	入职管理、在职管理、离职管理中遇到的劳动法问题及应对	**海外人力资源管理：帮企业成功“走出去”** 黄渊明　著	弥补了中国企业海外人力资源管理实践体系建设的空白，具有开创性意义
从零开始学：胜任力模型建模与应用 林丽萍　著	手把手教你做胜任力建模，并通过大量的企业案例拆解介绍模型在各个方面的落地应用	**上市公司总经理助理工作笔记** 黄娜　著	40个案例，教你从小白助理到资深总助
用好任职资格体系 杨序国　著	以某企业为案例，系统地介绍了企业HR如何通过任职资格体系帮助员工成长	**胜任力模型咨询笔记** 韩文卿　著	吸取和总结了世界500强企业的胜任力模型搭建体系和方法
四、HRBP			
HRBP是这样炼成的之菜鸟起飞 黄渊明　著	作者在初步转型HRBP两年时间里摸索实践的亲身经历与总结	**HRBP是这样炼成的之中级修炼** 黄渊明　著	结合作者亲身从事HRBP的工作经历，总结HRBP的作战故事
HRBP高级修炼 黄渊明　著	故事方式，HRD角度深度呈现运用HRBP的思维、方法		
企业文化			
企业文化落地本土实践 王祥伍　著	华夏基石“知信行”模型描绘企业文化落地路线图	**企业文化的逻辑** 王祥伍　著	从文化起源深刻剖析文化、效率、企业、企业文化联系
企业文化定位·落地一本通 王明胤　著	企业文化理念传播和落地聚焦的17种方法，解读了近100个实战案例	**36个拿来就用的企业文化建设工具** 海融心胜　著	汇集整理了36个通用的企业文化实践工具
企业文化激活沟通 宋杼宸　安琪　著	系统阐述沟通与企业文化的关系，给予企业提升沟通效能的企业文化解决方案	**企业文化建设超级漫画版** 邢雷　著	用漫画形式写成的企业文化建设专业书籍，理论体系和29个具体的操作方法
在组织中绽放自我 朱仁建　著	个人与组织之间的关系，文化对组织化形成的影响	**用企业文化提升经营绩效** 彭剑锋　尚艳玲　主编	企业要想在竞争中利于不败之地，就不能没有能打胜仗的企业文化与领导力
流程管理			
营销·研发·供应链业务架构与流程管理 谭勋晖　著	营销、研发、供应链三大业务流程变革实践经验总结	**打造集成供应链** 王春强　著	第一用力在“集成”上，梳理内外部相关模块及其依赖关系
人人都要懂流程 金国华　余雅丽　著	50幅流程管理漫画，内部对流程价值理念的高度共识	**用流程解放管理者** 张国祥　著	8个板块构成，共66篇文章，14幅流程管理图
用流程解放管理者2 张国祥　著	对中小企业规范化流程管理进行系统的阐述	**跟我们学建流程体系** 陈立云　罗均丽　著	在《跟我们做流程管理》的基础上丰富了标杆实践案例

续表

质量管理			
书名	内容	书名	内容
16949 质量管理体系落地与全套文件汇编 谭洪华　著	对 IATF16949 每个条款讲解采用理解、作用、落地、模板、成功案例模块解析	**ISO9001：2015 制造业文件模板全集** 贺红喜　著	五篇内容组成的完整的质量管理体系工具文件
精益质量管理实战工具 贺小林　著	四个方面对精益质量管理进行了全方位介绍和解读，并提供大量的方法工具	**五大质量工具详解及运用案例** 谭洪华　著	APQP、FMEA、MSA、SPC、PPAP 五大质量工具的具体运用
IATF16949 质量管理体系详解与案例文件汇编 谭洪华　著	针对 IATF16949 的标准原文做详细解说，同时提供大量的表单案例	**SA8000：2014 社会责任体系认证实战** 吕林　著	将 SA8000 多版本及 10 多年的体系实战经验汇编成书
ISO9001：2015 新版质量管理体系解读与案例文件汇编 谭洪华　著	对 ISO9001：2015 新版标准理解和运用操作进行详细解读	**ISO14001：2015 新版环境管理体系解读与案例文件汇编** 谭洪华　著	ISO14001：2015 改版后的差别和操作运用进行详细讲解
我在世界 500 强做供应商质量管理 宋华　著	分享汽车行业成熟的供应商质量管理体系和方法，都是作者的亲身经历	**ISO45001 职业健康安全管理体系落地+全套案例文件** 谭洪华　著	每个条款清晰讲解，内容完全落地，轻松运用
五大质量工具之 FMEA（2019 第五版）详解及运用落地 谭洪华　著	对 2019 年 6 月修订的第五版 FMEA 标准进行详解，提供落地操作方法和全部案例文件，可直接套用		
精益生产			
一、精益·JIT·IE			
精益思维：超越对手的力量 刘承元　著	以尊重人性的精益思想为切入点，分别从管理者的精益理念、精益思维、精益实践、精益中国制造等方面进行独到的分析	**比日本工厂更高效** 刘承元　著	管理提升无极限+超强经营力+精益改善里的成功实践
计划与物流精益改善之道 于晓光　著	围绕“计划与物流战略咨询的方法论”进行解析，提供方法论和案例	**300 张现场图看懂精益 5S** 乐涛　著	通过日本丰田、上市企业案例，用 300 张现场图系统讲解 5S 管理
3A 顾问精益实践 1：IE 与效率提升 党新民　苏迎斌 蓝旭日　著	系统、全面地介绍 IE 工厂管理技术，提高效率创造价值	**3A 顾问精益实践 2：JIT 与精益改善** 肖智军　党新民　著	系统、全面地介绍 JIT 生产方式，并加入实践案例
高员工流失率下的精益生产 余伟辉　著	从三方面论述推行精益管理时如何应对员工流失	**让员工爱上 6S 管理** 肖智军　著	提供了众多企业的原版资料、案例，还汇集了一些企业骨干的推行感想、感悟及反思
200 张图表学精益管理：IE 工厂效率提升方法 刘秀堂　著	IE 工程师视角，全是一线经验。精益落地的实操方法，大量图表工具让你上手就能做		
二、生产管理			
化工企业工艺安全管理实操 黄娜　著	围绕化工工艺安全 14 要素来展开分析	**手把手教你做专业生产经理** 黄娜　著	生产经理如何在信息流、物流、资金流三大流中开展工作

续表

书名	内容	书名	内容
欧博心法：好工厂　靠管理 曾伟　著	从管人篇和管事篇帮助读者解决人难管、事难控	**欧博工厂案例1：生产计划管控对话录** 曾伟　曾子豪　著	工厂管理生产计划管控模块的8个全景细节大案例
欧博工厂案例2：品质技术改善对话录 曾伟　曾子豪　著	工厂管理品质、技术、效率管理模块的10个全景细节大案例	**欧博工厂案例3：员工执行力提升对话录** 曾伟　曾子豪　著	工厂管理人员管控模块的5个全景细节大案例
工厂管理实战工具 曾伟　著	中国传统文化指导下的工厂管理工具	**制造业成本倍减42法** 王天江　著	42种经过实际验证有效的成本降低方法，用61个真实案例说明
制造企业上10亿其实并不难 杨小林　著	年产值1亿～10亿元中小制造企业在工厂经营和管理上的业务指导		
三、班组长			
全能型班组：城市能源互联网与电力班组升级 国网天津电力公司　著	从互联网时期的班组转型升级出发，对新型班组组织模式和运行机制进行设想	**国网天津电力全能型班组建设实务** 国网天津电力公司　著	聚焦天津电力公司在探索全能型班组转型升级时的优秀实践
咨询·培训师			
培训师事业长青之道 廖信琳　著	培训师自我管理的“洋葱模型”、十项内容与五个层级	**管理咨询师的第一本书** 熊亚柱　著	深度剖析初级入行咨询师在工作中遇到的问题
资深管理咨询顾问工作心得 张国祥　著	使用手册讲述咨询师如何操作项目、老板如何选择咨询师、企业如何自主落地	**手把手教你做顶尖企业内训师** 熊亚柱　著	从开、控、收、编、制、用的角度去履行培训师的职责
TTT培训师精进三部曲上 廖信林　著	手把手教你“深度改善现场培训效果”的一招一式	**TTT培训师精进三部曲中** 廖信林　著	建构一整套培训课程设计与开发的认知架构和方法体系
TTT培训师精进三部曲下 廖信林　著	通过“沉淀职业功力的六度模型”，帮助培训师在职业技能上持续精进		
产品·研发			
研发体系改进之道 靖爽　陈年根 马鸣明　著	取材数十家企业研发改进的咨询实践，提炼一套实操的改进步骤与工具	**新产品开发管理，就用IPD（升级版）** 郭富才　著	把产品经营的思想凝结在新产品开发管理机制中，升级版更丰富
产品开发管理：方法·流程·工具 任彭枞　著	结合超过300家企业的实际研发管理方法，总结问题和方法，大量表格	**资深项目经理这样做新产品开发管理** 秦海林　著	采用过程管理方法，对新产品开发的四大过程进行分析，主要针对小电器产品
产品炼金术Ⅰ：如何打造畅销产品 史贤龙　著	打造畅销产品的四个方法	**产品炼金术Ⅱ：如何用产品驱动企业成长** 史贤龙　著	从经营者视角重新认识产品，快速诊断产品现状
快消品产品开发方法：打造快消爆品 张荣举　著	提供整套实战性的思维、方法、技能和工具，直接带有表格及公式，一看就能上手